JICENG SHEHUI ZHILI DE
CHUANGXIN SHIJIAN

基层社会治理的创新实践

佛山市南海区矛盾纠纷多元化解机制研究

汪世荣　张永林◎主编

陕西新华出版
陕西人民出版社

图书在版编目(CIP)数据

基层社会治理的创新实践 / 汪世荣，张永林主编.
—西安：陕西人民出版社，2023.4
ISBN 978-7-224-14891-6

Ⅰ.①基… Ⅱ.①汪… ②张… Ⅲ.①社会管理—研究—中国 Ⅳ.①D63

中国国家版本馆 CIP 数据核字(2023)第 054103 号

责任编辑：管中洑　李　妍
封面设计：赵文君

基层社会治理的创新实践
JICENG SHEHUI ZHILI DE CHUANGXIN SHIJIAN

主　　编　汪世荣　张永林
出版发行　陕西人民出版社
（西安市北大街 147 号　邮编：710003）
印　　刷　陕西天地印刷有限公司
开　　本　787 毫米×1092 毫米　1/16
印　　张　22
字　　数　252 千字
版　　次　2023 年 4 月第 1 版
印　　次　2023 年 4 月第 1 次印刷
书　　号　ISBN 978-7-224-14891-6
定　　价　69.00 元

序

社会矛盾纠纷是经济社会发展的必然产物。当前社会矛盾纠纷数量大幅增加，化解难度日益加大，矛盾纠纷不断升级激化的现象也时有发生。在这样的背景下，有效化解基层社会矛盾纠纷，对于提高基层社会治理能力和水平而言至关重要。在众多矛盾纠纷化解方式中，与诉讼的纠纷解决机制相比，谈判、调解、仲裁和行政处理等非诉讼纠纷解决机制具有各自的特点和优势，它们在各自领域和社会冲突的不同阶段发挥着独特的作用，共同担当着化解社会矛盾纠纷、维系社会秩序的使命和责任。特别是有被誉为“东方经验”的人民调解制度在全国各地的基层社会治埋中发挥了十分重要的作用，因此成为矛盾纠纷多元化解机制的一项重要机制。加强非诉讼与诉讼纠纷解决机制相互间的有效衔接，特别是坚持将非诉讼纠纷解决机制挺在前面，有力地发挥社会力量解决纠纷，使大量矛盾纠纷在源头处得到有效治理，从而在源头上预防和减少社会矛盾纠纷，更好地发挥了矛盾纠纷多元化解机制的基层社会治理效能。

矛盾纠纷多元化解机制是中国特色社会主义法治体系的重要部分。党的十八大以来，以习近平同志为核心的党中央立足中国发展实际，坚持问题导向，从坚持和发展中国特色社会主义全局出发，从实现国家治理体系和治理能力现代化的高度，立足基层社会治理的实际情况，对完善调解、仲裁、行政裁决、行政复议、诉讼等有机衔接、相互协调的多元化纠纷解决机制做出了一系列重要部署。比如，2020 年 12 月，中共中央印发的《法治社会建设实施纲要（2020—2025 年）》明确提出，坚持和发展新时代“枫桥经验”，畅通和规范群众诉求表达、利益协调、权益保障通道，加强矛盾排查和风险研判，完善社会矛盾纠纷多元预防调处化解综合机制，努力将矛盾纠纷化解在基层。必须看到，健全完善矛盾纠纷多元化解机制，对解决当前经济社会发展面临的新情况新问题，实现从社会的“管理”向“治理”转变，最终实现国家治理体系和治理能力现代化具有重要意义。党的十九届六中全会将“坚持和发展新时代‘枫桥经验’，坚持系统治理、依法治理、综合治理、源头治理，完善信访制度，健全社会矛盾纠纷多元预防调处化解综合机制”写入《中共中央关于党的百年奋斗重大成就和历史经验的决议》当中，对全国各地在党的十八大以来推动社会治理现代化的努力和成就给予了充分的肯定。下一步，我们应坚持以《法治社会建设实施纲要（2020—2025 年）》和《中共中央关于党的百年奋斗重大成就和历史经验的决议》为指引，继续坚持和发展新时代“枫桥经验”，完善社会矛盾纠纷多元预防调处化解综合机制，提高基层社会治理能力和水平，努力将矛盾纠纷化解在基层。

“枫桥经验”是中国基层社会治理的典型范本。充分发挥人民调解制度的作用，健全完善矛盾纠纷多元化解机制，是“枫桥经验”的重要组成部分。为了学习借鉴“枫桥经验”核心要义以助力佛山市南海区基层社会治理现代化的现实需要，佛山市南海区司法局坚持和发展新时代“枫桥经验”，健全完善矛盾纠纷多元化解机制，在创新基层社会治理实践中形成了极具特色的南海区“147”矛盾纠纷多元化解体制机制，有效化解了大量矛盾纠纷，维护了基层社会秩序，实现了和谐稳定。

佛山市南海区地处改革开放最前沿的广东省，一直以海纳百川、敢为人先的精神屹立于改革潮头，勇当中国改革开放的先行地、排头兵，自改革开放以来经济发展取得了令人瞩目的辉煌成就，成为名副其实的改革开放先行区、示范区、引领区。如何在经济快速发展的同时适应基层社会治理的现实要求？南海区司法局坚持和发展新时代“枫桥经验”，注重党建引领矛盾纠纷多元化解机制建设、注重矛盾纠纷的源头治理，注重发挥非诉讼纠纷解决机制的作用，注重发挥矛盾纠纷化解的社会协同作用，注重科技创新与矛盾纠纷多元化解机制相结合，探索形成了“147”矛盾纠纷多元化解体系，切实提高了新形势基层社会治理的能力和水平，为打造共建共治共享的基层社会治理格局贡献了经验和方案。其中，发达的社会经济为南海区“147”矛盾纠纷多元化解工作机制的有效运行奠定了物质基础，这种有效的矛盾纠纷化解模式为我国经济发达地区的社会治理提供了有益借鉴，对于实现共同富裕的基层社会治理同样具有重要的样本意义。南海区的实践探索具有重要的启示意义，即在开展矛盾纠纷化解工作和创新基层社会治理过程中，要对标基层社会治理社会化、专业化、法治化、智能化的预期目标，积极推动综合治理，加强基层基础建设，践行基层群众自治制度强化末梢端治理，推动预防性法律制度体系建设实行依法治理，强化科技支撑赋能矛盾纠纷智慧化解。

西北政法大学的前身是 1937 年中国共产党在延安创办的陕北公学和 1941 年成立的延安大学，既具有深厚的红色文化底蕴，又肩负着为全面推进依法治国培养德法兼修高素质法治人才的重任。多年来，西北政法大学始终以强烈的家国情怀、使命意识和担当精神，自觉弘扬延安精神，注重传承红色基因，扎实开展红色文化教育，坚定不移地走中国特色社会主义法治道路，积极服务党和国家决策和治理的现实需求，为党和国家的发展培养了一大批人才、产出了一大批理论成果，为中国特色社会主义法治实践做出了重要贡献。西北政法大学与佛山市南海区司法局于 2018 年 9 月 4 日签署了关于南海区基层社会治理的实践和经验科研项目合作协议，开始以“枫桥经验”为引领的矛盾纠纷多元化解机制的合作研究，在各类报刊上发表了一系列研究成果。持续对南海区基层社会治理实践中的多元化纠纷解决、行政执法规范化、普法宣传等基层社会治理工作进行全面总结和系统梳理，提出今后完善的具体方向。项目主持人、西北政法大学校长助理、西北政法大学中华法系与法治文明研究院和枫桥经验与社会治理研究院院长、博士生导师汪世荣教授带领项目组全体成员，坚持理论联系实际，对南海区基层社会治理工作进行了为期三年的理论指导、实地考察和经验提炼，最终形成了本书。与南海区司法局合作完成的《矛盾纠纷多元化解的南海实践》研究成果，是以汪世荣教授领衔的西北政法大学师生面向法治中国建设、面向社会治理、面向法治人才培养、面向共同富裕的未来社会的重要学术探索。本书的完成和出版，也是西北政法大学师生理论联系实际，深入学习党的二十大重要精神，坚持和发展中国共产党的百年奋斗重大成就和历史经验的一大理论成果，希望能够为中国基层社会治理的现实需求贡献智慧方案。

是为序。

西安市人大常委会副主任　杨宗科

2023 年 4 月

目 录

第一章
南海区矛盾纠纷多元化解的实践背景

佛山市南海区位于粤港澳大湾区前沿地带、广佛同城核心区，2000年以来两市先后在城市战略规划中提出“广佛同城”的目标，经过多年同化发展，广州佛山现已形成空间连绵成片、中心城一体、基础设施同网的格局，两市在产业联系、就业生活、城市空间方面呈现出区域一体化发展，广佛之间的同城化为交互模式，两市跨市通勤人数每天超过160万人，佛山通勤人口与广州通勤人口约为3∶2。由于房价较低以及交通便利，大量在广州工作的人到南海区买房，导致南海区新增大量广州上班、南海居住的居住人口。因而，南海区是广佛候鸟人群、打工人群、异地办公人群工作和生活的重要区域，流动人口呈现规模大、流动性强、类型多样化等特点。[①] 人口结构的深刻变化，为南海区社会治理带来了新的挑战，特别是随着流动人口居留意愿和落户意愿增强，流动儿童规模不断扩大，这对基础教育和城市管理体制改革需求越来越强。区内教育、住房、医疗、预防、保健与康复等公共服务需求随之提高，社会治理的难度增强，矛盾纠纷多元化解亟需加强。

---

① 《南海发布人口发展规划，2025年常住人口预计为388万人》，载网易：https://www.163.com/dy/article/H58J9B4D055004XG.html，访问时间：2022年6月15日。

第一节　南海区区情及“十三五”时期社会治理成就

南海区地理位置重要，经济社会发展度高，也是历史文化名城，是清末参与“戊戌变法”重要人物康有为的故乡。南海区地处改革开放前沿，“十三五”时期社会治理成效显著。完善社会治理机制，建立与之相适应的社会治理要求和标准，满足人民日益增长的物质文化需要，是南海区亟待加强的工作。

一、南海区区情概况

佛山市南海区位于广东省中南部、珠江三角洲腹地，东连广州市白云区、荔湾区，与广州市番禺区隔江相望，西邻三水区、高明区，南接顺德区，北濒广州市花都区，中南部与禅城区接壤。总面积 1073. 82 平方公里，下辖桂城街道、九江镇、西樵镇、丹灶镇、狮山镇、大沥镇和里水镇 7 个镇(街道)，有 66 个行政村，220 个社区。区内河网密布，水资源较为丰富，主要河道有西江干流、北江干流和北江支流，还有官山涌、北村水系、东一涌等主、支干内河涌，境内自然、人文旅游资源丰富多样，景点众多，属于南亚热带季风气候，光热丰富，雨量充足，年平均气温为 22. 7℃。

根据记载，南海是一座古老的城市，有着悠久的历史和深厚的历史文化积淀。秦始皇三十三年(前 214)置南海郡，郡治设于番禺(今广州市)，下辖番禺、龙川、博罗、揭阳、四会五个县。隋开皇十年(590)以原南海郡治所在地番禺县改制南海县，南海县政区建制自此始，至今已有 1432 年的历史。其后，仁寿元年(610)，因避太子讳改广州为番州。大业三年(607)罢番州复置南海郡。唐武德四年(621)废南海郡置广州，天宝元年(742)改广州为南海郡，乾元元年(758)复改南海郡为广州，或州或郡，南海县均为其属县。五代南汉乾亨元年（917）以广州置兴王府，并撤销南海县建制，析南海县地为常康、咸宁二县和永丰、重合二场（据《太平寰宇记》）。北宋开宝四年（971）灭南汉，废兴王府，设广南路广州（广南分东西两路后，广州属广南东路）；开宝五年，撤销常康、咸宁二县和永丰、重合二场，复置南海县，属广州。南宋祥兴元年（1278）升广州为翔龙府，南海县属翔龙府。至元十五年（1278）灭赵，改翔龙府为广东道广州路，南海县属广州路。明洪武元年（1368）改广州路为广州府，南海县属广州府。清南海县建制及其隶属关系无改变。中华民国元年（1912）裁撤府级建制，南海县直隶广东省。1913 年，省、县间增设道级建制，南海县属粤海道。1914 年 7 月道级建制废除，南海县直隶广东省。1917 年，省分区设善后管理委员会分管各县，南海县属西区善后管理委员会。1921 年，罢善后管理委员会，设绥靖公署，南海县属中区绥靖公署。1925 年，改绥靖公署为行政督察专员公署，南海县属第一区行政督察专员公署（1929—1934 年抗日战争时改属第三区行政督察专员公署）。中华人民共和国成立后，1950 年 3 月成立南海县人民政府，直隶于省，省设置派出机关管理。1983 年 6 月，省实行市管县制，南海县隶属佛山市。1992 年 9 月，南海撤县设市，由佛山市代管。2002 年 12 月，撤销县级南海市，设立佛山市南海区，以原县级南海市的行政区域为南海区的行政区域。南海区历史文化源远流长，是珠江文明的发祥地之一，也是岭南文化的典型代表。经过长期的历史文化积淀，南海区形成了一批富有特色的地方传统民俗。其中，狮舞、十番音乐被列入国家级非物质文化遗产名录，乐安花灯会、官窑生菜会、盐步老龙礼俗、西樵大仙诞庙会被列入广东省非物质文化遗产名录①。

经济发展与环境保护之间客观上存在一定矛盾，面对资源保障与环境保护之间日趋尖锐的矛盾，南海区坚持多管齐下、综合治理，积极寻求经济社会与环境保护相协调的可持续发展路子。自 20 世纪 90 年代中期以来，

---

① 南海年鉴编纂委员会：《南海年鉴 2020》，广东人民出版社 2020 年版，第 31—32 页。

广东省制订颁发了《珠江三角洲环境保护规划》和《广东省环境保护规划》，南海区相继实施了“碧水工程”“蓝天工程”和“治污保洁工程”，实施“绿色广东”战略。依法进行环境保护和治理，扎实推进节能降耗减排，让全省人民喝上干净水、呼吸上清洁的空气、吃上放心的食物、住上宽敞的房屋，在良好的环境中工作和生活。积极发展循环经济，大力加强生态文化建设，并把环境保护纳入法制化轨道和干部考核体系，实现了既要金山银山，又要绿水青山的“双赢”。党的十八大以来，面对国内外宏观经济环境错综复杂、各种困难挑战增多的严峻形势，南海区高举习近平新时代中国特色社会主义思想伟大旗帜，深入贯彻落实习近平总书记在广东重要讲话和重要指示批示精神，统筹推进“五位一体”建设，深入推进改革开放，主动适应新常态，抢抓机遇谋发展，推动城乡融合发展改革，连续多年位居全国中小城市百强区第二名，数度荣膺中国最具幸福感城区之一，勇夺2020年全国高质量发展百强区第二名，奋力谱写了新时代南海改革发展的壮丽篇章，为全区实现共同富裕奠定了坚实的基础，其发展成就和经验模式赢得了全国的广泛关注和认可。

在社会治理方面，南海区从2014年年初开始开展基层治理创新探索，迅速找准突破口，与驻点普遍直接联系群众工作相结合，通过“直联+网格化”互融共进，探索实施社会治理网格化工作，向着基层治理重构的目标大胆改革创新。经过不懈努力，南海区建立起覆盖“区—镇(街道)—社区”的社会治理网格化工作体系，全区7个镇街266个社区(村居)均设置网格化管理机构，实现社会治理网格化全覆盖。为了从根本上化解伴随着经济社会迅速发展产生的各种矛盾纠纷，统筹处理好发展和稳定之间的关系，学习借鉴“枫桥经验”成为南海区党委和政府高度重视的问题。围绕矛盾纠纷化解工作，南海区充分发挥了区、镇、村三级组织联动功能，形成矛盾纠纷化解纵向贯通的局面；有机衔接人民调解、司法调解和行政调解，形成矛盾纠纷“三调联动”的横向覆盖网络；动员多方社会力量，构筑和谐互助的社会氛围，建立起“纵向到底、横向到边”的矛盾纠纷多元化解体系，取得了良好的基层社会治理成效。2020 年 7 月，南海区矛盾纠纷多元化解工作机制获评“2020 年全国创新社会治理典型案例”十佳案例。

此外，南海区近年来把“文化强区”确立为核心发展战略，深化文化体制改革，解放和发展文化生产力，制定了《南海区关于加强文化建设的意见》，出台了《“狮舞岭南・龙腾南海”文化发展行动计划》，按照“政府统筹、镇街联动、社会参与”的思路，构建“大文化”工作格局，让文化成为南海科学发展的新引擎，大力建设文化发展型城市。南海区努力跳出文化部门工作的“小文化”范畴，树立“大文化”观念，以文化为切入点，让文化渗透到产业、环境、城市、社会等多方面，用文化“大旗”去引领产业、环境、城市、社会这“四匹骏马”前行，深化文化体制改革，并取得了可喜的成就，获授广东省首个“文化改革发展综合试验区”和广东省“旅游综合改革示范区”。

二、南海区“十三五”时期社会治理成就

“十三五”时期是南海区发展进程中极不平凡的五年，经济、社会各项事业取得了丰硕成果，区域综合实力得到极大增强。2015 年到 2020 年，地区生产总值从 2397 亿元增长至 3177 亿元，年均增长 5.9%；地方公共财政预算收入从 186 亿元增长至 248 亿元，年均增长 6%；固定资产投资总额从 923 亿元增长至 1303 亿元，年均增长 12%；城乡居民储蓄存款余额稳居全国同级前列；决胜全面建成小康社会取得决定性成就。2021 年 2 月 8 日，南海区区长在佛山市南海区第十六届人民代表大会第六次会议上做的《政府工作报告》，系统总结过去五年来南海区在综合改革、产业发展、城乡发展、民生保障等方面的社会治理成就。

（一）改革朝着制度化、系统化迈进

纵深推进农村综合改革，全面完成股权确权，农村“三块地”改革为全国探路，获批建设广东省城乡融合发展改革创新实验区。在全省率先开展社会治理标准化建设，获评全国社区治理和创新服务实验区。大刀阔斧地

推进政务服务改革，创新推出“模拟审批”“标准地”“评定分离”等重磅改革举措，首创政务服务湾区通办、商事登记跨境通办，“数字政府”建设驶入快车道，营商环境得到全社会广泛认同，市场主体从 17.3 万户激增到 37.8 万户，增长 118.5%，企业开办全流程用时从平均 5 个工作日压缩到 1.5 个工作日，审批时限压缩 70%以上。国企改革取得突破性成效，加快组建“三大集团”，建立健全激励约束机制，大力推动国企“走出去”并购上市企业，国资控股上市企业由 2 家增至 6 家，市值由 100 亿元增至近 400 亿元；区国有资产总额从 851 亿元增长至 1120 亿元，年均增长 6.3%；国企经营效益进一步好转，经营性企业营收从 77 亿元增长至 118 亿元，年均增长 10.5%；经营性企业利润从 7 亿元增长至 17 亿元，年均增长 29.4%。顺利完成区、镇机构改革，基层发展活力进一步被释放。

（二）产业朝着集群化、高端化迈进

以构建“两高四新”现代产业体系作为产业转型升级的主攻方向，“两高四新”产业增加值达 1060 亿元，占 GDP 比重提升至 33%，先进制造业增加值占规模以上工业增加值比重达 40%。“招大商、大招商”结出硕果，累计引进超亿元项目 720 个，投资总额达 5458 亿元，包括一汽-大众新能源汽车、腾龙湾区数据中心、平谦国际智慧产业园 3 个超百亿元项目。深入实施创新驱动发展战略，引进大院大所组建 42 家科创平台，并与本土企业实现精准对接，高新技术企业从 287 家增至 2264 家，省、市级工程技术中心总量分别达 246 家、484 家。大力发展多层次资本市场，上市企业从 13 家增至 19 家，新三板企业从 22 家增至 43 家。质量强区建设成效显著，设立区政府质量奖，坚美铝材、蒙娜丽莎建筑陶瓷荣获中国质量奖提名奖，获评各级质量奖 47 个，发布各类标准 1172 项，涌现出细分行业龙头企业 198 家。省知识产权巡回法庭成功落户，专利申请量累计超 11.6 万件。

（三）城乡朝着现代化、一体化迈进

抢抓粤港澳大湾区建设重大历史机遇，深度参与“1+4”广州佛山高质量发展融合试验区建设，全面推进广佛全域同城化，三龙湾南海片区强势崛起。城市治理三年行动计划圆满收官，266 个项目累计完成投资超 1800 亿元，千灯湖、文翰湖、博爱湖、听音湖等“环湖造城”片区高度集聚产业和人气，现代都市形态品质显著提升。重大交通基础设施建设取得突破性进展，南海区新交通试验段车辆成功上线调试，水口水道大桥建成通车。深入实施乡村振兴战略，“三清三拆三整治”成效凸显，“百里芳华”、万里碧道南海段、万亩千亩公园建设加快推进，涌现出九江下西、西樵儒溪、丹灶仙岗、大沥凤池、里水赤山等一大批示范村居。村级工业园升级改造声势浩大，累计拆除整理土地 6.2 万亩，新建成产业载体 1798 万平方米，拆除“两违”建设 2637 万平方米，为城乡融合发展腾出了广阔空间。

(四)民生朝着普惠化、优质化迈进

坚持在发展中保障和改善民生，民生投入累计达 817 亿元，年均增长 10.8%，占财政支出比重 67%。教育事业更加优质均衡，累计新(改、扩)建中小学校 80 所，新增优质学位 8.3 万个，普惠性幼儿园在园幼儿占比超 80%，高考成绩持续领跑全国同级地区。卫生强区建设稳步推进，区人民医院新院区建成使用，与省级高端医疗资源合作办医成效显著，拥有三级医院 6 家(含三甲医院 3 家)，累计新增床位 1821 个。公共文体服务供给能力持续增强，成功创建国家体育产业示范基地、广东省首批公共文化服务体系示范区，累计建成公共图书馆 200 间、社区体育公园 115 个、艺术场馆 49 所、博物馆 10 家，村居综合性文化服务中心、新时代文明实践中心实现全覆盖。公交车实现 100%新能源化。就业、养老、医保、低保、慈善、住房保障等基础性、兜底性民生事业全面协调发展。

第二节　南海区基层社会治理面临的突出问题

南海区地处现代化改革发展的先行地区，改革开放以来秉承敢为人先、创新创造的精神，实现了从传统农业大县到工业强区的身份转变。南海区的发展表明，随着工业经济的发展，城市化进程的加快，逐渐形成区域经济中心，这种经济规模和集聚经济便成为当代城市发展的核心动力。与此相呼应的，便出现了人口、空间、生产与消费资料的高度集中等现象，这种由于城市发展所带来的高度集中，一方面促进了城市的繁荣和社会结构的转型，另一方面城市原有的整体平衡被打破，社会结构失去稳定性、社会矛盾随之凸显，增加了社会治理难度。因而，南海区在实现经济快速发展的同时，基层社会治理当中也暴露出一些新问题、新矛盾亟待破解。

一、维护社会治安的工作压力较大

社会治安指的是社会的安定秩序。包括公共秩序，如车站、码头、民用航空站、公园、商场、娱乐场、展览会、运动场或者其他公共场所的秩序；国家机关办公秩序和公民生活秩序；公共安全，如铁路、公路和交通设施、用具、消防设备等及国家、集体和个人财物的安全；公民人身权利不受侵犯；公私财产不遭受损害，等等。世界各国法律对于危害社会治安的行为都有不同的处罚规定。在中国，对于危害社会治安的行为，一般根据《中华人民共和国治安管理处罚条例》进行处罚，严重危害社会治安而触犯刑律的行为，则根据刑法处罚。从性质上来看，任何时期的社会都会存在相应的社会治安问题，社会治安问题是社会矛盾和社会问题的综合反映，它的产生具有一定的必然性，当前各地的社会治安问题在一定程度反映了各地在社会发展和转型过程中的社会深层次矛盾。

经济持续高速增长促使南海社会正在进行剧烈转型，大量外来流动人员的拥入给经济发展注入动力的同时也给社会治安治理工作带来巨大的压力，加上境内外各种犯罪势力的影响和渗透，公安机关维护社会治安的压力可想而知。从实践角度看，虽然南海公安始终保持高压严打态势，严厉打击各类违法犯罪，大力加强治安防控体系建设，扎实做好维护社会稳定各项工作，全面落实社会治安管控各项措施，能够确保南海区社会治安秩序总体平稳，但是“两抢一盗”、电信网络诈骗、涉枪、黄赌毒、套路贷、食(品)药(品)环境违法犯罪等违法犯罪案件仍然频发。2019 年上半年，南海区坚持扫黑除恶治乱并举，扎实开展重点地区、重点案件、重点问题攻坚行动，重点整治涉黑涉恶三类突出问题，打掉涉恶团伙 35 个，刑拘犯罪嫌疑人 1107 人，逮捕 573 人。侦办了“东平二号”专案等一批大要案件，查封、冻结、扣押涉案资产 2054 万元，投案自首 29 人。2021 年是常态化开展扫黑除恶斗争的开局之年，南海区严格按照中央、省、市的工作部署和要求，大力推进信息网络、自然资源、工程建设、交通运输、金融放贷等五大行业领域整治，并以五大行业整治为契机，解决突出问题。其中，信息网络领域共破获电信诈骗案 1382 宗，抓获涉嫌电信诈骗及关联犯罪嫌疑人 2114 人。自然资源行业领域拆除及复耕复绿整治图斑 1071 个，涉及违法用地面积 5003.11 亩(其中耕地 2128.43 亩)，强制拆除面积 10 万平方米。交通运输行业领域发出责令整改通知书 62 份，查处客运市场领域违法案件 391 宗。工程建设行业领域妥善处理 839 条涉劳资纠纷款线索，化解“讨薪”类信访案件 66 起。[①] 由此可见，伴随着南海区经济快速发展的同时，各种社会治安问题也接踵而来，给基层社会治理增加了难度。

二、流动人口公共服务诉求持续增加

经济发展水平与人口流动及其衍生的各种社会治理问题的关系极为密切。改革开放以后，随着城市经济、社会的发展和流动人口形势的发展与变化，内地人口在拥入广州寻求自由开放的经济环境的同时，也给广州带来了巨大的流动人口管理压力。1988 年广州市流动人口达到 117 万，仅次于上海，成为全国流动人口主要聚集城市。社会治安问题一度成为改革开放后广州城市发展面临的重要问题。1984 年，广州市内的流窜犯罪案件就有 1071 宗，1986 年上升到 2603 宗，其中流动人口犯罪率占 80%以上。南

---

① 《佛山市南海区通报 2021 年扫黑除恶“战果”》，载民主与法制网：http：//gd.mzyfz.com/detail.asp？id=423281&dfid=2&cid=32，访问时间：2022 年 6 月 15 日。

海区作为“广佛都市圈”核心区，且制造业实力雄厚，商贸发达，对外来人口吸纳能力较强，区内流动人口问题同样严重。由于流动人口人员复杂，管控难度较高，在管理上曾一度出现人员信息更新“不同步”、事故隐患清查“不彻底、刑事治安案件预防“不及时”、对新市民需求关爱的回应“不精准”等现象。

但也要看到，流动人口是经济实力持续增长的主要动力。“十三五”时期，南海区流动人口整体规模较大，也呈平缓发展态势。2020 年，全区登记在册的流动人口共 221.95 万人。流动人口的随迁家属也明显增加。2020 年非佛山户籍的小学在校学生 12.75 万人，较 2014 年增加超过 4 万人。当然，人口密度也是衡量城市人口的一个重要维度。根据统计，南海区平均常住人口密度约 3400 人/平方公里，不仅高于佛山市 2501 人/平方公里的平均水平，也远高于粤港澳大湾区，除深圳、东莞外还高于珠三角九市的其他城市的平均水平，这给南海区经济增长带来了强大动力和重要保障。为此，对于基层社会治理而言，有必要通过不断深化户籍制度改革、提供无差别的公共服务和拓宽流动人口参与社会治理的渠道，提高流动人员群体和当地社会的相互认同，让不同地域、身份、经济状况的群体享有平等的机会、权利，形成共同价值，最大限度地减少不同利益群体之间的冲突①。

三、提高外国人管理服务水平迫在眉睫

随着全球化的快速发展和中国国际影响力的日益提升，越来越多的外国人来到中国工作和生活。在这样的背景下，加强和改进新时代外国人管理服务工作，是扩大开放的必然要求，也是市域社会治理现代化的重要内容。黄岐位于佛山市南海区大沥镇东部，属于广佛交界处，面积不足 20 平

---

① 黄逸豪、李慧君：《应对人口结构变化新挑战，专家建言南海提高流动人口公共服务力》，载南方 Plus：http：//static. nfapp. southcn. com/content/201905/28/c2271086. html，访问时间：2022 年 6 月 15 日。

方公里，辖区内居住着近 50 万人口，因为毗邻广州的地理优势，且生活成本相对较低，吸引着越来越多的外国人逗留或长期居住，其中包括来自全球 80 多个国家和地区的 900 多名外国人，他们白天在广州从事批发、贸易等工作，夜幕来临，便驱车回到与广州一水之隔的黄岐，过着朝“穗”晚“佛”的生活。黄岐的常住外国人聚集度之高居于全省前列，依法做好外国人的管理和服务工作，既是迫切的现实需要，也是地方基层推进国家治理体系和治理能力现代化的具体体现。但由于文化和思想上的差异，以及缺乏有效沟通造成的相互之间不理解，导致部分外国人不能融入本地社区，有时还会发生一些邻里纠纷。一旦处置不当，容易发酵形成外交事件，影响国家形象。① 因而，坚持问题导向，坚持以人为本，夯实基层基础，打防管服一体，构建外国人联动联管新格局，切实提升外国人管理服务整体水平，为全面建设社会主义现代化国家提供外国人管理服务方面的经验以供借鉴是南海区义不容辞的责任和担当。

四、民营企业劳资纠纷突出

劳资纠纷也称为劳动争议，是指劳动关系的当事人之间因执行劳动法律、法规和履行劳动合同而发生的纠纷，即劳动者与所在单位之间因劳动关系中的权利义务而发生的纠纷。根据争议涉及的权利义务的具体内容，可将其分为因确认劳动关系发生的争议，因订立、履行、变更、解除和终止劳动合同发生的争议，因除名、辞退和辞职、离职发生的争议，因工作时间、休息休假、社会保险、福利、培训以及劳动保护发生的争议，因劳动报酬、工伤医疗费、经济补偿或者赔偿金等发生的争议，法律、法规规定的其他劳动争议等类型。从目前的劳资纠纷发生情况来看，民营企业劳资纠纷发生率较高。出现劳资纠纷的原因大体有以下几种，有的是由于部分企业为追逐利益而损害劳动者权益引起的，有的是因为劳动关系双方法

---

①《外国人管理服务共建共治共享的“黄岐样板”》，载南方 Plus：http://static.nfapp.southcn.com/content/202011/30/c4365690.html，访问时间：2022 年 6 月 15 日。

律意识淡薄而引起的，有的是企业内部劳动纠纷处理的机制不完善引起的。

改革开放40多年来，南海区凭借其深厚的制造底蕴，培育出以陶瓷、家具、金属材料、纺织、五金、电气等为代表的泛家居产业，年产值超过3000亿元。2021年4月，南海市场主体数量超过40万户，民营企业占“半壁江山”，是南海区经济发展的主力军。“十三五”期间，民营经济已成为南海区经济发展当之无愧的主力军，贡献了63.7%的地区生产总值，77%的税收，85%的城镇劳动就业岗位，90%的企业数量。2020年，南海区拥有工商登记户37.83万户，私营企业(民营企业)13.71万家，规模以上工业民营企业2892家。① 2021年，佛山市企业联合会、佛山市企业家协会主办了2021年佛山市企业家活动日暨佛山企业100强、制造业100强企业发布会，在佛山企业100强中，南海区上榜企业数最多，达40家。顺德区31家，禅城区21家，三水区5家，高明区3家。与2020年相比，南海区增加4家，高明区增加1家，顺德区和三水区各减少2家，禅城区减少1家。从上榜企业的总营业收入看，顺德区企业总营业收入高达11099.6亿元，占佛山企业100强总营业收入的63.6%；南海区为4296.6亿元，占比24.6%；禅城区为1580.1亿元，占比9.1%；三水区为320.6亿元，占比1.8%；高明区为148.0亿元，占比0.8%。② 近年来，面对百年变局和疫情相互叠加的复杂局面，我国经济发展环境的复杂性、严峻性、不确定性上升，缺芯、缺柜、缺电、缺气和原材料上涨对企业的影响也越来越突出，传统产业数字化转型也迫在眉睫，民营企业的发展遇到了众多的风险挑战。

由于当前经济运行不确定不稳定因素增多，加上受新冠肺炎疫情影

---

① 《南海区工商联(总商会)第十四次会员代表大会选举产生新一届执委会 赋能南海民营经济高质量发展》，载《佛山日报》2021年9月6日，第5版。

② 《佛企年度百强榜单发布：南海企业多，顺德企业强!》，载人民资讯：https://baijiahao.baidu.com/s?id=1717021748689922576&wfr=spider&for=pc，访问时间：2022年6月15日。

响，南海区用人单位和劳动者之间的劳动关系日趋复杂，在劳动人事争议方面其主体及利益诉求呈多元化，个别劳动者为了达到目的，采取种种过激手段，给劳动人事争议仲裁工作带来了巨大挑战与压力。在新常态经济背景下，劳动者维权意识提高，劳资问题凸显。南海区劳资纠纷频发、多发的企业，集中在劳动密集型产业，尤以鞋类制造、五金加工企业最为突出，包括企业未签订劳动合同或合同到期没有续签劳动合同，工人提出支付双倍工资纠纷；企业由于没有为员工缴纳社会保险，员工患病引起的医疗费纠纷；员工放假期间发生非因工死亡引起的劳资纠纷等多种类型。[①]能否处理好这些突出的劳资纠纷，给南海区的基层社会治理带来了不小的挑战。

五、涉土地矛盾纠纷比较突出

土地对于农民、农村、城市而言意义重大，是农民赖以生存的根本和全部生活的保障，是农村发展的根基，是城市拓展的基础。随着城镇化的加快发展，通过土地的重新配置和开发来实现资源的重组成为必然，这也使得土地蕴含的经济价值日益凸显。因土地所有制的二元化，加之土地的稀缺和其巨大的经济价值，在土地的占有、使用、收益、处分、征用、开发等过程中，各利益主体之间不可避免地存在矛盾纠纷。如矛盾纠纷得不到有效化解，长期累积，易酿成重大信访事件，甚至升级为重大群体性刑事案件，严重影响基层社会的和谐稳定与发展。[②]近些年来，随着南海区的城镇化不断加速，由于工商业用地需求的剧增和房地产的火爆，因土地资源日益紧张使得土地不断升值，由此引发的土地纠纷也不断攀升，特别是和“外嫁女”相关的土地纠纷不断增多。

广义的“外嫁女”既包括与村外人结婚、户口留在村里或者户口迁出村

① 汪世荣：《后疫情时期劳资纠纷的化解策略》，载《法治周末》2020年10月29日。
② 苏本茂：《“枫桥经验”视野下基层涉土地矛盾纠纷法治化治理实证研究》，载《法治社会》2018年第4期，第97页。

后又回村居住的妇女，也包括嫁入本村、户口也迁入本村的妇女，离婚或丧偶的“外嫁女”，入赘女婿，以及上述人员的子女。中国习惯于把女性结婚叫作“出嫁”。“外嫁女”是一个带有典型地方特色的词汇，从字面上理解，所谓“外嫁女”之“外”是相对于该女性原来家庭来说的，其原意与“出嫁女”相同，是与招婿入赘的结婚妇女相对应的中性概念。新中国成立后，随着男女平等观念的确立，广东民间所习惯使用的“外嫁女”的概念事实上并不含有歧视内涵，即使是在今天的广东农村的大部分地区，基本上仍是在这样一种中性的语义下使用“外嫁女”一词的。随着农村经济的发展，在经济发达地区，以性别为由排斥、歧视外嫁女，剥夺“外嫁女”依法应享有权益的情况愈演愈烈。现在，“外嫁女”的含义也由“出嫁女”变为对本村嫁外村男性、户口未迁出或拒绝迁走户口的成年女性(此为标准型的“外嫁女”)的称呼。因此，在特定的背景和场合下，“外嫁女”作为一种社会现象，表现为对传统“出嫁”的反叛，就是“嫁而不出”，不是“嫁不出家”，而是“嫁不离村”。随着农村城市化的发展，“外嫁女”一词在经济发达地区也就与农村户口制度、村民待遇联系上了，并因此而演变成为排斥、歧视妇女的法律概念，它包含着有关“外嫁女”们的婚姻自由权、劳动权、集体财产分配权、居住权等多种法定权利被排挤、被剥夺的痛苦以及随之而来的各种法律纷争。

在南海区，随着城市化步伐不断加快，大量农业用地因为二、三产业的发展需要被征用或用于非农业建设，过去以耕地为主要收入的村民逐渐转变为以股份分红为主要经济来源，与此同时，农村“外嫁女”在股份分配方面的纠纷开始不断发生，“外嫁女”权益纠纷发展为群众信访反映强烈的热点、难点问题。① 实践中，从国家立法到地方立法，各级国家机关均旗帜鲜明地维护女性的平等法律地位，平等地保护女性的农村集体经济组织成员地位和土地权益，给予妇女权益保护充分的法律依据上的支持，然而

① 孙海龙、龚德家、李斌：《城市化背景下农村“外嫁女”权益纠纷及其解决机制的思考》，载《法律适用》2004年第3期，第26页。

实践中法律、法规明确的内容却难以执行，“外嫁女”土地权益受损情况影响恶劣且普遍存在，“外嫁女”为主张权利与村集体之间产生激烈的矛盾冲突，几乎穷尽行政、司法渠道，仍然无法解决纠纷①。目前，南海区外嫁女权益纠纷的形态繁多，大多数纠纷都是围绕着“外嫁女”的身份而展开的。

此外，因土地补偿标准争议引发的矛盾纠纷也比较多。在社会学中，城市化是一个过程，是城镇数量的增加与规模的扩大，具体表现为农村景观向城市景观演化，人口与产业向城市集聚，区域产业结构不断优化，城市物质文明和文化向农村地域不断扩散的过程。20 世纪 90 年代以来城乡之间的经济链条濒于断裂，农产品价格上不去，农民增收困难，农村发展缓慢，农村通过向城市提供大量廉价劳动力来维持城市第二、三产业的发展。城市由原来从农村汲取“低价农产品剩余”促进城市工业化，转变为从农村汲取“廉价劳动力”参与经济全球化。佛山市南海区处于珠三角腹地，是珠三角工业化进程推进最快的地区之一，随着广东省城市化进程不断推进，集体土地越来越多地作为国有建设用地的补充流转入市。目前看来，由于近年来土地价格变化的频率太快，而征地拆迁补偿标准的调整需要经过长时间的论证及通过法定的程序，滞后于经济发展与市场波动，② 因而与收回国有土地使用权相比，现行的集体土地征收补偿标准较低，补偿范围较窄，导致集体土地征收工作矛盾较多，进展缓慢，甚至有征地户为此多次上访拒不配合政府的征地行为。

六、发展农村集体经济面临困难

乡村经济发展是乡村社会治理的重要基础，乡村经济发展水平在很大

① 王梅竹：《二元法秩序下“外嫁女”土地权益纠纷及其解决》，载《民间法》第二十三卷，第 476 页。

② 苏本茂：《“枫桥经验”视野下基层涉土地矛盾纠纷法治化治理实证研究》，载《法治社会》2018 年第 4 期，第 98 页。

程度上决定了乡村社会治理的水平。从 20 世纪 90 年代开始，南海区开展了农村土地股份合作制改革，将包产到户分配给村民经营的土地集中到经济联社统一规划利用，以土地或者在土地上建好厂房、商铺后对外出租，这种改革探索促进了南海区工业化进程，使得南海区农村集体经济得到迅速发展壮大。据统计，南海区截至 2021 年年底有涉农村(居)222 个，村(居)集体经济组织 2290 个，其中经联社 223 个、经济社 2067 个。总体呈现集体资产总量较大、集体收益增速较快两个特点。村(居)社(组)两级集体资产总额 544.4 亿元，两级货币资金存量超 237 亿元。2010—2020 年，集体资产总额年平均增长率达 7.35%，农村居民人均可支配收入年平均增长率达 7.99%。[①]

农村集体经济发展是南海区农村发展的首要问题，经济发展是加强社会主义新农村建设的首要任务，可以有效提高村级集体的经济能力和自我发展能力。随着集体经济规模的不断扩大，南海区农村地区的可分红资金连年递增、潜力巨大，由于股权争议而引发的纷争成为矛盾突显的焦点。与此同时，经济转轨和社会转型的加速导致社会结构日趋复杂，利益主体和利益诉求也趋向多元化，群众权利意识的崛起使得群众与政府的关系发生了深刻的变化，壮大和发展村级集体经济面临多方面的难题，具体表现在以下方面：农村集体经济收入来源比较单一，农村集体引入的企业大部分规模小、产出低，大部分集体物业为简易厂房，尤其是对乡村振兴基层治理、人居环境整治投入资金较少，存在“上热下冷”现象，群众对乡村振兴、人居环境整治工作知晓度、参与度、满意度有待提高，乡村振兴后劲乏力。

---

① 王勇：《六个“共”促进南海农村集体经济组织发展》，载腾讯网：https://xw.qq.com/cmsid/20211105A0BUV800，访问时间：2022 年 6 月 15 日。

第三节　南海区健全矛盾纠纷多元化解机制的历史机遇

社会治理是国家治理的重要方面。党的十八大以来，党和政府高度重视社会治理工作，围绕实现社会治理现代化的目标和坚持发展新时代“枫桥经验”的基本路径，习近平总书记专门发表了一系列重要讲话，党和国家在社会治理领域进行了一系列的安排部署，这为南海区创新基层社会治理形式和健全矛盾纠纷多元化解机制提供了难得的历史机遇。

一、习近平总书记关于创新社会治理的重要论述

2016 年 7 月 1 日，习近平总书记在庆祝中国共产党成立 95 周年大会上的讲话中强调：“尊重人民主体地位，保证人民当家作主，是我们党的一贯主张。我们要毫不动摇走中国特色社会主义政治发展道路，长期坚持、全面贯彻、不断发展人民代表大会制度、中国共产党领导的多党合作和政治协商制度、民族区域自治制度、基层群众自治制度，发展社会主义协商民主，巩固和发展最广泛的爱国统一战线，扩大人民群众有序政治参与，保证人民广泛参加国家治理和社会治理，形成生动活泼、安定团结的政治局面。”

2017 年 2 月 17 日，习近平总书记在主持召开国家安全工作座谈会时强调：“要完善立体化社会治安防控体系，提高社会治理整体水平，注意从源头上排查化解矛盾纠纷。”

2018 年 3 月 20 日，习近平总书记在第十三届全国人民代表大会第一次会议上的讲话中强调：“我们要以更大的力度、更实的措施保障和改善民生，加强和创新社会治理，坚决打赢脱贫攻坚战，促进社会公平正义，在幼有所育、学有所教、劳有所得、病有所医、老有所养、住有所居、弱有所扶上不断取得新进展，让实现全体人民共同富裕在广大人民现实生活

中更加充分地展示出来。”

2018 年 12 月 18 日，习近平总书记在庆祝改革开放 40 周年大会上的讲话中强调：“我们要加强社会治理制度建设，不断促进社会公平正义，保持社会安定有序。”

2019 年 1 月 21 日，习近平总书记在省部级主要领导干部专题研讨班开班式发表重要讲话时强调：“要推进社会治理现代化，坚持和发展‘枫桥经验’，健全平安建设协同机制，从源头上提升维护社会稳定的能力和水平。”

2020 年 1 月，习近平总书记对政法工作作出重要指示时强调：“建设更高水平的平安中国法治中国要把维护国家政治安全放在第一位，继续推进扫黑除恶专项斗争，着力推进市域社会治理现代化试点，努力建设更高水平的平安中国、法治中国。”

2020 年 3 月 10 日，习近平总书记在湖北省考察新冠肺炎疫情防控工作时的讲话中强调：“要着力完善城乡基层治理体系。这次疫情防控凸显了城乡社区的重要作用，也暴露出基层社会治理的短板和不足。要夯实社会治理基层基础，推动社会治理重心下移，构建党组织领导的共建共治共享的城乡基层治理格局。”

2020 年 8 月 24 日，习近平总书记在经济社会领域专家座谈会上的讲话中强调：“事实证明，发展起来以后的问题不比不发展时少。我国社会结构正在发生深刻变化，互联网深刻改变人类交往方式，社会观念、社会心理、社会行为发生深刻变化。‘十四五’时期如何适应社会结构、社会关系、社会行为方式、社会心理等深刻变化，实现更加充分、更高质量的就业，健全全覆盖、可持续的社保体系，强化公共卫生和疾控体系，促进人口长期均衡发展，加强社会治理，化解社会矛盾，维护社会稳定，都需要认真研究并作出工作部署。”

2020 年 11 月 16 日，习近平总书记在中央全面依法治国工作会议上讲话时强调：“法治建设既要抓末端、治已病，更要抓前端、治未病。我国国情决定了我们不能成为‘诉讼大国’。我国有 14 亿人口，大大小小的事都要打官司，那必然不堪重负！要推动更多法治力量向引导和疏导端用力，完善预防性法律制度，坚持和发展新时代‘枫桥经验’，完善社会矛盾纠纷多元预防调处化解综合机制，更加重视基层基础工作，充分发挥共建共治共享在基层的作用，推进市域社会治理现代化，促进社会和谐稳定。”

2020 年 11 月 12 日，习近平总书记在浦东开发开放 30 周年庆祝大会上的讲话中强调：“要提高城市治理水平，推动治理手段、治理模式、治理理念创新，加快建设智慧城市，率先构建经济治理、社会治理、城市治理统筹推进和有机衔接的治理体系。”

2020 年 9 月 8 日，习近平总书记在全国抗击新冠肺炎疫情表彰大会上的讲话中强调：“面对前所未知的新型传染性疾病，我们秉持科学精神、科学态度，把遵循科学规律贯穿到决策指挥、病患治疗、技术攻关、社会治理各方面全过程。”

2020 年 9 月 17 日，习近平总书记在基层代表座谈会上的讲话中强调：“要加强和创新基层社会治理，坚持和完善新时代‘枫桥经验’，加强城乡社区建设，强化网格化管理和服务，完善社会矛盾纠纷多元预防调处化解综合机制，切实把矛盾化解在基层，维护好社会稳定。”

二、党和国家在社会治理领域的重要部署安排

党的十八届三中全会明确提出：“全面深化改革的总目标是完善和发展中国特色社会主义制度，推进国家治理体系和治理能力现代化。”

党的十九届四中全会明确指出：“必须加强和创新社会治理，完善党委领导、政府负责、民主协商、社会协同、公众参与、法治保障、科技支撑的社会治理体系，建设人人有责、人人尽责、人人享有的社会治理共同体，确保人民安居乐业、社会安定有序，建设更高水平的平安中国。”

2015 年 5 月，中共中央办公厅、国务院办公厅印发的《关于深入推进农村社区建设试点工作的指导意见》强调：“农村社区建设要在党和政府的

领导下，在行政村范围内，依靠全体居民，整合各类资源，强化社区自治和服务功能，促进农村社区经济、政治、文化、社会、生态全面协调可持续发展，不断提升农村居民生活质量和文明素养，努力构建新型乡村治理体制机制。”

2017年6月，中共中央、国务院出台了《关于加强和完善城乡社区治理的意见》，明确了社区治理的总体目标：“到2020年，基本形成基层党组织领导、基层政府主导的多方参与、共同治理的城乡社区治理体系，城乡社区治理体制更加完善，城乡社区治理能力显著提升，城乡社区公共服务、公共管理、公共安全得到有效保障。再过5年到10年，城乡社区治理体制更加成熟定型，城乡社区治理能力更为精准全面，为夯实党的执政根基、巩固基层政权提供有力支撑，为推进国家治理体系和治理能力现代化奠定坚实基础。”

2020年12月，中共中央印发的《法治社会建设实施纲要（2020—2025年）》专门就“推进社会治理法治化”的目标进行了阐释：“全面提升社会治理法治化水平，依法维护社会秩序、解决社会问题、协调利益关系、推动社会事业发展，培育全社会办事依法、遇事找法、解决问题用法、化解矛盾靠法的法治环境，促进社会充满活力又和谐有序。”

2021年4月28日，中共中央、国务院出台了《关于加强基层治理体系和治理能力现代化建设的意见》，提出了基层治理的主要目标：力争用5年左右时间，建立起党组织统一领导、政府依法履责、各类组织积极协同、群众广泛参与，自治、法治、德治相结合的基层治理体系，健全常态化管理和应急管理动态衔接的基层治理机制，构建网格化管理、精细化服务、信息化支撑、开放共享的基层管理服务平台；党建引领基层治理机制全面完善，基层政权坚强有力，基层群众自治充满活力，基层公共服务精准高效，党的执政基础更加坚实，基层治理体系和治理能力现代化水平明显提高。在此基础上力争再用10年时间，基本实现基层治理体系和治理能力现代化，中国特色基层治理制度优势充分展现。

此外，为进一步推进平安中国、法治中国建设，打造共建共治共享的社会治理格局，各地党委和政府也纷纷围绕市域社会治理现代化的目标开始了相应的社会治理规划工作。

当今世界正经历百年未有之大变局，中华民族日益走向世界舞台中央，在这样的时代背景下，建设一个现代化的基层社会，要加强和创新基层社会治理，使每个社会细胞都健康活跃，就必须将矛盾纠纷化解在基层，将和谐稳定创建在基层，努力实现基层人民群众对美好生活的向往。因而，各地在创新基层社会治理过程中，健全完善矛盾纠纷化解机制是责无旁贷的，这既是有效维护基层社会和谐稳定的内在要求，也是实现基层社会治理现代化的重要使命。

三、南海区重视“借力”推动矛盾纠纷多元化解

坚持“以人民为中心”的“枫桥经验”是中国共产党的群众路线的本质体现，创新发展“枫桥经验”自然离不开发动和依靠群众这一根本方法论。党的十九届四中全会指出，要加强社会治理制度建设，完善党委领导、政府负责、民主协商、社会协同、公众参与、法治保障、科技支撑的社会治理体制。党的领导是“枫桥经验”政治优势，服务群众、发动群众是“枫桥经验”核心要义。打造“枫桥经验”升级版，就要在新时代下做好“新时代群众”的工作。改革开放四十年，在中国特色社会主义事业大踏步推进的过程中，中国的社会结构已经发生了极其广泛而深刻的变化，群众已经是“新时代群众”，面对“新时代群众”，政府部门的群众观念必须有所更新，群众工作方法必须与时俱进。要形成新时代下动员和依靠最广大人民群众的群众路线，牢牢把握依靠群众、组织群众、发动群众、服务群众的核心，力求眼界新、思路新、手段新、水平新、学问新、体制新。纵观“枫桥经验”成为中国基层社会治理经验的历程，不难发现“人民”既是这一经验的首创者，也是这一经验的最终受益者。坚持“以人民为中心”的施政理念就不能刻舟求剑，而要与时俱进，政府就要根据特定时期的人民需求提

供必要的公共政策，以纾解人民之困，满足人民所需。“枫桥经验”正是经历了这样一个发展过程，从最初创造性解决敌我矛盾的斗争经验，到基层社会综合治理的共建共治共享经验，为加强和创新社会治理的实践提供了一个成熟的样本。在这一过程中，“枫桥经验”有其不可替代的范式价值。

南海区政府深知实现“枫桥经验”在南海的本土化，实现以法治为核心的基层治理，从而实现基层工作的有效推进乃是工作的重中之重。为全面贯彻党中央加强基层社会治理的重要部署，南海区积极构建共建共治共享的社会治理格局，从理论的高度对南海区多元化纠纷解决、行政执法规范化、普法宣传等基层社会治理工作进行总结、提升和论证，进一步完善和推广成功的经验，并发挥在全国的示范引领作用，2018 年 6 月，佛山市司法局与西北政法大学签订了《南海区基层社会治理的实践和经验科研项目合作协议》，由专家团队指导，用三年的时间建构一套矛盾纠纷多元化解机制，切实做到“将非诉机制挺在诉讼前面”，争取对全国基层社会治理、构建矛盾纠纷多元化解机制产生示范意义。课题组办公室设立在西北政法大学中华法系与法治文明研究院，课题组成员以西北政法大学教师为主，适当吸收其他高校研究人员参加。合作时间为 2018 年 4 月至 2021 年 4 月，共三年，具体项目分阶段实施，由双方协商确定年度重点研究任务。合作方式为：由西北政法大学指派项目组成员每年赴南海区进行二至三次实地调研，通过走访、座谈、资料查阅及其他方式，总结南海区基层社会治理的体制机制创新，并形成可复制可推广的经验成果。南海司法局每年赴西北政法大学进行一次交流，双方共同研究和确定项目的实施方案。

合作研究团队在对南海区矛盾纠纷多元化解机制建设的指导过程中，一方面注重对南海区本土做法和经验的总结提升。2018 年至今，团队多次到南海区开展调研走访，其中，2020 年 7 月 26 日至 29 日，西北政法大学调研组赴广东省佛山市南海区进行调研，通过现场观摩、组织座谈、实地考察等方式，详细了解各部门、单位、社区等在构建矛盾纠纷多元化解机制和化解基层社会矛盾工作中的具体做法、基本经验和存在的问题。南海区举行了深化矛盾纠纷多元化解工作会议，有关乡镇和部门对开展多元化解机制工作的成效进行了总结，为下一步工作提出了明确的要求。在《人民法治》等刊物发表文章11篇。另一方面，强调借“他山之石”，用先进理论加强对本地实践的指导。

在团队的参与和指导下，南海区实际建立矛盾纠纷多元化解机制。南海区各部门、各镇(街道)相继成立了矛盾纠纷化解机构，初步形成了矛盾纠纷多元化解的格局。2018年5月，成立全市首个道路交通事故损害赔偿纠纷一体化处理中心。6月，召开南海区矛盾纠纷多元化解工作推进会议，出台《关于构建共建共治共享的社会矛盾纠纷多元化解工作机制的意见》及四个配套文件。7月，南海区桂城街道在桂城街道石东社区民警中队和平西社区民警中队治安调解室成立试点治安纠纷人民调解委员会。8月，成立南海区矛盾纠纷调解工作指导中心、各镇(街道)矛盾纠纷调解工作中心、南海区调解专家库、狮山镇陈平功个人调解工作室，各镇(街道)出台矛盾纠纷多元化解工作方案。9月，成立南海区泽辉调解中心。12月，成立南海区泽辉民间纠纷人民调解委员会、南海区泽辉医患纠纷人民调解委员会。2019年6月，南海区诉前和解中心挂牌运作，南海区道路交通事故损害赔偿纠一体化处理中心实现全覆盖。7月，成立丹灶镇人民调解委员会谢苏调解工作室、丹灶镇人民调解委员会冼童调解工作室。8月，成立西樵民间纠纷调解协会人民调解委员会区文基个人调解工作室。10月，成立桂城街道物业管理纠纷人民调解委员会苏志敏“创熟”调解工作室、丹灶镇东联社区人民调解委员会孙汝和调解工作室、里水镇甘蕉社区人民调解委员会锦棠调解工作室。11月，成立南海区诉前纠纷人民调解委员会、南海区信访纠纷人民调解委员会、大沥镇六村社区人民调解委员会周永雄调解工作室、大沥镇六联社区人民调解委员会叶建华调解工作室、九江镇治安纠纷人民调解委员会黄兆玲个人调解工作室、狮山镇人民调解委员会老邝个人调解工作室、狮山镇乐安社区人民调解委员会袁刚调解工作室。

12月，成立南海区总商会人民调解委员会。2020年1月，挂牌成立南海区老兵调解工作室。3月，成立南海区汽车行业协会人民调解委员会、佛山市南海区机械装备行业协会人民调解委员会。4月，成立南海区旅游纠纷人民调解委员会。5月，成立南海区泽辉校园纠纷人民调解委员会。6月，成立南海区劳动人事争议调裁审一体化中心、里水镇金峰洲社区人民调解委员会黄锦洁调解工作室(南海区首家女性个人调解工作室)、狮山镇华涌社区人民调解委员会陈国兴调解工作室。7月，成立桂城街道人民调解委员会梁心帮办调解工作室(全市首个政媒合作的个人调解室)。8月，成立广东省门窗协会人民调解委员会，出台《关于深化矛盾纠纷多元化解工作机制建设的工作意见》。9月，成立狮山镇罗湖社区人民调解委员会姚月珠调解工作室。10月，成立南海区金融纠纷一体化处理中心、南海区金融纠纷一体化处理中心分中心、九江镇治安纠纷人民调解委员会卢志光调解工作室。

第四节　健全矛盾纠纷多元化解机制的实践意义

习近平总书记在党的十九大报告中指出，经过长期努力，中国特色社会主义进入了新时代。这个新时代的鲜明特征之一就是全国各族人民团结奋斗、不断创造美好生活、逐步实现全体人民共同富裕的时代。具体而言，就是要到2035年基本实现社会主义现代化之时，全体人民共同富裕迈出坚实步伐；到本世纪中叶把我国建成富强民主文明和谐美丽的社会主义现代化强国之时，全体人民共同富裕基本实现。这是我们党历史上第一次把全体人民共同富裕的社会主义本质外化为具体奋斗目标，并安排了进度表、设定了路线图，必将对新时代中国特色社会主义的全面推进具有重大指导意义。[1] 当然，共同富裕不仅仅是“钱袋子”的事，更要为每一位居民创造和提供平安和谐的良好社会环境。有效预防和化解社会矛盾纠纷，不仅是维护人民群众合法权益、促进社会和谐稳定的必然要求，也是加强和创新社会治理、深化平安中国建设的重要内容，更是实现共同富裕的必由之路。矛盾纠纷多元化解涉及主体众多，无论是全面深化改革，还是实现共同富裕，都要求完善矛盾纠纷多元化解机制，其中，准确厘清并严格落实各主体责任是科学构建矛盾纠纷多元化解机制的前提。因而，在推动共同富裕的历史背景下，研究完善矛盾纠纷多元化解机制的科学路径问题，对于促进多元纠纷解决途径间的有效贯通、有效预防和化解社会矛盾纠纷、适应中国社会转型、促进基层社会治理法治化、维护基层社会大局和谐稳定、促进社会共同富裕的实现，具有重要的理论意义和深远的现实意义。

第一，完善矛盾纠纷多元化解机制，是有效化解新时代人民内部矛盾的必然要求。改革开放以来，中国特色社会主义逐步向富强、民主、文明、和谐的社会主义现代化建设目标前进，在此过程中，虽然不同历史时期在不同社会领域存在着各种各样的矛盾纠纷，但绝大多数都是因为利益问题引起人民内部矛盾，而且集中在民生领域。以农村为例，过去农村的矛盾纠纷多是土地纠纷、邻里纠纷、婚姻家庭纠纷等，但伴随着近年来农村社会流动性不断增加，矛盾纠纷范围也随之扩展，出现了诸如土地流转、环境污染、安全事故、“外嫁女”土地权益等矛盾纠纷类型，呈现出多样化趋势[2]。因而，能否有效化解经济社会发展过程中出现的矛盾纠纷，直接关系到基层社会和谐稳定和经济社会持续健康发展。然而，无论是单纯依靠诉讼还是非诉讼的纠纷解决机制，都有其局限性，这就进一步凸显

① 左鹏：《逐步实现全体人民共同富裕》，载央视网：http：//news. cctv. com/2017/10/22/ARTIG2Hhfgx59SfgHH86400B171022. shtml，访问时间：2021 年 10 月 16 日。

② 曾文忠：《社会转型时期农村矛盾纠纷化解机制多元建构》，载《云南行政学院学报》2013 年第 6 期，第 91 页。

了矛盾纠纷多元化解机制在维护社会和谐稳定方面的重要意义。多地实践表明，通过完善矛盾纠纷多元化解机制，不仅能够促进多元纠纷解决途径间的有效贯通，而且能够促进矛盾纠纷化解多元主体的相互沟通与协作，构成多元主体共同参与矛盾纠纷化解的强大合力，充分运用衡平原则促进情理与法理的融合，从根本上化解矛盾纠纷。

第二，完善矛盾纠纷多元化解机制，是适应当下中国社会转型的现实要求。目前我国已进入改革的深水区，改革在空前解放社会生产力的同时也带来了诸多问题和挑战，比如城乡二元结构对立、人口老龄化加重、区域经济发展不协调不平衡、大学生就业困难、城市住房价格过高、生态环境污染严重、个别领域腐败现象严重，等等。要想科学化解其中的矛盾和问题，就必须深入推进治理变革。党的十八届三中全会审议通过的《中共中央关于全面深化改革若干重大问题的决定》，明确指出全面深化改革的总目标是完善和发展中国特色社会主义制度，推进国家治理体系和治理能力现代化。与传统的管理思维相比，治理思维更加强调党和政府的领导与多元主体参与公共事务决策的统一、法治与德治的统一、管理和服务的统一、常规管理与非常规管理(应急管理)的统一。① 从过去的管理思维到如今的治理思维转变，既反映了执政党的历史自觉和应对社会转型的现实要求，又体现了治国理念在新时期新形势下的新变化。在这种历史背景下，为有效应对社会转型期矛盾纠纷激增和矛盾纠纷激化、转化等问题，有必要完善矛盾纠纷多元化解机制，充分激发民间性解纷机制和协商自治能力，因而完善矛盾纠纷多元化解机制不仅成为实现社会治理体系和国家治理体系现代化的必然路径，也是社会治理能力和国家治理能力现代化的重要举措。

第三，完善矛盾纠纷多元化解机制，是推动基层社会治理创新的关键路径。党的十八届三中全会提出："创新社会治理，必须着眼于维护最广

---

① 胡仕浩：《多元化纠纷解决机制的"中国方案"》，载《中国应用法学》2017年第3期，第38页。

大人民根本利益，最大限度增加和谐因素，增强社会发展活力，提高社会治理水平，全面推进平安中国建设，维护国家安全，确保人民安居乐业、社会安定有序。”任何一项改革举措，如果不能调动人民群众的广泛参与，不能满足最广大人民的根本利益，很有可能会以失败结果告终。深入推进基层社会治理创新，必须努力消除阻碍社会和谐的因素，广泛调动各种社会力量参与，形成治理合力。在全面依法治国的背景下，从改革、发展、稳定的基层社会治理大局出发，统筹规划诉讼和非诉矛盾纠纷解决方式的协调发展，研究矛盾纠纷多元化解机制的完善问题，已经成为当下积极化解各类矛盾纠纷，提高基层社会治理能力和水平，有效维护基层社会稳定的一项迫切任务。

第四，完善矛盾纠纷多元化解机制，能够为实现共同富裕奠定良好的社会发展基础。实现共同富裕，必须统筹好安全和发展两件大事。充分发挥矛盾纠纷多元化解机制的解纷作用，有助于凝心聚力，巩固共同富裕的社会稳定基础。人民群众是历史的创造者，是国家和社会的主人，也应该成为公平正义的受益者，那么创新基层社会治理过程中自然应当处理好人民内部的矛盾纠纷，处理维护社会稳定和保护人民群众合法权益之间的关系。对此，习近平总书记强调：“要处理好维稳和维权的关系，要把群众合理合法的利益诉求解决好，完善对维护群众切身利益具有重大作用的制度，强化法律在化解矛盾中的权威地位，使群众由衷感到权益受到了公平对待、利益得到了有效维护。”回顾以往党和国家的治国理政历程，什么时候人民群众之间的矛盾纠纷能得到有效化解，合法合理的利益诉求能得到有效的保障，什么时候社会就会运行平稳，并且赢得人民群众对党和国家社会治理的真正认同。因此，研究探索促进基层社会治理创新的矛盾纠纷多元化解机制，能够使中国在未来愈加深入的经济社会变革中最大限度解决好基层社会治理中的难题，确保中国基层社会的团结、稳定、进步和繁荣，确保中华民族大团结和国家长治久安，促使党的执政基础和实现共同富裕所需的社会基础更加稳固。

第二章
健全矛盾纠纷多元化解机制的理论依据

本书所称的矛盾纠纷，主要是指自然人因维护自身的政治、经济、文化、社会等方面的利益，发生在自然人、法人和其他组织之间的冲突和纠纷，本质上属于人民内部矛盾。研究矛盾纠纷多元化解机制问题，绕不开对“多元”的解读。所谓多元化是相对单一性而言的，其意义在于避免把纠纷的解决单纯寄托于某一种程序，如诉讼，并将其绝对化。主张以人类社会价值和手段的多元化为基本理念，不排除来自民间和社会的各种自发的或组织的力量在纠纷解决中的作用。目的在于为人们提供多种选择的可能性(选择权)，同时以每一种方式的特定价值(如经济、便利、符合情理等)为当事人提供选择引导。多元化纠纷解决机制既包括非诉讼机制，也包含司法和诉讼机制。只有形成矛盾纠纷多元化解的机制，诉讼、调解、仲裁、行政裁决之间有机衔接，协调联动，高效便捷，才能适应新时代的新需要。

第一节　矛盾纠纷及其多元化解机制

秩序是社会追求的目标，也是人们所期望的理想状态。矛盾纠纷的产生意味着对社会秩序的破坏，矛盾纠纷的化解则意味着对社会秩序的维护。矛盾纠纷多元化解机制是为了有效化解矛盾纠纷和维护社会秩序和谐稳定而确立的，矛盾纠纷多元化解机制的建设，需要牢牢抓住矛盾纠纷的特点，紧扣并满足矛盾纠纷化解机制和基层社会治理的需要。坚持问题导向，突出效果实现。

一、矛盾纠纷的含义与特点

矛盾纠纷是人类经济社会发展过程中不可避免的现象，必须客观理性地看待。党的十六届六中全会通过的《中共中央关于构建社会主义和谐社会若干重大问题的决定》指出："任何社会都不可能没有矛盾，人类社会总是在矛盾运动中发展进步的。构建社会主义和谐社会是一个不断化解社会矛盾的持续过程。我们要始终保持清醒头脑，居安思危，深刻认识我国发展的阶段性特征，科学分析影响社会和谐的矛盾和问题及其产生的原因，更加积极主动地正视矛盾、化解矛盾，最大限度地增加和谐因素，最大限度地减少不和谐因素，不断促进社会和谐。"不同的国家，不同的民族，不同的时代，社会矛盾的表现形式各不相同，其成因、特点和发展规律也不尽相同。中国特色社会主义进入新时代，虽然社会主要矛盾发生了变化，但是展望新时代社会矛盾的发展动向，不难看出，行政纠纷和各种利益引发的矛盾仍然是困扰经济社会发展与社会和谐稳定的主要矛盾，是现实社会生活中存在的最多的矛盾①。在马克思、恩格斯看来，尽管社会主义社会在经济、道德和精神等方面还带着它脱胎出来的旧社会的痕迹，生产力和生产关系之间、经济基础和上层建筑之间、城乡之间、工农之间、脑力劳动与体力劳动之间依然存在着各种矛盾，但是这些矛盾已经不是由于敌对阶级之间因根本性利益相互冲突而产生的具有社会对抗性的敌我矛盾，而是在人民根本利益一致的基础上产生的差异，属于人民内部的矛盾。②

---

① 李皋：《变迁与启示——改革开放四十年化解社会矛盾经验研究》，中国民主法制出版社2018年版，第17页。

② 《马克思恩格斯选集(第三卷)》，人民出版社1995年版，第304页。

准确理解和把握当前中国社会的矛盾纠纷类型与特点，需要同我国社会主要矛盾和社会基本矛盾结合起来分析。社会主要矛盾决定社会的基本性质，是一个国家在一定历史时期或发展阶段的各种矛盾中占有支配性地位的矛盾，对于一定时期一个国家的发展具有重要的决定性意义。社会主要矛盾主要来自社会的基本矛盾，即生产力和生产关系、经济基础和上层建筑之间的矛盾。由于生产力和生产关系、经济基础和上层建筑之间的矛盾是历史的、发展的、具体的，这就使得在不同的社会形态、不同的民族国家、不同的社会发展阶段有不同的社会基本矛盾表现形式，从而构成社会主要矛盾。可以说，社会主要矛盾乃社会基本矛盾的外在表现形式，社会基本矛盾则是社会主要矛盾的内在结构。社会主要矛盾是促使社会发展向新的社会形态转变、向新的时代演化的根本原因。正确认识和把握社会主要矛盾，并按照社会发展进步的方向推动社会主要矛盾的解决，使经济社会发展进入更新阶段和更高水平，这是代表先进生产力和先进生产关系的社会集团和政党的根本任务。中国特色社会主义进入新时代，我国社会主要矛盾已经转化为人民日益增长的美好生活需要和不平衡不充分的发展之间的矛盾。

人民是历史的创造者，也是历史发展的推动者。中国特色社会主义进入新时代，人民美好生活需要经历了从过去以生存为目的的温饱满足向追求全面发展和自我实现的升级，不仅对物质文化生活提出了更高要求，而且在民主、法治、公平、正义、安全、环境等方面的要求日益增长。人民美好生活需要发生了变化，反映了社会发展深层次的历史性变革，同时推动和决定了新时代社会主要矛盾变化方向。人民美好生活需要覆盖人们的物质文化生活、政治生活、社会生活、生态文明等各个领域，在政治生活领域要求共享社会主义民主政治、社会主义法治国家建设的成果；在社会生活领域要求进一步维护社会公平正义，有效增强人身、财产等方面的安全感；在生态文明领域要求共享美丽中国建设成果。但是由于我们正处于社会矛盾的深度转型期，加之基层社会治理方式的转变，发展中的不协调、不平衡、不可持续的问题短期内难以根本解决，各类矛盾纠纷日益增多，社会政策调整利益格局发生变化等出现了许多前所未有的社会矛盾和问题，人民内部涉及教育、住房、医疗、土地、就业、失业、劳资、医保、拆迁、物业管理等各种具体利益的矛盾纠纷难以避免地经常地大量表现出来，矛盾纠纷的冲突性和社会关系的对抗性严重影响了社会稳定和发展，并呈现出主体多元化、规模化、群体化等显著特点。

应当看到，和谐稳定是相对的，在特定的意义结构中，如果没有矛盾纠纷，就丧失了和谐稳定的价值前提，和谐稳定的提出是为了将社会矛盾或冲突降到最低。也就是说，社会和谐与社会矛盾是对立统一的，并不存在没有社会矛盾的社会和谐，当社会矛盾得以解决，在出现新的社会矛盾之前就会出现短暂的社会和谐。因而，认识矛盾纠纷其实可以看作是观察、把握和破解当代中国社会空间结构中的相关社会问题的一个基点。也就是说，我们完全没有必要基于社会动态稳定与和谐的表层考量，也更不应该为了某种预设的国家目标，而去“羞羞答答”地掩饰甚至是刻意地忽视、隐瞒或压制社会发展过程中客观存在的社会矛盾和冲突。① 应当看到，虽然矛盾纠纷的存在对既有的社会秩序具有一定的负面影响，但是从发展的角度看，矛盾纠纷的存在具有推动社会发展的积极功能。更重要的是，矛盾纠纷的有效解决还能够反过来促进矛盾纠纷化解机制的完善。

二、矛盾纠纷多元化解机制

矛盾纠纷是一种必然的、正常的社会现象，它与人类社会发展相伴，受经济社会发展影响，永远不可能被消灭。正如有学者指出：“社会矛盾就是生发于政府与社会公众、社会公众与现存体制不同社会阶层之间的一种非对称、非协调、非均衡的社会关系而已，它是一种常态的社会现象，是一种社会存在，是社会关系一种另类的、异化的表现形式。”② 中国特色

① 刘建明、史献芝：《当代中国社会矛盾化解机制研究》，人民出版社2014年版，第5页。
② 刘建明、史献芝：《当代中国社会矛盾化解机制研究》，人民出版社2014年版，第8页。

社会主义进入新时代，我国社会主要矛盾已经转化为人民日益增长的美好生活需要和不平衡不充分的发展之间的矛盾。我们不仅要实现人民群众物质生活更加殷实，而且要实现“五位一体”全面进步，更好地满足人民群众在民主、法治、公平、正义、安全、环境等方面日益增长的要求。在这样的时代背景下，传统的矛盾纠纷解决机制如何直面纷繁复杂的矛盾纠纷已经成为政界、学界和社会各界普遍关注的问题。学者们从不同学科不同视角对矛盾纠纷化解机制做了大量研究，必须给予肯定的是，深入地分析和研究矛盾纠纷多元化解机制在基层社会治理中的作用发挥情况，对于妥善处理各种矛盾纠纷、维护社会和谐稳定和创新基层社会治理，具有十分重要的现实意义。

2014 年 10 月，党的十八届四中全会做出了全面推进依法治国的重大战略部署，提出建设中国特色社会主义法治体系，建设社会主义法治国家的总目标。其中重要的一点就是健全依法维权和化解纠纷机制。十八届四中全会通过的《中共中央关于全面推进依法治国若干重大问题的决定》指出：“强化法律在维护群众权益、化解社会矛盾中的权威地位，引导和支持人们理性表达诉求、依法维护权益，解决好群众最关心最直接最现实的利益问题。构建对维护群众利益具有重大作用的制度体系，建立健全社会矛盾预警机制、利益表达机制、协商沟通机制、救济救助机制，畅通群众利益协调、权益保障法律渠道。把信访纳入法治化轨道，保障合理合法诉求依照法律规定和程序就能得到合理合法的结果。健全社会矛盾纠纷预防化解机制，完善调解、仲裁、行政裁决、行政复议、诉讼等有机衔接、相互协调的多元化纠纷解决机制。加强行业性、专业性人民调解组织建设，完善人民调解、行政调解、司法调解联动工作体系。完善仲裁制度，提高仲裁公信力。健全行政裁决制度，强化行政机关解决同行政管理活动密切相关的民事纠纷功能。”党的十九届四中全会明确提出，必须加强和创新社会治理，完善党委领导、政府负责、民主协商、社会协同、公众参与、法治保障、科技支撑的社会治理体系。加强预防和化解社会矛盾机制建设，正确处理人民内部矛盾。这既为如何完善矛盾纠纷化解机制指明了方向，也给我们继续深入研究矛盾纠纷化解机制建设提出了新的任务。

矛盾纠纷化解强调在矛盾纠纷发生以后，由特定的主体根据一定的规则，消除当事人之间的冲突，对损害进行救济和恢复正常秩序的活动。矛盾纠纷的存在是矛盾纠纷化解机制建立的前提和基础。对于矛盾纠纷化解机制而言，有狭义和广义之分。狭义的矛盾纠纷化解机制，主要是指国家通过法律、法规确立的各种正式的矛盾纠纷方式与程序。广义的矛盾纠纷化解机制，还包括各种非制度化的临时性、个别性的矛盾纠纷解决活动以及民间社会自发形成的私力或自力救济。在现实生活中，矛盾纠纷化解的目的是为了修复受损的秩序，因而只要有利于有效化解矛盾纠纷，既可以由双方当事人进行协商谈判，也可以在中立第三人的主持和协助下进行调解和裁决，既可以通过国家公权力，也可以通过民间社会力量，这正是矛盾纠纷多元化解机制得以建立的社会基础。对于矛盾纠纷多元化解机制而言，各种矛盾纠纷化解机制都有其不同的纠纷解决方式和程序体系，它们之间相互协调地共同存在，在一个社会中结成了一种互相补充并且能够满足不同社会主体的多样需求的矛盾纠纷化解系统。

事实上，矛盾纠纷的存在始终伴随着经济社会的发展，即便是共同富裕的目标得以实现，仍然会出现新的社会矛盾，这就决定了任何社会都离不开矛盾纠纷化解的手段。换句话说，只要社会存在矛盾纠纷或者利益冲突，就需要矛盾纠纷化解机制。由于社会的复杂性和矛盾纠纷类型的多样性，不可能依靠某种单一的矛盾纠纷化解方式就能够化解全部的矛盾纠纷，因而在面对不同的矛盾纠纷类型与特点时，需要私人的、社会的、国家的等多种不同的矛盾纠纷化解机制，比如协商、斡旋、调解、行政裁决、仲裁、诉讼等方式。而且对于民事纠纷而言，只要能够公平、合理、及时、有效地解决问题，完全可以根据矛盾纠纷的不同类型决定适用何种具体的解决程序，而且没有必要拘泥于何种特定的方式和程序。更重要的是，不同的国家和社会有不同的文化背景，因而在矛盾纠纷化解的制度设计方面体现出不同的选择偏好，比如西方社会的矛盾纠纷化解机制通常被视为“审判中心型”，[①] 而以中国为代表的东方社会的矛盾纠纷化解机制更加倾向调解。

在一个社会中，在不违背法律规定的前提下，对民事、行政、刑事等各种案件争端的解决，并不局限于诉讼这一种方式，而是包括了诉讼、调解、仲裁、行政裁决等多种方式的多途径纠纷解决体系的合成。在这一体系当中，纠纷解决的途径被分为若干个层次，通过诉讼途径解决纠纷是整个机制的最后一个环节。[②] 当前，我国正处于转型发展的关键时期，社会矛盾纠纷表现出主体、内容、诉求、发生原因和表现形式多元化的特点，矛盾纠纷多元的显著特征正是健全和完善矛盾纠纷多元化解机制的根本原因。

更进一步看，世界是复杂和多样的，社会中不同的人有不同的价值追求，即便是有着共同价值追求的人也往往使用不同的方式和方法解决纠纷。基于此，思考和分析社会治理中的矛盾纠纷化解问题，多元主义有其特殊的存在意义。而且，当前人民群众内部的各种矛盾纠纷日益增多且错综复杂，社会利益和冲突的多元化、社会主体关系的多元化、价值观与文化传统的多元化，这些也都要求矛盾纠纷解决方式的多元化。[③] 因此，矛盾纠纷解决机制同样应当以多元化作为制度设计的目标。在矛盾纠纷多元化解机制当中，多元化理念至少有两个方面的内涵：一是解决纠纷的主体要多样化。这个主体不仅应包括法院和行政机关这类具有国家属性的解决纠纷主体，还应包括以民商事仲裁机构为代表的非国家属性的民间主体（如群众自治组织、人民团体、行业组织、人民调解组织和中介组织等）；不仅应包括劳动争议仲裁机构这类专门性的解决纠纷主体，还应包括基层群众自治组织等综合性的解决纠纷主体；不仅应包括特定行政区域的解决

---

① 于丽娜、聂成涛：《社区矛盾纠纷化解机制》，中国社会出版社 2010 年版，第 4 页。

② 李栗燕：《化解基层社会矛盾纠纷的法律机制研究》，科学出版社 2013 年版，第 15 页。

③ 于丽娜、聂成涛：《社区矛盾纠纷化解机制》，中国社会出版社 2010 年版，第 173 页。

纠纷主体，还应包括区域性调解组织等跨行政区域的解决纠纷主体；不仅应包括自然人解决纠纷主体，还应包括法人等组织形态的解决纠纷主体；等等。二是解决纠纷方式要多样化。针对不同的矛盾纠纷，纠纷解决方式也要尽可能多样化，解决依据可从国家法层面提供，也可以是政策、道德、民间习惯等，具体方式包括公力救济、私力救济、和解、调解、判决、仲裁等，实施手段既包括强制性的硬性手段，也包括教育、引导、疏导等软性手段。①

20世纪90年代以来，我国市场经济改革开始向纵深推进，社会利益格局逐步进入深度调整，尤其是进入21世纪以来，伴随着改革开放和社会主义市场经济体制的建立和发展，我国经济社会发展迎来了前所未有的机遇和挑战。与此同时，社会转型急速加剧，既有的利益格局不断革新，在突飞猛进的经济发展奇迹背后，迈向现代化目标的中国基层社会面临的社会矛盾、纠纷发生率和激化率也在急剧增加。时至今日，城乡发展中的不平衡、不协调、不可持续问题依然突出，经济发展总量和社会生活质量不相适应。从宏观方面看，受东西部地区发展差距、城乡区域发展差距和居民收入分配差距等因素的影响，不同社会阶层和群体之间的矛盾纠纷仍存在不断激化的可能，涉法涉诉的矛盾纠纷较为突出。从微观方面看，在人们的生产生活中，涉及城乡居民的衣、食、住、行、劳动、财产、安全等方面的矛盾纠纷交错纷呈，起因复杂，涉及面广，而且具有多发性、富于变化的特征，严重影响社会稳定与和谐。这些都给基层社会治理带来了挑战。

推进矛盾纠纷多元化解是一项系统性工程，也是维护改革发展稳定大局的基础性工作。面对转型时期复杂多样的矛盾纠纷严重威胁社会安全和稳定、社区基层诉讼需求的增长与司法资源紧缺的现实矛盾以及基层治理

---

① 李栗燕：《化解基层社会矛盾纠纷的法律机制研究》，科学出版社2013年版，第16页。

体系和治理能力现代化的实践需求①，在创新基层社会治理过程中，矛盾纠纷多元化解机制是协调利益冲突和维护公平正义的重要途径，只有努力完善具有积极指向的矛盾纠纷多元化解机制，形成具有共识意义的矛盾纠纷化解机制，才能有效化解各种类型的矛盾纠纷，从而提高基层社会治理能力和水平。因此，矛盾纠纷多元化解机制的完善是对传统以诉讼审判制度为核心的纠纷解决体系的一个批判性反思，特别是"坚持把非诉讼纠纷解决机制挺在前面"的认识和要求为创新基层社会治理提供了一个崭新的切入视角，可以准确把握基层社会治理的价值取向和核心任务，从而为从制度设计、行为引导乃至社会结构重组方面出发，有效化解矛盾纠纷、维护社会和谐稳定做出有益探索。

三、矛盾纠纷多元化解机制与基层社会治理

社会治理是一种新型的治理模式，它从社会管理的基础上发展而来，在治理目标上更加强调体现以人民为中心的思想，要求维护好最广大人民的根本利益，保障和改善民生，确保人民的获得感、幸福感和安全感得以提升。由此可见，随着我国经济社会的不断发展，社会治理理念和手段不断与时俱进，社会治理模式与实施策略也在持续改进。党的十九大报告强调："提高保障和改善民生水平，加强和创新社会治理——打造共建共治共享的社会治理格局。"这不仅体现了顺应新时代我国社会主要矛盾变化的社会治理理念的进步，而且明确了在推进国家治理体系和治理能力现代化过程中社会治理的发展方向。城乡社区是社会治理的基本单元，也是社会治理体系中的基础部分，一个国家治理体系和治理能力的现代化水平很大程度上体现在基层社会治理中。推进基层社会治理创新是一项综合系统工程，涉及各个方面、各个领域的利益调整，必须正确处理科学发展与有效

① 左文君、张竞匀：《构建矛盾纠纷多元化解机制——新时代"枫桥经验"解析》，载《长江论坛》2019年第5期，第85—86页。

治理的关系、党建引领与多元共治的关系、行政推动与共建共享的关系、治理创新与社会稳定的关系，不断提升群众自我教育、自我管理、自我服务能力，让问题解决在基层，矛盾化解在基层。① 党和国家历来重视公民参与社会治理，基层群众自治制度更是我国一项宪法性制度安排，党的十九届四中全会强调，“健全基层党组织领导的基层群众自治机制，在城乡社区治理、基层公共事务和公益事业中广泛实行群众自我管理、自我服务、自我教育、自我监督”，明确宣示要有效整合各种社会资源和力量，健全充满活力的基层群众自治制度，充分调动不同社会力量参与基层社会治理的积极性，构建基层社会治理新格局。

应当看到，因经济利益引发的人民内部矛盾占社会矛盾纠纷的绝大多数，也是新时期我国社会主要矛盾的表现形式。在社会主义初级阶段，有的矛盾短期内无法有效解决，甚至还会长期存在下去。但是，矛盾纠纷的产生和发展是有规律的，如果在矛盾纠纷产生之初，就能采取有效措施加以防范和应对，就有可能将问题化解于萌芽状态。当然，由于社会矛盾纠纷具有复杂性、牵连性、危害性等特点，为了有效化解矛盾纠纷，这就需要充分发挥矛盾纠纷多元化解机制的作用。相比之下，矛盾纠纷多元化解机制与西方的法律多元主义②有着相类似的理论主张，与中国古代强调由礼与法共同建构维护社会秩序的规范有异曲同工之妙，化解矛盾纠纷所依据的规范是多元的，除了国家的法律之外，民间的风俗习惯、社会公共道德、行业规范等都可以成为矛盾纠纷化解的依据。不可否认的是，矛盾纠纷多元化解机制有时也称为多元化纠纷解决机制，两个概念在不同政策文

① 刘宇飞：正确处理基层社会治理四大关系，载《中国组织人事报》2018 年 11 月 12 日，第 6 版。

② 法律多元主义是 20 世纪 60 年代诞生于西方的法学流派，它强调身份和法律实践的多元化，关注在法律领域内被国家中心权力排斥和边缘化的力量，认为法律不应该集中围绕国家法律，应该对以法院为中心的司法解纷机制进行去中心化研究，探索在国家法律之外形成和存在的秩序，总结、揭示并尊重非正式的、社会性的法律实践，将处理不同的领域、国家等多个领域的、融合风俗习惯在内的多种规范看作法律。（汪世荣、褚宸舸：《“枫桥经验”：基层社会治理体系和能力现代化实证研究》，法律出版社 2018 年版，第 360 页。）

件和学术研究成果中，没有进行严格的区分，而且两个概念存在共同的内核，即针对不同类型的矛盾纠纷，采用多样化的方式予以解决，实现最大限度化解矛盾纠纷的效果。① 但是二者仍然有着实质性的差别，前者强调对矛盾纠纷的化解，在化解主体和方式方面的范围更为宽泛，后者更加强调矛盾纠纷化解方式的多元，范围较小。打造共建共治共享的社会治理格局、实现国家治理体系和治理能力现代化是完善矛盾纠纷多元化解机制的出发点和落脚点，因而在基层社会治理过程中，必须建立一套多种矛盾纠纷化解机制之间相互配合和支撑的机制，最大限度发挥多元主体的基层社会治理合力，实现良法善治的基层社会治理目标。

有效开展矛盾纠纷化解工作是创新基层社会治理的重要一环。改革开放以来，我国经济发展取得了巨大的成就，为我们有效解决人民内部矛盾奠定了坚实的基础。与此同时，我们也要清醒地看到，我国正处于并将长期处于社会主义初级阶段，随着经济体制变革的深入、社会结构变动的加剧、利益格局调整的推进，各种社会问题必将显现并凸显，也必将冲击人们传统的思想观念。② 现实生活中，贫富差距、区域差距有待缩小，住房、医疗、教育等关乎民生的社会问题突出，房屋拆迁、企业改制、大学生就业等诱发的社会不稳定问题较多，这些重大社会问题相互叠加后形成的结果，使我国社会矛盾冲突范围较广，不同利益群体尤其是利益受损、心理怨恨度高、剥夺感强的弱势群体在群体心理机制作用下极易形成较强的凝聚力和相互呼应的强大声势，导致社会矛盾爆发的突发性剧增，从一个偶然事件升级到一定规模的冲突过程极为迅速，并使问题复杂化、扩大化。③ 在这样的情形下，正确规范基层社会治理秩序，合理有效地处置各类社会矛盾和社会利益关系，维护好广大人民群众的合法权益，切实保障基层社

---

① 汪世荣、褚宸舸：《“枫桥经验”：基层社会治理体系和能力现代化实证研究》，法律出版社 2018 年版，第 365 页。

② 夏周青：《治道变革与基层社会矛盾化解》，国家行政学院出版社 2014 年版，第 28—29 页。

③ 郑振远：《社会矛盾化解法治化研究》，中国法制出版社 2017 年版，第 36 页。

会公共安全，是创新基层社会治理的重大课题。因而，以持续提升人民群众的安全感和满意度为出发点，健全完善矛盾纠纷多元化解机制，积极构建矛盾纠纷多元化解工作格局，引导人民群众依法依规维护合法权利，做好矛盾纠纷多元化解各项工作，实现政府治理和社会调节、居民自治良性互动，既是为人民群众排忧解难的民生要求和维护社会稳定的现实需要，也是提升基层社会治理能力和促进社会公平正义的必由之路。

第二节　矛盾纠纷多元化解的多维度探讨

矛盾纠纷多元化解机制问题是近年来实务界和理论界普遍关心的一大热点话题，自20世纪90年代以来，专家学者们就此发表了大量的研究成果，其中既有侧重理论探讨的，也有侧重实践总结的，从多层面、多视角搭建了一个矛盾纠纷多元化解理论体系。正如有学者指出，围绕矛盾纠纷多元化解机制的研究主要以法学研究为主，横跨民商法、诉讼法、行政法等部门法领域，同时和政治学、社会学、经济学和管理学等学科相互交叉和渗透。[①] 既有研究对不同时期的矛盾纠纷化解理论进行了全面的分析和探索，对完善矛盾纠纷多元化解机制具有十分重要的借鉴价值，也为进一步深入研究提供了更多的理论依据。归纳起来，主要内容包括以下几方面。

一、关于社会矛盾性质的探讨

人类社会发展的历史表明，社会矛盾的产生往往与阶级、阶层、群体、个体等主体之间的利益协调密切关联，作为推动社会发展的基本动力，它是不断产生又不断化解的，其本质是人类社会中的不同群体在维护

① 李栗燕：《化解基层社会矛盾纠纷的法律机制研究》，科学出版社2013年版，前言，第1页。

各自利益过程中所表现出来的对立和冲突，可能导致社会秩序处于不同程度的非稳定状态。如何正确看待社会矛盾的作用，刘建明指出，虽然长远来看，社会矛盾与冲突的频发发挥着“放大镜”的作用，但是社会矛盾与冲突在一定范围内的爆发能够及时释放与舒缓民众内心的怨恨与不满情绪，能够发挥社会“安全阀”的积极功能，和谐社会应是一个有着科学、健全、合理、有效的防范与化解社会矛盾与冲突的对策，所以决不能去掩饰甚至是刻意地忽视、隐瞒或压制社会矛盾和冲突。①

中国的实践证明，改革开放推动中国社会实现了三大转变，即从封闭半封闭社会向开放社会转变，从农业社会向工业社会转变，从高度集中的计划经济体制向充满活力的社会主义市场经济体制转变，走上了现代化、市场化、城市化、全球化的发展轨道。② 在此过程中，我国的经济体制、政治体制、文化体制和社会体制自改革开放以来也相应发生了深刻变化。习近平总书记在党的十九大报告中指出：“中国特色社会主义进入新时代，我国社会主要矛盾已经转化为人民日益增长的美好生活需要和不平衡不充分的发展之间的矛盾。”在此背景下，基层社会矛盾也呈现出一系列新的特点，尤其是中国社会环境的重大变化导致人民内部矛盾日益复杂化。正如有学者指出，新时期人民内部矛盾的主要特点有：第一，性质上具有非对抗性，同时对抗性明显增强；第二，发展中具有转化性，同时矛盾的发展趋势复杂多变；第三，矛盾症结叠加化；第四，反应上具有敏感性；第五，形成中具有纠合性，群体性事件增多；第六，经济领域矛盾突出，同时思想文化领域的矛盾多样化，干群矛盾表现较为突出。③

也要看到，虽然当前社会矛盾尖锐复杂，但是人民内部矛盾依然是主流。至于社会矛盾的产生原因，有学者研究指出，当下我国正处于从传统

---

① 刘建明、史献芝：《当代中国社会矛盾化解机制研究》，人民出版社2014年版，第5—6页。

② 中国法学会“枫桥经验”理论总结和经验提升课题组：《“枫桥经验”的理论构建》，法律出版社2018年版，第159页。

③ 中国法学会“枫桥经验”理论总结和经验提升课题组：《“枫桥经验”的理论构建》，法律出版社2018年版，第161—162页。

社会向现代社会的深度转型期，在此过程中，整个社会的价值理念、利益格局、社会结构、社会组织形式等都不可避免地发生着深刻的变化，传统的利益格局“失衡”、社会管理“失范”、文化心理“失约”，这些是我国社会转型的风险之源和基层社会矛盾易发多发的根本原因。[①] 而对于社会矛盾基本特征的认识，学者们的观察视角不同，故各有不同的观点。比如有学者通过对具体领域社会矛盾主要表现的分析指出，当前中国社会矛盾在经济领域主要表现为贫富差距大、阶层固化；在政治领域主要表现为民众信任感较低、利益诉求途径不畅，在社会领域主要表现为公共资源配置失衡、基础民生投入不足，在观念体制方面主要表现为文化价值多元、法制建设滞后，呈现出数量多、规模大，程度加剧、范围拓展，突发事件增多、化解难度增大等基本特征。[②] 也有学者通过对改革开放四十年各种社会矛盾的历史变迁分析，指出社会矛盾的存在呈现阶段性、矛盾消长与均衡发展的关联性、矛盾成因的双重性、矛盾的总体趋缓性等特征。[③]

总体而言，人们对社会矛盾纠纷的性质和在社会发展中的地位有着科学的认识，但是对于矛盾纠纷特点的认识则各有不同，之所以如此，除了历史因素的影响外，还受人们观察视角的影响。

二、关于矛盾纠纷化解方式的探讨

对于任何一个国家和民族而言，矛盾纠纷化解对其经济社会发展都具有重要的意义，在某种程度上来讲，经济社会发展正是多层次、多系列矛盾纠纷不断产生和解决并在更高的层次上不断产生和解决的动态过程。

纠纷的有效化解是社会自我调节的重要方式，调解自古以来就是一种

① 夏周青：《治道变革与基层社会矛盾化解》，国家行政学院出版社2014年版，第15页。

② 郑振远：《社会矛盾化解法治化研究》，中国法制出版社2017年版，第9—42页。

③ 李皋：《变迁与启示——改革开放四十年化解社会矛盾经验研究》，中国民主法制出版社2018年版，第7—11页。

重要的纠纷解决方式。有学者指出，调解作为一种重要的纠纷解决途径，其产生和发展历史悠久，当代的人民调解制度萌芽于土地革命时期，在当时的农会组织和在一些地区建立的局部政权组织中均设有调解组织，调解农民之间的纠纷。新中国成立后，人民调解制度作为司法制度建设和社会主义基层民主政治制度建设的重要内容，得到了党和政府的重视，从人民调解制度的实践效果来看，其作为一项具有中国特色的社会主义法律制度，融合了几千年的中国优秀传统文化、承继着中国共产党领导下根据地的红色革命文化精神，在维护社会稳定、实现群众自治、加强社会主义法治建设等方面做出了突出贡献。①

那么调解是如何组织的呢？有学者指出，调解是指经过第三者的排解疏导，说服教育，促使发生纠纷的双方当事人依法自愿达成协议，解决纠纷的一种活动，包括诉讼外调解与诉讼调解两种形式。②

为什么要选择调解的方式来化解矛盾纠纷呢？有学者指出，在基层矛盾纠纷中，社会机制主要是通过人民调解类社会组织和其他社会力量的相互作用与集体行动，以参与公共事务、提供社会服务、解决社会问题、倡导社会政策等方式介入矛盾纠纷化解与社会风险治理，因而要认识到国家和市场在矛盾纠纷化解中作用的局限性，从而更好地发挥社会力量的作用，而且社会机制介于国家、市场两种机制之间，在一定程度上能够避免政府失灵和市场失灵，人民调解类社会组织作为社会力量的重要代表能够利用自身的独立性、公益性、专业性等优势，并在政府购买服务的政策支持下参与矛盾纠纷化解，降低社会风险，维护社会稳定发展。③

当然，这并非是说调解是有效化解基层矛盾纠纷的唯一方式。有学者指出，司法手段和非司法手段的并用正是我国改革开放四十年来社会矛盾

① 汪世荣：《人民调解的“福田模式”研究》，北京大学出版社 2017 年版，第 1 页。

② 刘怀川：《社会矛盾纠纷化解艺术》，西南师范大学出版社 2018 年 8 月版，第 56 页。

③ 赵方杜等：《城市基层矛盾纠纷化解的社会机制研究——基于人民调解组织的考察》，华东理工大学出版社 2020 年版，第 45—46 页。

纠纷得以依法有效化解的秘诀所在。除了诉讼方式之外，信访渠道、行政复议、行政裁决、仲裁和调解等机制也发挥了不可或缺的作用，其中被誉为独具中国特色的“东方经验”的调解制度在化解各类社会矛盾纠纷、促进社会和谐方面起到了基础性作用；信访作为中国特色的民意收集和权利救济制度，已经成为各种社会矛盾集中表达的渠道，在了解民情、集中民智、维护民利、凝聚民心中发挥着重要作用；律师、专家和乡村贤达等第三方参与社会矛盾化解，其不可替代的作用也日益显现；除了传统民事诉讼中的调解外，行政诉讼调解和刑事诉讼和解也得到了法律的认可，人民调解、行政调解和行业调解都纷纷获得了发展。[①]

为什么要丰富矛盾纠纷解决机制，其中一大重要原因在于我们必须妥善解决一元的司法与复杂的社会矛盾纠纷之间存在的多元救济缺乏的现实窘境，进而通过有效的纠纷分流机制实现减轻司法负担这一目的。换句话说，面对诉讼洪潮，矛盾纠纷多元化解机制能够有效分流和过滤矛盾。[②]而且，正如于丽娜所指出的，诉讼是一种高成本的救济保障体系，诉讼方式解决纠纷的不足，恰恰为各种非诉讼解决纠纷方式作用的发挥留下了广阔的空间，现代社会非诉讼纠纷解决方式则具有成本低、迅速和快捷的特点，其所追求的公平和正义不仅适合于诉讼的价值取向，更适合于特定主体、特定社会关系、特定纠纷的解决，在解决纠纷方面对于诉讼审判制度具有补偏救弊、分担压力和补充的重要作用。[③]

当然，也要看到这种观点背后的矛盾纠纷化解方式选择的逻辑，实际上是将诉讼审判制度作为矛盾纠纷化解的主要方式，而将非诉解决机制看作是一种补充或辅助的方式。事实上，在非诉和诉讼的矛盾纠纷化解机制并存前提下，二者在矛盾纠纷化解体系中的地位究竟如何，不同学者有不

---

① 李皋：《变迁与启示——改革开放四十年化解社会矛盾经验研究》，中国民主法制出版社2018年版，第17页。

② 陈辽敏：《创新型多元化纠纷解决机制的构建与发展——以浙江省杭州市西湖区人民法院为例》，载《中国应用法学》2017年第3期，第79页。

③ 于丽娜、聂成涛：《社区矛盾纠纷化解机制》，中国社会出版社2010年版，第174页。

同的看法。有学者认为诉讼审判制度应当处于多元化解纠纷体系的中心地位，比如李栗燕强调，在论证庭外纠纷解决机制、责任保险的趋势和合理性的时候，并不是说其可以代替现有的制度和诉讼模式，而是在国家和社会、公权和私权、法律和民间规范之间不断寻找最为恰当的平衡点，构成一个以司法为中心的多元化解纠纷体系，从而达到社会控制的最佳状态。①而有的学者认为在非诉和诉讼的纠纷解决机制之间，应当更加重视非诉纠纷解决机制的作用，因而越来越多的学者开始呼吁“坚持将非诉机制挺在前面”。必须看到，人民群众是历史的创造者，人民群众的利益是现实的，化解矛盾纠纷的过程，实际上也是维护人民群众利益、凝聚民心的过程。

因而，有效化解基层社会矛盾，应当遵循社会矛盾化解的普遍规律，遵循中国特色社会主义发展的特殊规律，根据我国的历史传统和基本国情，坚持适用科学认识、以人为本、服务发展、源头治理、统筹兼顾、社会协同、继承借鉴等原则，顺应我国体制转轨和经济转型的需要，及时调整思路，坚决摒弃陈旧的不合时宜的社会矛盾化解理念和方法，建立和完善新形势下社会矛盾化解的新思路和新方法。② 总体而言，伴随着时代的发展，人们越来越强调充分发挥多元的矛盾纠纷化解机制作用。

三、关于矛盾纠纷化解经验的探讨

化解社会矛盾主要是协调人们之间的社会关系并化解其利益冲突，人们在不同时代不同情况下的矛盾纠纷多种多样，处理的途径和手段也是多种多样的，有的强调发挥好道德规范的作用，有的强调发挥好宗教信仰的作用，有的强调发挥好行政手段的作用，有的强调发挥好司法手段的作

① 李栗燕：《化解基层社会矛盾纠纷的法律机制研究》，科学出版社 2013 年版，前言，第 1 页。

② 夏周青：《治道变革与基层社会矛盾化解》，国家行政学院出版社 2014 年版，第 59—73 页。

用，还有的主张运用多元的方式解决社会矛盾和冲突。有学者指出，社会规范不仅是化解矛盾纠纷的有效依据，还是社会行为具有预见性的机制，运用社会规范实现矛盾纠纷的全息化解是“枫桥经验”的重要特征，以村规民约(社区公约)为主体的社会规范，对于矛盾纠纷的预防化解、及时化解、彻底化解具有重要的作用。①

在中国民间，人们历来重视通过民间调解化解社会矛盾纠纷，民间调解有着悠久的历史文化传统和旺盛的生命力。中国民间传统根植于中国民众的心理之中，它流传至今，并且越过人类数千年的漫长历史，说明它适应人性的实际，有自己的生存空间和存在价值。② 应当看到，正是这种民间调解的历史文化传统，对当前社会矛盾纠纷化解提供了经验借鉴。有学者指出，受儒家思想文化影响，“和合”“无讼”“厌讼”等观念已经深深根植于我国老百姓心中，正是这种独特的思想文化孕育了人民调解，它是中国特色社会主义司法制度的重要体现，是中国传统文化、红色革命文化、现代善治文化的有机组成部分，有利于确保社会的和谐稳定。③

为了更有效地应对日益复杂的矛盾纠纷，维护社会稳定大局，在人民调解制度的基础上，调解不断同其他纠纷解决手段互动融合，形成了司法调解、行政调解、人民调解等多类型发展的格局，形成了整合体制内外各种调解资源的“大调解”模式，该模式强调“调防结合，以防为主，多种手段、协同作战”。在“大调解”模式之下，调解范围由传统的民间纠纷扩展到各种经济纠纷、行政纠纷以及群体性纠纷；运用的手段不再局限于调停、讲理、规劝、说服、教育等手段，而注意采用道德、法律、经济、行政等多种手段，对于促进案结事了、维护社会稳定起到了积极

---

① 汪世荣：《“枫桥经验”视野下的基层社会治理制度供给研究》，载《中国法学》2018 年第 6 期，第 15 页。

② 秦国荣：《人民调解制度的现代意义分析》，载《新疆大学学报(社会科学版)》2002 年第 2 期。

③ 汪世荣、朱继萍：《人民调解的“枫桥经验”》，法律出版社 2018 年版，第 219 页。

作用。[①]

值得肯定的是，以调解为核心内容的非诉讼纠纷解决机制在化解矛盾纠纷方面有其重要的价值，可以有效推动诉源治理。有学者指出，“把非诉讼纠纷解决机制挺在前面”也是完善诉源治理机制的核心要义，运用非诉讼纠纷解决机制从源头上化解纠纷，实现通过诉源治理促进新时代社会治理现代化。[②] 当然，这并不是说矛盾纠纷全部可以通过非诉纠纷解决机制予以化解，在实践中人们也很重视诉讼的作用。为了调节社群内部的矛盾，人类逐渐建立了相应的规范和制度，实践证明，这些规范在处理人们之间的各种关系特别是利益关系方面起到了很大的作用，若是没有这些规范，人与人之间就几乎难以交往，社会也就难以进步，而且法治事实上能够以相对公平的程序机制有效包含道德共识、规范道德行为，更利于实现社会的整体稳定和长治久安，因而是化解社会矛盾的有效手段。[③]

在化解矛盾纠纷过程中，如何将诉讼和非诉讼的纠纷解决机制协调贯通起来，毫无疑问具有极其重要的意义。“诉调对接”是一种将诉讼与人民调解、仲裁、行政调解及其他非诉讼纠纷解决方式相衔接，从而便捷、灵活和高效地化解社会矛盾纠纷、维护社会和谐稳定的纠纷解决机制，能够促进各种解纷方式的相互配合、协调。[④] 针对当前城市社区矛盾纠纷，有学者指出，其生成逻辑上既有转型社会矛盾凸显的一般规律，即利益分化及利益分配不均衡，也有来自文化异质引发的行为错位，社区权力秩序失衡引致的不满和积怨，以及贫富差距导致的心理失衡与行为失范，化解城

---

① 冯卫国：《“大调解”体系建设的“枫桥经验”——完善多元化纠纷解决机制的新探索》，载《山东科技大学学报(社会科学版)》2018 年第 6 期，第 37 页。

② 龙飞：《“把非诉讼纠纷解决机制挺在前面”的实证研究——以重庆法院实践为样本》，载《法律适用》2019 年第 23 期，第 76 页。

③ 夏周青：《治道变革与基层社会矛盾化解》，国家行政学院出版社 2014 年版，第 75—76 页。

④ 朱继萍、梁凯凡：《“诉调对接”的“枫桥经验”及其在新时代的创新发展》，载《人民法治》2019 年 第 4 期，第 44 页。

市社区矛盾纠纷不仅需要以利益的协调作为切入点，还要重视构建多元主体协同共治的格局，重建均衡健康的社区权力秩序，以及探索“由心而治”的新模式。[①] 有学者通过对改革开放四十年来所走过的不平凡道路的回顾指出，党和国家面对复杂的国际、国内环境，迎难而上、开拓进取，在社会矛盾应对和化解中积累了许多宝贵的经验和智慧，为中华民族的长治久安和永续发展提供了坚实保障。总体来看，这些社会矛盾应对的中国启示集中体现在如下六个方面：一是始终坚持党的领导；二是始终坚持以人民为中心的发展思想；三是始终坚持以法治为导向；四是始终坚持从源头预防和化解；五是始终坚持提升基层治理水平；六是始终坚持构建矛盾多元化解体系。[②]

还要格外注意的是，矛盾纠纷化解是解决和协调人与人之间的利益关系，因而必须重视实践经验的转化性运用。事实上，实践中确实不乏一些好的经验做法，新时代“枫桥经验”为多元化解矛盾纠纷机制提供了丰富的实践素材，特别是化解矛盾冲突的多元主体参与机制具有很强的制度优越，构建一套完整的具有中国特色的社会矛盾纠纷解决体系，需要坚持党的领导，充分发挥调解的作用；重视司法引领与立法推动，强化法律保障；创新矛盾化解方式和机制，引导群众遇事找法。[③] 创新社会治理，必须思考如何从源头上预防化解社会矛盾。对此有学者指出，必须以人民为中心，坚持问题导向，坚持源头治理，努力构建政策、制度、机制等多元的规范标准，党委、政府、社会组织、人民群众等多元主体的基层社会风险化解协同机制。[④]

---

① 张平、刘伟民：《城市社区矛盾纠纷：类型阐释、生成机理与纾解之道》，载《四川行政学院学报》2021 年第 5 期，第 27 页。

② 李皋：《变迁与启示——改革开放四十年化解社会矛盾经验研究》，中国民主法制出版社 2018 年版，第 11—17 页。

③ 左文君、张竞匀：《构建矛盾纠纷多元化解机制——新时代“枫桥经验”解析》，载《长江论坛》2019 年第 5 期，第 87—88 页。

④ 褚宸舸：《防控基层社会风险应当坚持和发展“枫桥经验”》，载《人民法治》2019 年第 4 期，第 12 页。

总之，有效预防和减少社会矛盾纠纷、维护社会稳定发展，是矛盾纠纷化解的使命目标。必须看到，人类在长期的历史实践中积累了大量的矛盾纠纷化解理论探索和经验做法，为科学化解社会矛盾纠纷奠定了坚实的基础。

四、关于矛盾纠纷化解机制的探讨

协调各方利益是矛盾纠纷化解机制得以建立和变革的基本动力，矛盾纠纷化解机制的建立目的是为了有效化解矛盾纠纷，因而必须确保矛盾纠纷化解机制能够科学有效地处理人们的利益关系。面对不断高涨的公民权利意识和日趋多元的社会价值观，建构动态化、制度化、科学化的矛盾纠纷多元化解机制是我们必须破解的重大时代课题。换句话说，就是要在积极正视社会矛盾和冲突的客观存在的同时，建构科学有效的社会矛盾化解机制，从而将社会矛盾和冲突导引进一个可控的区间内。①

一种好的矛盾纠纷化解制度往往并不是表现为其中没有或很少有社会矛盾或冲突，而是表现为它能够容纳并及时防范和化解纷繁复杂相互纠缠的社会矛盾与冲突，在社会矛盾与冲突面前不至于反应迟钝、束手无策或过于脆弱，同时，能够表现出很好的解决冲突与纠纷的能力。② 当然，化解社会矛盾，必须深入分析我国社会存在的各种问题，挖掘问题的所在，揭示矛盾形成的社会根源，既要完善人民调解制度，将人民调解、行政调解、司法调解相衔接，建立和完善综合联动的多元化调解机制，又要完善调解、仲裁、行政裁决、行政复议、诉讼等有机衔接、相互协调的多元化纠纷解决机制。③ 有学者指出，我国矛盾纠纷解决机制之所以自古以来是多元的，除了受矛盾纠纷本身就是多元的因素影响，还受解决纠纷方式的

---

① 刘建明、史献芝：《当代中国社会矛盾化解机制研究》，人民出版社 2014 年版，第 10 页。

② 孙立平：《博弈：断裂社会的利益冲突与和谐》，社会科学文献出版社 2006 年版，第 9—10 页。

③ 郑振远：《社会矛盾化解法治化研究》，中国法制出版社 2017 年版，第 221—251 页。

文化和传统、纠纷当事人希望高效率低成本解决纠纷的心理、诉讼审判制度的局限性、市民社会的自治、构建和谐社会的需要等因素影响，建立多元化的纠纷解决机制可以有效缓解国家制定法与“民间法”之间的紧张关系，并且赋予当事人更多的矛盾纠纷化解方式自主选择权，针对我国法律尚未形成系统的多元化纠纷解决机制的特点，我国应当广泛借鉴域外经验，以层级过滤为原则、有序疏导为策略，以非诉调解为主导、司法审核为后盾，以分工协作为基础、多元化解决机制为保障，建立和完善利益的表达和协调机制，重视纠纷解决资源的综合、合理利用，推广多元化纠纷解决机制理念，健全有效的纠纷预防机制，构建良性互动的多元化纠纷解决机制。①

对于各种纠纷解决机制的地位和作用，李栗燕认为多元化纠纷解决机制是指由诉讼的与非诉讼的、官方的与民间的等多种纠纷解决方式及其内在联系所组成的有机系统。概括来说，就是以诉讼机制为核心和后盾，以诉讼外纠纷解决机制为依托和基础，建立公力救济、社会型救济、自力救济并存的解纷机制。②

至于如何健全完善矛盾纠纷多元化解机制，有学者指出，“枫桥经验”对于探索矛盾纠纷多元化解机制具有重要意义，所以在完善矛盾纠纷多元化解机制过程中，要突出法律在该机制中的主导性作用，突出党委、政府在该机制中的领导作用，突出良好的矛盾预防机制、协调机制、规范机制等工作机制的基础作用。③ 有学者结合我国新时代发展的特征、挑战和趋势，认为矛盾化解机制应当努力实现现代化，根据国家治理现代化的理论定位、实现路径、价值取向等层面的要求，在矛盾化解中坚持党委领导下的多元主体联动，完善预防化解矛盾的法治化工作机制，健全预防化解矛

---

① 李栗燕：《化解基层社会矛盾纠纷的法律机制研究》，科学出版社 2013 年版，第 73—84 页。

② 李栗燕：《化解基层社会矛盾纠纷的法律机制研究》，科学出版社 2013 年版，第 1 页。

③ 尹华广：《“枫桥经验”与基层社会治理法治化》，中国人民公安大学出版社 2020 年版，第 206—209 页。

盾纠纷的组织制度体系，创新预防化解矛盾纠纷的方式方法，强化预防化解矛盾纠纷的群众基础。① 有学者指出了加强社会建设的重要意义，认为矛盾纠纷多元化解机制的运行离不开社会建设，机制建设与社会建设具有相互促进的作用，实践中应重点加强、完善和促进社会建设的立法工作，健全制度供给；充分运用现代科技手段，进行不同方式之间信息、资源共享；高度重视人才队伍建设，培育矛盾纠纷化解机制建设的人力资源。②

完善矛盾纠纷多元化解机制意义深远。不同矛盾纠纷解决机构相互间的配合，尤其是审判机关与人民调解委员会之间的配合，有助于消除不同部门之间的冲突和内耗。不同矛盾纠纷解决部门之间在处理类似问题上的联动，同类矛盾纠纷解决结果的一致性，有利于树立法律和规则的权威，为社会成员提供生产和生活的准则，在加强解决结果权威性的同时，也为社会成员提供了行为规范。③

总括来讲，多元化纠纷解决机制在广义上可以分为诉讼和非诉讼两大类。必须看到，诉讼是解决矛盾纠纷的最后一道防线，具有不可替代的作用。结合我国的国情和历史文化特点，还要格外注重健全和完善非诉纠纷解决机制的问题，并且要努力将更多的矛盾纠纷运用非诉纠纷解决方式予以妥善化解。我国矛盾纠纷多元化解机制健全完善始终立足于中国国情，以预防和化解社会矛盾纠纷为出发点，以满足人民群众多元需求为目的，以构建法治秩序为保障，构建具有鲜明特色的多元化纠纷解决机制的“中国方案”。

---

① 王者洁、刘心蕊：《“枫桥经验”的法治实践与基层矛盾化解机制》，载《天津法学》2019 年第 2 期，第 38—40 页。

② 汪世荣、褚宸舸：《“枫桥经验”：基层社会治理体系和能力现代化实证研究》，法律出版社 2018 年版，第 368—369 页。

③ 汪世荣：《“枫桥经验”：基层社会治理的实践》，法律出版社 2018 年版，第 166 页。

五、有关具体领域矛盾纠纷化解机制的探讨

社会矛盾有其特殊的历史演变规律，是社会主要矛盾在经济社会发展各个方面的具体体现。自改革开放以来，虽然不同的历史时期和社会领域存在着多种类型的矛盾纠纷，有时甚至还比较激烈，但总体诉求主要集中在民生领域，属于人民内部矛盾问题，而且绝大多数是由各种利益诉求引发的。有学者指出，基于当前我国社会矛盾产生的根源在于整个社会公共产品供给不能满足群众需求、利益主体多元化和个人主义蔓延、社会分配不公、法治建设落后和有法不依现象突出、人口流动不断加大等方面的原因，构建社会矛盾化解机制时必须认真、审慎研究不同社会成员的利益诉求，针对不同的矛盾纠纷采取有针对性、行之有效的解决方式。[①] 因而我们可以看到，除了前述宏观研究矛盾纠纷化解机制的成果之外，还有大量研究成果从微观角度出发，分析和研究解决具体矛盾纠纷所需的矛盾纠纷化解机制。比如：

第一，面对突出的征地拆迁矛盾，周爱民认为征地拆迁包含了十分复杂的社会矛盾，必须从综合性视角开展深入分析，注重社会事实中的思想观念、价值取向和精神要求。不仅关注社会问题的客观方面，而且更应该注重主观性研究，社会认同在征地拆迁中是利益群体的分化与整合、价值冲突的生成与协调的主观根据，只有努力培育具有积极指向的社会认同，才能有效化解矛盾。因而，在创新征地拆迁矛盾的化解机制方面，要努力构建平等的公民参与机制、科学的价格评估机制、畅通的利益诉求机制、公正的利益协调机制、完善的社会保障机制、透明的社会监督机制。[②]

第二，针对明显带有社会骚乱性质的群体性事件，罗骥认为有效防范

① 伊强：《社会矛盾化解机制研究》，知识产权出版社2014年版，第154页。

② 周爱民：《社会认同视域下征地拆迁矛盾化解机制研究》，中国社会科学出版社2016年版，第107—116页。

和应对群体性事件，要从根本上推进社会转型。有必要借鉴多中心治理理论，推进治理主体多元化、治理结构网格化、治理目标公益化，充分发挥县级政府和人大的作用，充分发挥社会组织治理能力，培育社会主义公民意识。建立一套以政府部门为指导核心，社会组织和公民个人共同参与公共行动体系，探索出一条符合县域发展实情，既有针对性也能有效防治化解社会冲突的治理之路，提高治理的效率。①

第三，针对物业管理类矛盾纠纷，有学者指出，物业管理与老百姓的日常生活密切相关。物业管理矛盾数量巨大，一些与房屋质量、空间规划、物业收费等核心利益相关的矛盾还可能演化成一定程度的冲突事件。化解这方面的矛盾，一方面需要物业公司转变理念，从管理型向服务型转变，减少和化解物业纠纷，创建和谐社区；另一方面仍然要进一步完善物业管理相关的法律法规。②

第四，针对电力纠纷，有学者指出，应当坚持和发展“枫桥经验”，创新发展企业“枫桥经验”，深化企业治理改革，推进平安企业建设，依靠群众化解电力供需矛盾。建立电力纠纷人民调解委员会和“电力综治中心”，建立电力调解队伍，建立以调解为主的矛盾纠纷多元化解机制。构建政企联动、联防或联治协同机制，创新多元共治的方式方法，及时化解矛盾纠纷。③

第五，针对道路交通纠纷，有学者指出，道路交通事故损害赔偿纠纷易发多发，在民事案件中占比份额较大。探索构建人民法院、公安机关、人民调解组织、保险公司等多个部门无缝衔接的道交纠纷“一体化处理”机制，有利于促进道交纠纷治理的社会化、法治化、智能化和专业化，在诸

① 罗骥：《郡县治 天下安：县级政府化解社会矛盾应对策略探析》，人民日报出版社 2017 年版，第 159—168 页。

② 李皋：《变迁与启示——改革开放四十年化解社会矛盾经验研究》，中国民主法制出版社 2018 年版，第 78 页。

③ 汪世荣：《企业“枫桥经验”研究——国家电网诸暨市供电公司的实践》，陕西人民出版社 2021 年 7 月版，第 101—108 页。

多方面形成了有针对性的研究成果。[①]

综上所述，有关矛盾纠纷多元化解机制的研究，学术界和理论界都极为关注其运行方式和效果。通过对现有的研究成果分析可以发现，学者们一方面比较重视以调解制度为核心的多元化纠纷解决体系的研究，强调在矛盾纠纷化解过程中，发挥中华文化中“和为贵”的文化基因优势，充分依靠民间力量，力图以最小的社会成本化解社会矛盾；另一方面，学者们比较重视对某一具体矛盾纠纷化解方式的运行效果分析，强调对现有的调解、仲裁、诉讼等具体矛盾纠纷化解方式的优化和完善。

中国特色社会主义进入新时代，以习近平同志为核心的党中央团结带领全国各族人民，创造了打赢脱贫攻坚战、全面建成小康社会的历史奇迹，开启了扎实推动共同富裕的历史阶段。在这样的历史背景下，回顾现有研究成果，不难发现，鲜有关注共同富裕的矛盾纠纷化解机制方面的理论成果。如何对有效化解矛盾纠纷所需的矛盾纠纷多元化解机制做进一步研究，特别是在共同富裕的基层社会治理实践中揭示其核心要求和完善路径，还需要努力突破学科界限，综合运用法学和相关学科的基本原理，特别是以法律社会学的思维，广泛借鉴国内外成熟经验，结合各地实际情况进行实证研究。通过分析典型案例，运用解剖麻雀方法，促使理论研究成果不断完善并且能够发挥实际的应用价值。

第三节　矛盾纠纷多元化解的理论资源

改革开放后，伴随着社会主义市场经济的发展，人口的迁移和流动日益频繁，促进了工业化和城市化的发展。与此同时，中国社会开始从传统

---

① 薛永毅：《道交纠纷“一体化处理”机制的“南海样本”》，载《人民法治》2019 年第 16 期，第 55 页。

的乡土社会走向现代社会，人际关系结构打破了传统的“差序格局”①，社会个体之间的关系维系机制从传统的熟人社会所依靠的人与人之间的人格信任机制转变为现代的陌生人社会依靠的法律规则体系，法律规则在矛盾纠纷化解体系中的作用越来越大。从历史的经验来看，人类解决矛盾纠纷的方式历来都是多元的，虽然法治在西方的陌生人社会里一直发挥着良好的社会效果，但是法治在很大程度上也受制于社会的政治、经济和文化状况，在中国这样一个有着浓厚“熟人社会”观念的国家，除了专业力量，我们还要相信人民群众的创造性，相信人民具有自我处理纠纷和解决问题的能力②，不断健全和完善矛盾纠纷多元化解机制。当然，矛盾纠纷多元化解机制有其丰富的理论资源，中国传统文化中的“和为贵”思想、西方的社会冲突理论、马克思主义的人民内部矛盾理论、中国共产党的群众路线理论、中国特色社会主义民主政治中的协商民主理论、作为新型社会治理模式的善治理论等理论，均与矛盾纠纷多元化解机制之间有着密切的联系。进一步探究其理论基础，有助于我们更好地理解矛盾纠纷多元化解机制的内在联系，从而更好地完善和应用这一有机系统。

一、中国传统文化中的“和为贵”思想

“和为贵”出自《论语》：“礼之用，和为贵。先王之道，斯为美；小大由之。有所不行，知和而和，不以礼节之，亦不可行也。”类似的古训有很

---

① 社会学家费孝通先生在研究中国乡村结构时提出了差序格局的概念，即“每一家以自己的地位作为中心，周围画出一个圈子，这个圈子的大小要依着中心势力的厚薄而定”“以己为中心，像石子一般投入水中，和别人所联系成的社会关系不像团体中的分子一般大家立在一个平面上的，而是像水的波纹一样，一圈圈推出去，愈推愈远，也愈推愈薄”，这样一来，每个人都有一个以自己为中心的圈子，同时又从属于以优于自己的人为中心的圈子。这种差序格局的形成有以下几种因素：1. 血缘；2. 地缘；3. 经济水平；4. 政治地位；5. 知识文化水平。圈子的大小和上述因素的大小强弱是成正比的。血缘组织越大，圈子就越大，其属性规则以伦理辈分为基础。地缘越是接近就越易形成差序圈子。而经济水平和政治地位的高低是圈子形成最重要的因素，它象征着权力支配的大小。而文化知识则是农村居民普遍缺乏又普遍渴求的。圈子的形成可能是一种因素的结果，也可能是几种因素的综合作用。

② 李栗燕：《化解基层社会矛盾纠纷的法律机制研究》，科学出版社2013年版，第30页。

多，和气生财、和气致祥、和衷共济、家和万事兴、百忍堂中有太和，都是说的“和”。儒家的“太和”观念，包含着自我身心的和谐、人与人的和谐、人与自然的和谐，以及自然的和谐。儒家主张通过道德修养达到自身的和谐，再推广到人与人的和谐。

“和为贵”乃中国传统文化的优秀传统和重大特征。除了儒家外，佛、道、墨诸家也大都主张人与人之间、族群与族群之间的“和”，比如佛教反对杀生，主张与世无争；道家倡导“不争”，以“慈”“俭”“不敢为天下先”为“三宝”；墨家主张“兼相爱，交相利”，尤为反对战争。

“和”是宽容主义精神的表现，是理论理性的体现。和睦的人际关系，和谐的社会环境，对于人的生存和发展至关重要。人类自古至今，因国界、宗教、种族、主权、经济利益的不同，思想、语言的差别，乃至因家庭、财产、感情等诸多问题，所引起的冲突不胜枚举，以致常常上演“争地以战，杀人盈野；争城以战，杀人盈城”的惨剧。综合地说，“和”就是指不同事物、因素、成分的掺合，适当调理、和谐统一、措置恰当的意思，包含和是谐美、和而不同、和而不流、和必中节等内涵①。“和为贵”是先秦儒家政治伦理思想的核心理念和本质特征②，是中华优秀传统文化的重要组成部分，人际关系的和睦与社会发展的和谐，构成人类生存发展的必要条件。

“和为贵”的“和”字不仅有着丰富的文化内涵，而且同人们日常生活的各个方面相互渗透和交融。其反映了古人对理想生活的向往，也体现了他们对和谐社会的追求，至今还深刻地影响着人们的日常行为和思想观念。尚“和”的社会心理在有效化解矛盾纠纷和维护社会和谐稳定方面起到了积极的作用，不仅是化解矛盾纠纷和平衡社会关系的积极倡导，也是当今中国协商、调解、仲裁、诉讼等矛盾纠纷化解方式的价值体现，对于当前社

---

① 蔡伯元：《贵和思想的现代价值》，载《社会科学》1994 年第 7 期，第 33—36 页。

② 皮伟兵：《先秦儒家“和为贵”的政治伦理追求》，载《伦理学研究》2007 年第 2 期，第 24 页。

会风气也有引领作用。

二、西方的社会冲突理论

任何社会都充满了矛盾和冲突，追求了共同富裕的社会和社会主义和谐社会也不例外。在社会学领域，社会冲突理论是一个主流学说，特纳、马克斯·韦伯、达伦道夫、科塞等西方学者就此做过精辟的阐述。所谓的社会冲突，是指社会主体之间由于利益、需要、价值观念等方面的差别与对立而引起的相互反对的社会行为，它是社会运行中的普遍现象。①

西方的社会冲突理论融合了功能主义与传统冲突理论某些观点，以社会的动态稳定与和谐作为研究的出发点和落脚点，强调社会冲突与矛盾的积极功能，并且认为冲突与矛盾是任何社会都固有的一种特征和常态化、普遍化的现象。承认冲突对社会的积极整合功能和对社会变迁的推动作用，主张以理性沟通而不是暴力的方式来舒缓冲突和矛盾，重视在舒缓冲突与矛盾的基础上，维持和促进社会的和谐稳定与发展进步。

有学者提出了“安全阀”理论，认为一个僵化的社会结构极易诱发一系列的冲突与矛盾，所以社会应该保持足够和充分的开放性、灵活性、动态性和包容性，通过制度化、科学化与合理化的机制为各种社会怨恨情绪和不满心态提供一种合法的、有效的释放途径，并及时有效地回应各种社会诉求，最大限度地避免社会冲突与矛盾的累积。② 在社会公共事务日趋繁杂的当代社会中，最重要的问题在于不要轻易掩盖矛盾，不要强压种种细小的冲突，而是要在社会冲突起于青蘋之末时，早察觉，早预警；当社会冲突发生以后，要有适当的安全阀机制让人们可以表达甚至发泄情绪，要有适当的中间组织充当化解社会矛盾的润滑剂、稀释剂，从而起到减轻冲

① 《中国大百科全书·社会学卷》，中国大百科全书出版社 1992 年版，第 137 页。

② 刘建明、史献芝：《当代中国社会矛盾化解机制研究》，人民出版社 2014 年版，第 18 页。

突影响、避免冲突力量积累起来的作用。[①]

值得肯定的是，西方社会冲突理论在当代社会对如何科学认识和判断日渐凸显的社会风险、社会矛盾与冲突，以及如何建构防范和舒缓社会冲突与矛盾的有效机制，具有重要的理论参考价值和借鉴意义。[②] 换句话说，社会矛盾和冲突本质是主体之间不同利益诉求的体现，构建共同富裕的和谐社会并不是构建一个没有矛盾和冲突的社会，而是在科学把握社会矛盾和冲突规律的基础上，构建一个能够协调、整合、控制和化解社会矛盾和冲突的社会[③]，这为我们建立健全科学合理的矛盾纠纷多元化解机制指明了方向。

三、马克思主义人民内部矛盾理论

人民内部矛盾是在整体利益一致前提下的局部矛盾，不具有对抗性，但在一定条件下人民内部矛盾会演变出某些对抗现象。受当时所处时代的限制，马克思、恩格斯不可能面对和回答社会主义国家内部矛盾的实践课题，但是他们关于正确处理共产主义社会第一阶段城乡之间、工农之间、脑力劳动和体力劳动之间的矛盾的思想，既为正确认识和处理社会主义国家人民内部矛盾提供了重要理论依据，也为正确处理人民内部矛盾的理论创立提供了思想来源。

新中国成立后，大量的人民内部矛盾摆在中国共产党和各级人民政府的面前，如何正确认识和处理人民内部矛盾成为全党面临的一项重大战略任务。基于此，以毛泽东同志为核心的中共中央领导层，打破思想禁锢，在肯定社会主义社会存在矛盾的基础上，提出了正确处理人民内部矛盾这一思想，从多方面为党和国家处理复杂的社会矛盾打开了思路，成为毛泽

---

① 靳江好、王郅强主编：《和谐社会建设与社会矛盾调节机制研究》，人民出版社 2008 年版，第 47 页。

② 刘建明、史献芝：《当代中国社会矛盾化解机制研究》，人民出版社 2014 年版，第 18 页。

③ 包仕国：《和谐社会构建与西方社会冲突理论》，载《学术论坛》2006 年第 4 期，第 71 页。

东思想的重要组成部分。《关于正确处理人民内部矛盾的问题》一文，突出地代表了新中国成立以来马克思主义中国化的重大理论成就。①

正确处理人民内部矛盾的理论汇集了我们党治国理政的智慧，包含以下几个方面的基本观点：第一，根据对立统一的观点，肯定社会主义国家内部也存在着矛盾。第二，根据矛盾是一切事物发展源泉的观点，指出社会主义社会基本矛盾、社会主义国家内部矛盾是推动社会主义前进的动力。第三，根据矛盾特殊性的观点，第一次提出必须正确区分敌我矛盾与人民内部矛盾两类不同性质的社会矛盾。第四，根据用不同质的方法解决不同质的矛盾的观点，提出正确处理人民内部矛盾的方针和方法。第五，根据矛盾相互转化的观点，阐述人民内部矛盾的激化原因及解决办法。②正确处理人民内部矛盾理论是认识和构建社会主义和谐社会的科学指南，现阶段我国正处于并将长期处于社会主义初级阶段，人民内部矛盾是当前阶段社会发展面临的主要矛盾，因此，我们必须保持清醒的头脑，运用正确处理人民内部矛盾理论所提供的观点和方法，科学把握人民内部矛盾的产生原因和变化规律，正确处理人民内部矛盾。

需要注意的是，改革作为一场极其广泛而深刻的社会变革，引起了全民性利益格局的大调整，势必引发各社会主体之间利益上的冲突，这是新时期人民内部矛盾产生的体制根源。改革过程中一些利益受到影响的群众，往往把利益损失看作是改革措施和政府政策原因所致，向政府提出利益诉求，当利益诉求难以满足或预期目的难以实现时，则采取聚众闹事的方式进行宣泄表达，容易发生对抗和冲突事项。尽管是人民内部矛盾，但其治理难度也越来越大。③

---

① 张化：《关于毛泽东正确处理人民内部矛盾思想的再认识》，载《中共党史研究》2007 年第 4 期，第 26—28 页。

② 王伟光：《构建社会主义和谐社会的理论指南——重读〈关于正确处理人民内部矛盾的问题〉》，载《中共中央党校学报》2007 年第 1 期，第 5—7 页。

③ 中国法学会“枫桥经验”理论总结和经验提升课题组：《“枫桥经验”的理论构建》，法律出版社 2018 年版，第 161 页。

党的十九大报告在明确指出当前社会主要矛盾的同时，还明确指出加强预防和化解社会矛盾机制建设，正确处理人民内部矛盾。当前，中国社会正处于经济社会发展的重要转型期，发展中存在的各种不平衡不充分不协调问题还需要假以时日方能解决。在此过程中，人民内部的各种具体利益冲突和矛盾也必然难以避免地大量表现出来，因此所产生的矛盾纠纷都是人民群众为了解决某些个别和具体的问题而采取的有限行动，并不以反对党和政府的统治为根本目的。[①] 在这样的现实背景下，人民内部矛盾如果处理不善，就会直接影响社会主义和谐社会的构建，所以必须建立一套能够有效化解人民内部矛盾的矛盾纠纷化解机制，实现对社会主体之间利益关系的有效调节。

四、中国共产党的群众路线工作方法

群众路线是中国共产党的优良作风之一，是我们党的根本政治路线和组织路线，包含一切为了群众、一切依靠群众的群众观点和从群众中来、到群众中去的工作方法两方面的内容。其中，一切为了群众、一切依靠群众，是群众路线的理论起点和价值归宿；从群众中来、到群众中去，则是我们党对马克思主义关于人民群众是历史的创造者的原理在党的全部活动中系统地认识和运用。

当然，群众路线也是我们党长时期在敌我力量悬殊的艰难环境里开展革命斗争工作形成的宝贵历史经验，是毛泽东思想活的灵魂的三个基本方面之一。毛泽东同志指出："只要我们依靠人民，坚决地相信人民群众的创造力是无穷无尽的，因而信任人民，和人民打成一片，那就任何困难也能克服。"党的群众路线的形成和发展是与中国革命实践紧密相连的[②]，历史发展表明，中国共产党人之所以能够战胜一切困难和风险、不断取得成

---

① 夏周青：《治道变革与基层社会矛盾化解》，国家行政学院出版社 2014 年版，第 29 页。

② 陈挥、宋霁：《党的群众路线的历史轨迹与贡献》，载《上海党史与党建》2011 年第 5 期，第 23 页。

功并激励其不断前进，根本动力就在于中国共产党坚持立党为公，始终践行全心全意为人民服务的根本宗旨，把党的群众路线贯穿到治国理政全部活动当中。

中国特色社会主义进入新时代，以习近平同志为核心的党中央高度重视践行党的群众路线，提出了以人民为中心的发展思想。习近平总书记强调："江山就是人民、人民就是江山，打江山、守江山，守的是人民的心。"以人民为中心，人民的利益就是最高的利益，这是马克思主义对政党制度建设的基本要求，也是党的群众路线的精神实质。党的群众路线是实现中华民族伟大复兴中国梦的生命线。①

"枫桥经验"的灵魂和根基正是其一贯坚持党的群众路线，坚持以人民为中心，充分依靠和发动群众参与各项基层社会治理工作，重点解决社会矛盾纠纷，尊重人民群众的首创精神和主体地位。实践证明，"枫桥经验"是可复制、可推广的基层社会治理经验，是基层社会化解矛盾、促进和谐、引领风尚、保障发展的一整套好机制、好办法，集中体现了基层社会治理的中国智慧和中国方案，是枫桥人民、浙江人民和中国人民奉献给世界的有关基层社会治理的一整套的智慧和方案。② 我们党要有效化解人民群众之间的矛盾纠纷，创新基层社会治理，把中国特色社会主义事业推向前进，就必须坚持群众路线。

五、中国特色社会主义民主政治中的协商民主理论

发展社会主义协商民主是新时代中国特色社会主义基本方略的重要内容，回溯中国共产党领导的多党合作和政治协商制度发展历程，自 1948 年党中央发布"五一口号"并筹备新政协起，就奠定了构建社会主义中国新型

① 周忠高：《实现中国梦与深入贯彻党的群众路线》，载《山东社会科学》2013 年第 6 期，第 11 页。

② 中国法学会"枫桥经验"理论总结和经验提升课题组：《"枫桥经验"的理论构建》，法律出版社 2018 年版，前言，第 4—5 页。

政党关系的基础，由此形成的人民政协协商制度与新型政党制度，开启了中国特色社会主义协商民主的生动实践。[①] 协商民主是中国特色社会主义民主政治中独特的、独有的、独到的民主形式，包括政党协商、人大协商、政府协商、政协协商、人民团体协商、基层协商、社会组织协商等七种协商渠道，极大丰富了民主形式、拓宽了民主渠道、加深了民主内涵。

协商民主是实现人民当家做主的重要方式，有利于整合社会关系、减少社会矛盾、扩大社会共识，有利于促进民主监督、提高民主质量，有利于提升决策效率，推进决策科学化、民主化。实践表明，协商民主是中国共产党领导人民，建立起来的符合中国国情的中国特色社会主义民主政治制度，有力促进了中国经济健康发展、社会和谐稳定和人民生活改善。我国社会主义协商民主牢牢扎根于现实国情，具有坚实的理论支撑，积累了丰富的实践经验，具有稳固的制度基础。

党的十九大报告提出：要发挥社会主义协商民主重要作用。有事好商量，众人的事情由众人商量，是人民民主的真谛。协商民主是实现党的领导的重要方式，是我国社会主义民主政治的特有形式和独特优势。党的十九届四中全会进一步指出，坚持社会主义协商民主的独特优势，完善协商于决策之前和决策实施之中的落实机制，丰富有事好商量、众人的事情由众人商量的制度化实践。推进国家治理体系和治理能力现代化，特别是在创新基层社会治理过程中，我们应当坚持和发展好这一制度，结合基层群众自治制度，从政府、公众、社会、机制等方面进一步完善协商民主形式，充分发挥协商民主在基层社会治理中的积极作用，保证实现人民在国家和社会事务中广泛参与的权利。

---

① 《中国特色社会主义协商民主的生动实践》，载新华网：http：//www.xinhuanet.com/politics/2020-05/21/c_1126013571.htm，访问时间：2021年10月28日。

六、作为新型社会治理模式的善治理论

社会治理和社会管理既有联系又有区别，二者的目标具有一致性。但是，相较于社会管理而言，社会治理在行动理念上更加强调服务，在行动主体上更加强调各类社会主体的多元化协同，在行动取向上更加强调法治保障，反映了党对社会运行规律和治理规律认识的深化。虽然社会治理在一定程度上能够弥补社会管理模式中的某些不足，但是它的适用性并不是无限的，也会伴随"治理失灵"的问题，从而产生分歧、矛盾、冲突的情况。基于此，一些学者提出了"善治"理论，以试图克服其弊端。

何为善治？王利明指出："善治包含以下双重含义：一是指一种治理的方式和模式。作为一种治理模式，善治本身是良法之治。其实质就是要全面推进依法治国的战略方针，把法治真正作为治国理政的基本方式，真正实现国家治理的现代化。二是指一种秩序、一种状态、一种结果。所谓天下大治，指的就是善治，其最终目的是实现人民生活幸福、社会和谐有序以及国家长治久安。建设一个政治开明、经济发达、人民幸福、国泰民安的法治国家，就是我们要追求的善治。"① 作为一种治国理政的方略，王利明还强调，善治包括民主治理、依法治理、贤能治理、社会共治、礼法合治等方面的内容。

善治以市民社会的发展与壮大、高存量的社会资本、公民广泛的政治参与等因素为支撑，强调政府与公民对社会公共事务合作共治，构建政治国家与公民社会之间的新型关系，从而使公共利益最大化。善治理论的核心价值在于最大限度地弥补治理本身所无法克服的政府失灵与市场失灵的弊端，促进并实现政府、市场与市民社会的良性互动与合作共治，以实现各方的合作共赢。② 俞可平指出，现代国家治理的本质是民主治理，治理可以是强制的，但更多是协商的，一个国家的治理体系是否现代化至少有

---

① 王利明：《法治：良法与善治》，载《中国人民大学学报》2015 年第 2 期。

② 刘建明、史献芝：《当代中国社会矛盾化解机制研究》，人民出版社 2014 年版，第 80 页。

五个标准，即公共权力运行的制度化和规范化、民主化、法治、协调和效率。[①] 作为善治，包括合法性、透明性、责任性、法治、回应、有效等六个方面的基本要素。[②] 由此可见，现代社会人们对于善治的社会治理模式的认识大体上是一致的，即法治是实现善治的必由之路，而无良法也难以实现善治。

那么何为良法？按照党的十八届四中全会的决议，对于基层社会治理而言，良法应该“要恪守以民为本、立法为民理念，贯彻社会主义核心价值观”，“符合宪法精神、反映人民意志、得到人民拥护”，并且能够有效化解人民群众之间的矛盾纠纷，并不限于国家的制定法。作为矛盾纠纷化解的依据，良法是法治精神的体现。坚持良法标准，调动各类主体广泛参与，形成治理的合力，才能达到善治目标。矛盾纠纷多元化解机制建设，是善治理论的体现。

七、基层社会治理的“枫桥经验”

1963 年 2 月，中共中央决定在全国农村开展社会主义教育运动，中共浙江省委选择诸暨、萧山、上虞等县作为“社教”试点。枫桥干部群众经集体讨论，决定采取发动群众、依靠群众的方式对“四类分子”进行改造，取得了良好效果。同年 10 月，公安部领导到浙江视察，发现了枫桥区没有捕人的经验，就立即向正在杭州视察的毛泽东主席做了汇报。毛主席肯定地说“这叫矛盾不上交，就地解决”，并指示要好好进行总结。根据毛主席的指示，公安部调查组赶赴枫桥，在调查核实后，主持起草了《诸暨县枫桥区社会主义教育运动中开展对敌斗争的经验》，即“枫桥经验”。其主要精神是捕人少，矛盾不上交，依靠群众，以说理斗争的形式把绝大多数“四类分子”就地改造成新人。11 月 20 日，毛泽东在公安部递呈的全国人大二

---

① 俞可平：《走向善治：国家治理现代化的中国方案》，中国文史出版社 2016 年版，第 2—4 页。

② 俞可平：《治理与善治》，社会科学文献出版社 2000 年版，第 10—11 页。

届四次会议书面发言稿上批示："要各地仿效，经过试点，推广去做。"22 日，他在与有关负责同志口头谈话时指出，"枫桥经验"回答了两个问题：一是群众为什么懂得要这样做；二是证明依靠群众办事是个好办法。从诸暨的经验看，群众起来之后，做得并不比你们差，并不比你们弱，你们不要忘记动员群众，群众工作做好了，还可以减少反革命案件，减少刑事案件。1964 年 1 月，中共中央发出了《关于依靠群众力量，加强人民民主专政，把绝大多数"四类分子"改造成新人的指示》，把"枫桥经验"推向全国。

"枫桥经验"形成于社会主义建设时期，发展于改革开放时期，创新于中国特色社会主义新时代。党的十一届三中全会做出了改革开放的重大决定，我国开始从"以阶级斗争为纲"向"以经济建设为中心"转变，围绕"以经济建设为中心"的目标任务，"枫桥经验"紧紧依靠群众，先后探索出社会治安综合治理、平安建设和社会管理等经验，有效确保了社会稳定、平安和谐，实现"小事不出村，大事不出镇，矛盾不上交"，发展成为全国社会治安综合治理的典范、全国社会管理创新的楷模。2003 年，时任浙江省委书记的习近平总书记在纪念毛泽东批示"枫桥经验"40 周年时提出，"把学习推广新时期'枫桥经验'作为加强社会治安综合治理的总抓手"。

"枫桥经验"深化于中国特色社会主义新时代，以人民为中心创新社会治理。党的十八大以来，中央提出坚定不移沿着中国特色社会主义道路前进，强调推进国家治理体系和治理能力现代化，并且从传统的社会管理转向强调社会治理。2013 年 10 月 9 日，习近平总书记做出重要指示，"50 年前，浙江枫桥干部群众创造了'依靠群众就地化解矛盾'的'枫桥经验'，并根据形势变化不断赋予其新的内涵，成为全国政法综治战线的一面旗帜。各级党委和政府要充分认识'枫桥经验'的重大意义，发扬优良作风，适应时代要求，创新群众工作方法，善于运用法治思维和法治方式解决涉及群众切身利益的矛盾和问题，把'枫桥经验'坚持好、发展好，把党的群众路线坚持好、贯彻好。""枫桥经验"是具有中国特色的基层社会治理经验，从其发展历程来看，从管制到管理再到治理，“枫桥经验”实现了两次历史性飞跃，着力创新基层社会治理，加快推进基层社会治理现代化步伐，创新了基层党建引领、基层法治建设、社会组织培育、乡村道德重塑、矛盾纠纷多元化解、基层治理四个平台、最多跑一次等新经验，努力实现“矛盾不上交，平安不出事，服务不缺位”，反映了我国基层社会治理领域深刻而广泛的变革，是与时俱进的基层社会治理“中国方案”。

第三章
南海区健全矛盾纠纷多元化解体制机制的探索

南海区于2018年6月先后印发了《关于构建共建共治共享的社会矛盾纠纷多元化解工作机制的意见》及《南海区个人调解工作室管理试行办法》《南海区调解员和调解专家管理办法》《南海区扶持社会第三方调解组织发展试行办法》《南海区调解化解矛盾纠纷“以案定补”实施办法》等五个配套文件，全区七个镇(街道)出台实施意见及配套文件，历经两年的持续探索，形成了南海区“147”矛盾纠纷多元化解工作机制。其主要内容是建立一个强有力的领导体系，为矛盾纠纷多元化解工作提供坚强保障。构建四个有效运转的工作机制，打造七个功能完善的实施单元，纵向是通，横向协调，形成工作合力。

第一节　建立一个强有力的领导体系

党的领导是中国特色社会主义最本质特征，强有力的领导核心是“中国之治”的灵魂。在中国共产党这个强有力的核心领导下，我们国家在历史传承、文化传统、经济社会发展的基础上，长期探索、渐进渐改，走出了一条不同于西方国家的成功发展道路，形成了一套不同于西方国家的成功治理制度体系。如果把整个国家治理体系比作一个大棋局，党中央就是坐镇中军帐的帅，车马炮士象卒各展其长。[①] 面对纷繁复杂的基层社会矛盾纠纷化解工作，同样离不开党在这一工作上建立一个强有力的领导体系。

一、设立社会矛盾纠纷多元化解工作领导小组

2020 年 3 月 30 日，习近平总书记在浙江安吉考察时强调切实把矛盾解决在萌芽状态，化解在基层。近年来，中央对社会治理改革做出了一系列决策部署，习近平总书记要求广东在营造共建共治共享的社会治理格局上走在全国前列，并对如何营造共建共治共享的社会治理格局提出了明确要求。习近平总书记的重要指示不仅赋予广东新时代社会建设的新使命，也为广东在新时代加强和创新社会治理指明了方向、提供了遵循。在这样的背景下，南海区委区政府深刻认识到，认真学习贯彻习近平总书记的重要讲话精神，准确深入领会其丰富内涵及精神实质，在新起点上奋力开创广东共建共治共享的社会治理新格局，必须通过多种形式着力将社会矛盾纠纷化解在基层。另一方面，随着南海区社会经济高速发展，农村集体经济发达，矛盾纠纷更加复杂多样。非户籍人口急剧增加引发的矛盾纠纷、广佛同城带来的跨界矛盾纠纷、农村城市化进程中因利益调整引发的各种社会矛盾纠纷不断产生，一般民间纠纷也由过去的邻里、婚姻家庭、损害赔偿等民间纠纷向专业性、行业性、复杂性和群体性多元社会矛盾纠纷转变。一些纠纷在萌芽时未能得到及时化解或处置不当演变为重大疑难案件或群体性事件。因此，在新形势下，进一步完善南海区矛盾纠纷化解工作体系建设，构建快速高效的矛盾纠纷多元化解机制十分必要。

正是基于此，为实现“小事不出村，大事不出镇，矛盾不上交”的工作目标，2018 年 6 月，南海区委区政府印发了《关于构建共建共治共享的社

---

① 崔文佳：《强有力的领导核心是中国之治的灵魂》，载《北京日报》2017 年 10 月 18 日，第 7 版。

会矛盾纠纷多元化解工作机制的意见》(下称《意见》)，明确了矛盾纠纷多元化解机制的完善思路，为南海区矛盾纠纷多元化解机制工作格局的形成奠定了基础。《意见》指出，专门在区、镇(街道)两级成立社会矛盾纠纷多元化解工作领导小组，由区委、区政府成立区社会矛盾纠纷多元化解工作领导小组，区委副书记、政法委书记任组长，副组长由政法委专职副书记、司法局局长担任，成员由各镇街分管副书记、区相关单位分管领导组成，负责全区社会矛盾纠纷多元化解工作开展。领导小组下设办公室在司法局，主任由区司法局分管局长兼任，并由相关职能部门指定一名业务科室负责人为本单位矛盾纠纷多元化解工作联络人。各群众社团组织要依据各自的职责和工作范围，积极组织参与矛盾多元化解工作，齐抓共管，形成合力。各镇(街道)、各责任部门要把这项工作纳入重要议事日程，加强组织领导，强化工作措施，制订社会矛盾纠纷多元化解工作的工作方案，扎实有效地推动该项工作顺利开展。司法、财政、民政等相关部门要尽快出台相关实施办法。新闻媒体要加强舆论宣传，营造良好氛围。《意见》明确指出，区、镇(街道)两级领导小组主要职责包括：领导、监督、负责辖区内社会矛盾纠纷多元化解工作；组织、协调、督促相关职能部门做好矛盾多元化解工作；组织审议辖区矛盾纠纷多元化解工作体系有关政策、具体措施、办法，扎实有效地推动该项工作顺利开展。由此，建立了一个强有力的矛盾纠纷多元化解领导体系，形成了矛盾纠纷化解合力。

为打造共建共治共享的基层社会治理格局，南海区委区政府高度重视矛盾纠纷多元化解机制的建立和完善，紧紧围绕推进社会治理体系和治理能力现代化的目标，坚持以习近平新时代中国特色社会主义思想为指导，认真贯彻落实党的十九届四中全会精神，主动作为，开拓创新，坚持和发展新时代“枫桥经验”，加强党建引领，持续推进、不断健全完善南海区矛盾纠纷多元化解机制，努力为全区经济社会发展营造和谐稳定的社会环境。为了确保矛盾纠纷多元化解机制运行高质高效，为推动南海区经济社会发展提供有力支撑，南海区社会矛盾纠纷多元化解工作领导小组明确提出，各部门、各镇(街道)要按照“源头治理、预防在前”的要求，坚持系统思维，树立“调解优先”理念，强化责任担当意识，加强整合联动，凝聚工作合力；结合当前的新形势和新要求，对工作进行再部署、再落实，重点做好警调对接、访调对接、诉调对接、多部门联调等工作；深入开展诉源治理，推动万人成诉率下降至合理区间；全面推进让群众“最多访一次”，积极推动区社会矛盾纠纷调处化解中心建设；切实做到安排部署到位、沟通协调到位、工作落实到位、财政保障到位，扎实推动工作机制建设常态化。

二、统筹构建党委领导的矛盾纠纷多元化解工作体系

围绕健全完善党委领导、政府负责、民主协商、社会协同、公众参与、法治保障、科技支撑的社会治理体系，南海区委区政府在《意见》中结合完善矛盾纠纷多元化解机制这一平台做出了顶层设计。《意见》强调：

第一，坚持党委领导，加强党建引领。要求：(1)各级党委(组)对预防化解本地区本领域矛盾纠纷要切实负起领导责任，把该项工作纳入年度核心工作进行谋划，统筹本地、本部门开展相关工作，要定期研讨总结，完善矛盾纠纷多元化解工作机制。(2)建立定期听取矛盾纠纷多元化解推进工作情况汇报机制，区委常委会定期听取全区工作推进情况，各镇街、区有关部门班子成员定期听取镇街、本单位矛盾纠纷多元化解工作推进情况，研究解决存在问题。(3)充分发挥直联和党员户联系制度的作用，打造驻点直联“党建+”新模式，建立健全直联与社会矛盾排查化解双联动机制，引领村(居)做好属地矛盾纠纷排查化解工作。(4)建立完善相关考核机制，突出强化村(居)党组织书记作为调解委员会主任职责。

第二，坚持政府负责，加大行政投入。要求：(1)各部门、各镇(街道)在预防和处理本地区本领域矛盾纠纷问题中负有主体责任，要指定班子领导成员分管矛盾化解工作，充实精干人员专职化解矛盾纠纷。(2)切

实梳理矛盾纠纷多发节点，全方位加大对节点的人力、物力、财力投入，全面提升矛盾纠纷化解效率。

第三，坚持民主协商，支持基层自治。支持所辖街道探索户联系党小组试点工作，致力凝聚楼道在职党员、流动党员、户籍党员等红色力量，共同加强楼道群众的联系工作，从楼道开始深化邻里情，开展楼道议事等，织密住宅小区的三级党建网络，推动小区善治。

第四，坚持社会协同，培育社会力量。要求：(1)加大对社会组织开拓矛盾纠纷化解业务的扶持力度，鼓励交通、医疗、食药品、劳动、物业、消费者维权等矛盾纠纷易发多发行业和领域建立健全专业调解组织；(2)鼓励更多规模性产业行业建立完善专门的行业性调解组织；(3)鼓励条件成熟的第三方机构、社会热心专家建立民间调解组织；(4)鼓励更多第三方调解组织打造成熟知名品牌，引导更多市场化、专业化和职业化的社会力量介入矛盾纠纷调处工作。

第五，坚持公众参与，引入专业人才。要求：(1)建立区、镇(街道)、村(居)三级互通互用的矛盾纠纷多元化解资源库，为复杂疑难矛盾纠纷化解提供专业性、技术性支撑。(2)镇(街道)发展调解志愿者队伍，积极邀请“两代表一委员”(党代表、人大代表、政协委员)、“五老人员”(老党员、老干部、老教师、老知识分子、老政法干警)、专家学者、专业技术人员、城乡社区工作者、“大学生村官”等参与矛盾纠纷化解。(3)发挥村(居)参理事会作用，做实、做强、做亮志愿者服务等公益品牌，打造“熟人社区”促进社会和谐。(4)鼓励律师事务所设立调解工作室，参与矛盾纠纷调解，建立律师事务所党支部与矛盾纠纷多发村(居)党组织结对挂钩制度，发挥党员律师在矛盾纠纷化解工作中的先锋模范作用。(5)鼓励设立以调解员名字命名的个人调解工作室。(6)加强调解品牌建设，提高调解能手在调解行业的地位和影响力。(7)加强社会治理体系建设理论研究，建立与高等院校、专业研究机构课题合作关系，系统推进和完善提升矛盾纠纷多元化解工作机制。

第六，坚持法治保障，依法分类处理。要求：在区司法局设立区矛盾纠纷调解工作指导中心，在各司法所设立镇（街道）矛盾纠纷调解中心，依托信息技术逐步统一矛盾纠纷受理入口，实现司法调解、行政调解、人民调解、行业调解等功能整合，将各类不同的矛盾纠纷通过协调联动、有机衔接、依法专业、高效便捷的工作机制实现准确分流，依法处理。

第七，坚持科技支撑，打造主动防御型源头预防体系。要求：(1)构建大数据平台。积极挖掘和运用大数据，善于用数据说话、用数据决策、用数据服务。(2)推行突出矛盾提前排查化解机制。推动各级各部门主动开展源头治理工作，下大力气解决积案难案，充分发扬"钉钉子"和"啃骨头"的精神，因案施策、创新思路，加大人力、物力、财力和时间精力投入，以有力有效的工作措施推动解决积案难案。

三、明确矛盾纠纷多元化解主体的职责任务

《意见》根据"矛盾共治"的思路，明确提出了矛盾纠纷多元化解机制建设的任务是打造便捷高效、协调联动、程序衔接、多元共治的矛盾纠纷化解体系，并且就如何构建这一体系提出了具体的规划，同时明确了化解主体的职责任务。

（一）提供矛盾纠纷多元化解的公共法律服务，引导群众用法治方式解决矛盾纠纷

继续完善遍及城乡社区的公共法律服务体系，加大法治宣传工作力度，使人民群众广泛知晓化解矛盾纠纷的各种途径方式。进一步加大公证、律师、法律援助、社矫安帮、人民调解、法治宣传等公共法律服务工作力度，丰富公共法律服务内涵，提升公共法律服务覆盖面，为人民群众提供便捷高效的均等化公共法律服务。结合群众的诉求、矛盾纠纷的类型等实际情况引导群众采用调解、诉讼、仲裁、行政复议等多种途径解决问题。

(二)夯实区、镇、村调解力量，加强各领域调解工作，多元共治，共同化解矛盾纠纷

1. 区矛盾纠纷调解工作指导中心、镇(街道)矛盾纠纷调解中心统筹协调各方力量共同做好矛盾纠纷多元化解工作。逐步建立全区矛盾纠纷调解统一受理平台，各镇(街道)、各有关单位调解力量资源要链接统一受理平台，为群众提供预约调解等便利。村居、经济社两级进一步完善调解组织，做实人民调解工作，为区镇(街道)提供支撑配合。

2. 完善区级矛盾纠纷多元化解机制，确保矛盾纠纷得到依法及时妥善处置。

(1)区委政法委具体负责统筹、协调、督办全区矛盾纠纷多元化解工作。

(2)区法院依托诉讼服务中心和诉前调解工作室，完善诉前调解机制，做好纠纷诉前调解劝导工作，最大限度地将矛盾纠纷化解在诉前。联合市公安局南海分局(交警大队)共同推进道路交通事故纠纷网上数据一体化处理机制建设。聘请全区村居专职调解员为法院特聘调解员，实现调解员资源和相关数据信息的共享。

(3)区司法局加强人民调解业务指导和业务培训，牵头组建调解专家库，充分发挥调解专家和调解案例对调解工作的示范指导作用，统筹全区矛盾纠纷调解统一受理平台建设工作，对全区调解工作进行考核。

(4)区信访局要设立访前法律工作室，引导人民群众依法理性有序反映问题。

(5)市公安局南海分局指导全区社区民警中队治安纠纷调解室建设，市公安局南海分局交通警察大队向各交警中队调解室派驻调解人员或向第三方购买专业服务，做好交通事故纠纷化解工作。

(6)区人力资源和社会保障局健全劳动人事争议调裁对接机制及集体劳动人事争议应急处置机制，由区司法局会同区人力资源和社会保障局通过购买服务方式安排专人负责协助调解仲裁工作，统筹指导化解全区劳动争议矛盾纠纷。

(7)区国土城建和水务局(国土、住建)、区城乡统筹办、区教育局、区民政局、区环境保护局、区公有资产管理办公室等矛盾纠纷多发领域的部门应建立调解工作室，通过自派或购买服务方式安排专人负责调解工作，化解涉土、涉房地产、涉农、涉军、环保等矛盾纠纷。

(8)物业管理、医疗卫生、劳动争议等矛盾纠纷多发领域的行业主管部门要大力指导、扶持、推动行业性、专业性人民调解组织建设。

(9)工青妇群团组织要发挥自身独特优势，参与、推动矛盾纠纷多元化解工作。

(10)各行业主管部门鼓励、扶持社会力量建设新型矛盾纠纷化解组织，探索新型化解组织的运作机制，条件成熟的可以“调解+保险”等市场化运作模式开展矛盾纠纷化解工作，引导更多市场化、专业化、职业化的社会力量介入矛盾纠纷调处工作。

3. 镇(街道)党委政府加大涉征地拆迁、农村股权、劳资纠纷、住房建设、医疗教育等矛盾纠纷多发领域的矛盾纠纷多元化解工作统筹力度，集中力量化解重大矛盾纠纷。各镇(街道)调解中心要配备两名以上专职调解员，负责矛盾纠纷化解工作。要加大镇(街道)矛盾纠纷调解中心和镇(街道)职能部门调解力量建设，打造镇(街道)调解专家库，在信访接待前台、社区民警中队、人社分局等与人民群众联系最为密切的重点单位派驻调解人员或向第三方购买专业服务，做好日常矛盾纠纷化解工作。要进一步提升镇(街道)在化解矛盾纠纷方面的综合调处能力，发挥好镇(街道)在化解矛盾纠纷方面的主力军作用，切实做到“大事不出镇”。

4. 村(居)党组织切实承担起化解村居各类矛盾纠纷的主体责任，村居党组织书记要履行好调委会主任职责，协调村(居)两委干部调处各分管领域的矛盾纠纷。完善管理制度，强化工作保障，夯实村居人民调解员队伍，充分发挥人民调解员在矛盾纠纷化解方面的作用。充分发挥直联团队、参事理事会、乡贤、有威望公道正派人士等组织、个人的作用，共同做好村民、居民之间的矛盾纠纷化解工作，切实做到“小事不出村”。

（三）建立完善协调联动机制，推动矛盾纠纷实现多元化解

1. 落实矛盾纠纷首调负责制。各单位、各部门在收到人民群众反映的矛盾纠纷调解诉求时，应先进行依法引导或受理，不能简单地把矛盾推给其他部门、推向上级、推向社会。对依法不属于本部门调处范围的矛盾纠纷，要报同级矛盾纠纷调解工作指导中心（矛盾纠纷调解中心）处置，由矛盾纠纷调解工作指导中心（矛盾纠纷调解中心）确定调处责任单位。对于相互推诿造成当事人越级上访或民转刑等重大不良影响的，实行责任倒查。区有关单位要按照工作职责的要求，依法、及时、就地化解矛盾纠纷，对群众提出的解决事项、调解申请属于本部门与调解对接工作范围的，要及时对接、联动处理，确保群众合理诉求得到妥善解决。

2. 落实矛盾纠纷调处联动机制。村（居）调解委对本社区出现的矛盾纠纷力求在本社区调解了结，对未能调解了结的矛盾纠纷应及时向镇（街道）矛盾纠纷调解中心报告，争取镇级的支持。镇（街道）建立访前法律工作室与镇（街道）调解中心对接机制，让调解资源能及时支援访前矛盾纠纷的化解工作。镇（街道）矛盾纠纷调解中心对村（居）要求支援化解的和复杂重大疑难的矛盾纠纷要协调法庭、派出所、镇（街道）调解委和相关部门进行联合调处。对镇级调处不了的跨区域、跨行业、跨部门疑难复杂和重大矛盾纠纷，区矛盾纠纷调解工作指导中心要积极介入，召开联席会议专题研究，协调相关职能部门及时调处，防止矛盾激化，形成上下联动的工作格局。

3. 健全完善矛盾纠纷多元化解告知制度。对不适宜调解、久调不结、调解不成的矛盾纠纷，调解组织应当为当事人提供咨询意见，在法律规定的时间和范围内引导其通过行政复议、仲裁、诉讼等其他适宜的途径化解纠纷。进一步健全调解与诉讼、仲裁、行政复议等其他法定途径的衔接机制，畅通矛盾纠纷多元化解渠道。

4. 健全完善依法治访机制。贯彻依法治访要求，加大对聚众滋事、缠访闹访、以访牟利等违法上访行为的打击力度，对于这类违法人员，采取制止、警告、训诫、强行驱散、强行带离现场或予以行政拘留等措施，对首要分子和骨干人员予以严厉打击，构成犯罪的，依法追究刑事责任。引导群众表达诉求应当遵循理性、合法的原则，依法、文明、有序地表达合理诉求。

第二节　构建四个有效运转的工作机制

为了给矛盾纠纷多元化解工作机制的有效运行提供经费保障，实现跨区域、跨行业、跨部门协同调解，培育市场化、专业化、职业化的调解力量，激发调解主体的积极性和能动性，南海区司法局构建了财政投入机制、任务协作机制、多元主体参与机制、绩效考核与奖惩机制等四个有效运转的工作机制。

一、构建财政投入机制

首先，明确财政事权范围。南海区将矛盾纠纷多元化解的费用列入区、镇两级财政预算，为矛盾纠纷多元化解工作机制的有效运行提供持续稳定、强大有力的财务保障。其中，南海区财政负责区社会治理体系建设的课题研究经费以及调解预约平台和调解数据库系统的开发费用，有关单位购买调解服务费用，扶持区级第三方调解组织经费等资金安排。区级各部门做好调解工作所需的办公经费、培训经费、宣传经费等资金安排。各镇(街道)根据本地实际情况和调解工作需要落实好经费。

其次，规范财政资金支出的责任分担方式，提高财务分配效率。为了提高财政资金的利用效率，南海区重点保障派驻社区民警中队、人社分局等调解员经费、各镇(街道)调解中心专职调解员和片区专职调解员经费。对于重大矛盾纠纷个案补贴经费，由区、镇(街道)两级财政各承担50%。

最后，实行专款专用、专账管理，提高财政资金利用效率。设立“以案定补”“社会第三方调解组织发展扶持”专项资金，并依据纠纷性质、难易程度、社会影响、工作质量等，设立不同的奖励补贴标准，实行差额奖补。从“社会第三方调解组织发展扶持”专项资金对于符合条件的第三方调解组织，提供初创期的经费补贴、房租经费补贴、专职调解员经费补贴、培训专项补贴和荣誉奖励补助等。2019 年，南海区区、镇两级每年用于矛盾纠纷多元化解机制建设的投入达 3000 万元。其中，区级 913.8 万元，各镇街合计约 2000 万元。资金主要用于配置专职调解员、扶持第三方调解组织和个人调解工作室建设、化解矛盾纠纷“以案定补”等。

二、构建任务协作机制

第一，建立矛盾纠纷多元化解责任清单，各部门分工明确，确保权责边界清晰。依法界定区、镇两级政法委、法院、公安、司法、人力资源和社会保障、国土城建和水务局、城乡统筹办、教育、民政、环境保护、公有资产管理办公室，以及矛盾纠纷多发领域的行业主管部门、工青妇群团、各行业主管部门等在矛盾多元化解机制中的职责边界，形成上下一致、分工明确、多元主体参与的组织结构体系。

其中，区委政法委负责统筹、协调全区矛盾纠纷多元化解工作；监督、确认、发放涉法涉诉救助资金；适当提高救助标准，加大救助力度，简化审批程序；加强对涉法涉诉救助资金的监管，实行专项管理，专款专用。

区司法局负责成立矛盾纠纷调解工作指导中心，负责制订全区调解工作方案，会同区财政局拟定调解矛盾纠纷“以奖代补、以案定补”实施办法，会同财政局、民政局拟定扶持和培育社会第三方调解组织的办法，引入社会第三方机构建立调解组织。指导协调全区调解专家库建设，指导全区律师调解工作室建设，加强人民调解员业务培训。建立完善对社会第三方调解组织的考评机制，同高校建立课题研究关系，统筹全区矛盾纠纷调解统一受理平台建设工作，为群众提供预约调解等便利。

区法院负责司法调解、诉调对接工作，对全区人民调解委员会调解民间纠纷进行业务指导。依托诉讼服务中心和诉前调解工作室，建立健全诉前调解工作运行机制，实现诉讼与非诉讼纠纷解决机制的有机衔接。推进道路交通事故纠纷网上数据一体化处理工作机制，聘请全区村居专职调解员为法院特聘调解员，实现调解员资源和相关数据信息的共享，链接全区矛盾纠纷调解统一受理平台，为群众提供预约调解等便利。

区公安分局负责设立道路交通事故纠纷调解工作室，指导社区民警中队设立治安纠纷调解工作室，链接全区矛盾纠纷调解统一受理平台，为群众提供预约调解等便利，加大违法上访打击力度，倡导依法文明维权。

区信访局负责强化访前法律工作室建设，引导民间纠纷信访案件通过调解或其他合法途径解决。

区卫生和计划生育局负责强化广东和谐医患纠纷人民调解委员会医疗责任险联保理赔模式，引导公立医疗机构加大购买医疗责任险联保理赔险的投入，稳步提升南海工作站的服务质量和效率，为医患双方提供咨询、调查、调解、理赔“一站式”服务。

区人力资源和社会保障局负责建立健全劳动人事争议调裁对接机制及集体劳动人事争议应急处置机制，充分发挥人民调解组织在调解劳动人事争议方面的作用。推进法律援助参与劳动人事争议调解仲裁工作通过购买第三方服务的方式，充实区人力资源和社会保障局劳动人事争议调解力量。链接全区矛盾会同区司法局通过购买服务方式安排专人负责协助调解仲裁工作。链接纠纷调解统一受理平台，为群众提供预约调解等便利。

区总工会负责扩大劳动关系信息员队伍，提高劳动关系信息员业务水平，充分发挥工会特约律师调解作用，加强全区劳动争议纠纷的排查和化解工作。建立劳动关系信息员考核激励机制。设立微信公众号，为群众提供预约调解等便利的调解服务。

区妇联负责加强南海区妇女儿童权益纠纷人民调解委员会建设，激发妇女群体参与矛盾纠纷化解的正能量。链接全区矛盾纠纷调解统一受理平台，为群众提供预约调解等便利。

区国土城建和水务局负责建立涉土纠纷调解工作室。链接全区矛盾纠纷调解统一受理平台，为群众提供预约调解等便利。建立房产、物管纠纷调解工作室。链接全区矛盾纠纷调解统一受理平台，为群众提供预约调解等便利。

区教育局负责建立教育领域调解工作室。链接全区矛盾纠纷调解统一受理平台，为群众提供预约调解等便利。

区民政局负责建立涉军领域调解工作室。链接全区矛盾纠纷调解统一受理平台，为群众提供预约调解等便利，会同区司法局、财政局制定扶持和培育社会第三方调解组织的办法。

区公有资产办公室负责建立公有资产领域调解工作室。链接全区矛盾纠纷调解统一受理平台，为群众提供预约调解等便利。

区城乡统筹办负责建立涉农纠纷调解工作室。链接全区矛盾纠纷调解统一受理平台，为群众提供预约调解等便利，会同区司法局通过购买服务方式安排专人负责调解工作。

区环境保护局负责建立环保纠纷调解工作室。链接全区矛盾纠纷调解统一受理平台，为群众提供预约调解等便利，会同区司法局通过购买服务方式安排专人负责调解工作。

区委组织部负责保障区级各单位落实大调解工作人员配备与所承担的工作任务相适应。

区财政局负责根据区政府批复落实区直部门开展调解工作的经费，并根据单位申请和财政资金相关管理办法及时拨付资金，会同区司法局制定调解化解矛盾纠纷以案定补实施办法。

第二，多部门统筹协作，凝聚工作合力。建立区级调解工作指导中心和 7 个镇(街道)矛盾纠纷调解中心，进行调解功能整合和协调联动，保障整体的协调运转。具体而言，7 个镇(街道)成立矛盾纠纷调解中心，配备两名以上专职调解员，统筹协调本镇(街道)矛盾纠纷的大调解工作。与此同时，在各个镇(街道)矛盾纠纷调解中心建设镇(街道)调解专家库，通过购买服务的方式，把辖区内的民事纠纷分流到社会第三方调解组织进行调解，并根据行政调解工作需要，把部分行政调解案件委托第三方调解组织进行调解。赋予镇(街道)直联团队更多资源开展矛盾纠纷化解工作，指导、协调、督促村(社区)开展矛盾纠纷排查化解工作。建立社区民警中队治安纠纷调解工作室、协助建立交警中队道路交通事故调解工作室。链接全区矛盾纠纷调解统一受理平台，为群众提供预约调解等便利。在村(居)层面，要求村(居)党组织要切实承担起化解村(居)各类矛盾纠纷的主体责任，村(居)党组织书记要履行好调委会主任职责，协调村(居)两委干部调处各分管领域的矛盾纠纷。完善管理制度，强化工作保障，夯实村(居)人民调解员队伍。充分发挥直联团队、参理事会、乡贤、有威望公道正派人士等组织、个人的作用，共同做好最基层的矛盾纠纷化解工作，切实做到“小事不出村”。此外，依托信息技术逐步统一矛盾纠纷受理入口，整合司法调解、行政调解、人民调解、行业调解等功能，将各类不同的矛盾纠纷通过协调联动、有机衔接、专业、高效便捷的工作机制实现准确分流，依法处理。明确工作重点，集中力量化解重大矛盾纠纷，重点在公安、法院、住建、环保、教育、人社等 13 个矛盾纠纷易发部门规范设置调解室，相关部门提前主动介入，依法、及时、就地化解纠纷。

第三，建立跨区域、跨行业、跨部门协同工作机制。对于疑难复杂和重大矛盾纠纷，由南海区矛盾纠纷调解工作指导中心积极介入，召开联席会议专题研究，协调相关职能部门及时调处。防止矛盾激化，形成上下联动、部门互动的工作格局。

三、构建多元主体参与机制

首先，建立市场化、专业化、职业化调解力量的参与机制。在矛盾纠纷易发部门购买调解社会服务，明确职能部门落实“首调责任制”；借助专业律师等社会资源提供属地调解服务；在镇(街道)发展调解志愿者队伍，邀请“两代表一委员”、“五老人员”、专家学者、专业技术人员、城乡社区工作者、“大学生村官”等壮大村(居)调解力量，盘活社会资源，从多方面构造基层调解组织网络，凝聚合力，做实基层维稳工作；广泛吸纳各行业具有专门知识或特定经验的专家人才，成立区级调解专家库，在7个镇(街道)组建镇级调解专家库，聘请数百名调解专家助力基层重点、难点矛盾纠纷调处，建立涵盖法律、经济、医疗、婚姻、劳动、农村管理等多个领域的专家名录。

其次，建立市场化、专业化、职业化调解力量参与的激励引导机制。鼓励更多市场组织、民间社会组织和社会企业组建矛盾化解工作团队，形成矛盾多元化服务供给主体。通过提供经费补贴、政策支持和行政服务等方式，调动社会力量参与矛盾纠纷多元调解工作的积极性，支持和培育社会力量参与社会纠纷多元调解工作。为了支持、鼓励法律服务工作者、优秀人民调解能手等，激发社会力量参与矛盾纠纷调解的积极性，南海区制定了《南海区个人调解工作室管理试行办法》《南海区扶持社会第三方力量调解组织发展实行办法》《调解员和调解专家管理办法》，为社会力量参与人民调解工作提供制度支持和激励机制。

最后，规范人才队伍建设，推动专业素质提升。加强矛盾多元化解工作各平台组织的规范化建设，着力强化区级、镇(街道)、村(居)三级矛盾化解工作队伍建设，在用足用活专项编制的同时，通过购买第三方社会服务、安排志愿者等多种渠道，充实队伍，优化结构，努力建设一支政治过硬、专兼结合、业务精通、作风优良的矛盾化解工作队伍。充分优化调解工作队伍，发挥党员调解员先锋模范作用，注重选聘律师、公证员、仲裁员、基层法律服务工作者、医生、教师、专家学者等社会专业人士和退休法官、检察官、民警、司法行政干警以及相关行业主管部门退休人员担任人民调解员，不断提高人民调解员的专业化水平。通过设立准入门槛、工作职责、职业规范和纪律、遴选和聘用机制，规范人民调解员队伍建设和管理。建立多层级的培训体系，将人民调解员、政法干部和行政执法人员的业务培训工作纳入教育培训规划，提高调解人员技能和业务水平。

四、构建绩效考核与奖惩机制

首先，建立全方位、立体、综合的绩效考核机制。南海区把矛盾多元化解工作纳入社会治安综合治理目标管理，严格目标，兑现奖惩，坚持属地管理、分级负责，谁主管、谁负责。建立由司法局和基层司法所指导的调解组，对调解员、第三方调解组织按年度进行定期考核，考核内容涉及调解案件数量与质量、社会效果、技能提升、职业道德、案卷管理等多个方面。

其次，将绩效考评结果与奖惩激励相挂钩。对矛盾纠纷多元化解工作中成绩突出的集体和个人进行表扬；对因组织不力、保障不到位导致工作无法正常开展的，严肃通报批评、督促整改；对因排查调解不力又不上报预警而导致矛盾激化、严重影响社会稳定的重大群体性事件的单位和个人，严格实行责任倒查，追究相关人员的责任。

最后，通过奖励和惩罚机制，激发调解主体的积极性和能动性，引导社会力量参与矛盾纠纷调解工作，提升调解效能。在组织层面，将绩效考核结果与行政许可、政府扶持、政府购买相衔接，将矛盾纠纷调解主体资质、调解质量、调解效率作为社会力量准入矛盾纠纷调解、参与政府购买、享受扶持政策的先决条件，以此来激励矛盾纠纷调解主体不断地提高自我管理水平，促进政府与社会力量的协作。

第三节　打造七个功能完善的实施单元

为了确保形成上下一致、权责清晰、有机联系的政策体系，南海区七个镇街坚持依法、及时就地解决问题，坚持属地管理、分级负责，健全完善矛盾纠纷多元化解机制，推动工作重心下移、关口前置，打造了七个功能完善的实施单元。

一、推动各镇(街道)构建矛盾纠纷多元化解机制

司法所面临的窘境，即一元的司法与社会纠纷的复杂化之间存在着严重的矛盾，司法与替代性纠纷解决机制包括协商、调解、仲裁等需要建立互补关系，发挥合力的作用。矛盾和纠纷包含了内在和外化两种不同的冲突和争议，矛盾侧重深层次的冲突，纠纷更多体现个体间的对抗。作为一种社会机制，化解包含了预防和解决两个层面，契合基层社会综合治理原则的要求。矛盾纠纷多元化解机制建设是形成共商共建共治共享社会治理格局，多元主体合作共赢目标，多元价值和多元文化发展的需要。矛盾纠纷多元化解机制又称为“多元纠纷解决机制”，已经在我国经过了10余年的设计、推行，作为社会力量共同参与的纠纷解决体系，取得了积极的成效。

矛盾纠纷多元化解机制是法律机制的一种，本质上是一种契约执行机制，要求明确矛盾纠纷化解的不同方式及各自的主体、相互之间的分工与配合关系，达到效果的手段和途径等相互衔接，遵循规律。预防化解矛盾纠纷的功能作用发挥状况，取决于目标发生诸功能的组合作用。矛盾纠纷多元化解机制的目标是预防和化解纠纷，途径是发挥不同方式各自的优势，扬长避短，形成互补。多元机制的不同方式坚持目标同向，实现合作共赢。各种方式相互配合与互动，避免相互抵触、相互消解。南海区辖区内七个镇街以南海区《关于构建共建共治共享的社会矛盾纠纷多元化解工作机制的意见》为依据，结合各自实际，出台了镇街一级的配套意见，形成了上下一致、权责清晰、有机联系的矛盾纠纷多元化解政策体系。

2018年8月1日，中共佛山市南海区西樵镇委员会办公室印发了《西樵镇构建共建共治共享的社会矛盾纠纷多元化解工作机制工作方案》，围绕把矛盾纠纷化解工作纳入法治轨道，依靠法治解决矛盾纠纷，引导群众依法理性有序反映诉求，实现“小事不出村，大事不出镇，矛盾不上交”的

工作目标，明确了夯实镇、村调解力量和建立完善协调联动机制的具体工作措施。推行突出矛盾提前排查化解机制，完善矛盾纠纷源头治理机制，落实矛盾纠纷首调负责制，落实矛盾纠纷调处联动机制，健全完善矛盾纠纷多元化解告知制度，健全完善依法治访机制。要求各有关部门、各村（社区）加强本领域或本区域突出矛盾排查化解和社会风险防控预警，充分掌握社情民意的新情况新动向，认真研究矛盾纠纷的新特点新规律，进一步提高依法及时就地解决矛盾纠纷的能力和水平，对排查发现的矛盾隐患，逐一落实化解措施，要求切实把问题解决在初始阶段、把矛盾化解在当地。

2018 年 8 月 8 日，中共佛山市南海区桂城街道工作委员会办公室印发了《桂城街道关于构建共建共治共享的社会矛盾纠纷多元化解工作机制的方案》，明确了以抓实基层调解队伍建设，推动基层社会矛盾化解任务落实落地，以全面完善桂城街道关于构建共建共治共享的社会矛盾纠纷多元化解工作机制的思路，进而通过做实做强人民调解、行政调解与司法调解“三大调解”工作，强化社会治理重点领域“三调联动”工作，健全完善矛盾纠纷多元化解工作机制。桂城街道通过矛盾纠纷调解中心逐步统一矛盾纠纷受理入口，实现人民调解、行政调解、司法调解、行业调解等功能整合，将各类不同的矛盾纠纷通过协调联动、有机衔接、依法专业、高效便捷的工作机制实现准确分流，依法处理，让调解资源能及时支援基层调解案件和访前矛盾纠纷的化解工作，力争通过多方努力，实现矛盾不上交，就地解决。

2018 年 8 月 9 日，中共佛山市南海区丹灶镇党委办公室印发了《丹灶镇关于构建共建共治共享的社会矛盾纠纷多元化解工作机制的实施意见》，明确了丹灶镇机关各办局、村居打造便民法治、协调联动、程序衔接、多元高效的矛盾纠纷化解体系的具体任务及分工，重点夯实镇、村（居）调解力量，加强各领域调解工作，多元共治，共同化解矛盾纠纷。

2018 年 8 月 10 日，中共佛山市南海区九江镇人民政府印发了《关于构建共建共治共享的社会矛盾纠纷多元化解工作机制的意见》，明确了镇、村(居)两级调解主体的职责任务，要求重点加大涉征地拆迁、农村股权、劳资纠纷、住房建设、医疗教育等矛盾纠纷多发频发领域的矛盾纠纷多元化解工作的统筹力度，集中力量化解重大矛盾纠纷。同时，加大镇矛盾纠纷调解中心和镇职能部门调解力量建设，在社区民警中队、人力资源和社会保障分局等矛盾纠纷多发节点适时设立调解工作室，派驻调解人员或购买社会调解服务进驻，做实日常矛盾纠纷化解工作，提升镇在化解矛盾纠纷方面的综合调处能力，发挥好镇在化解矛盾纠纷方面的主力军作用，确保矛盾纠纷得到依法及时妥善处置。

2018 年 8 月 13 日，中共佛山市南海区大沥镇委员会办公室印发了《大沥镇推进共建共治共享的社会矛盾纠纷多元化解工作的实施方案》，紧密联系为人民群众提供多元化解矛盾纠纷的公共法律服务，引导人民群众用法治方式解决矛盾纠纷的目标，构建镇党委统筹、部门联动协作、村(居)支撑配合的矛盾纠纷多元化解中心，统筹协调司法、行政、社会等各方力量，多元共治，共同化解矛盾纠纷。

2018 年 8 月 14 日，中共佛山市南海区里水镇委员会印发了《关于构建共建共治共享的社会矛盾纠纷多元化解工作机制的意见》，紧紧围绕推进社会治理体系和治理能力现代化的目标，加强党建引领，主动适应新形势新变化，细化了本区域打造共建共治共享的社会矛盾纠纷多元化解机制的具体方案，努力提高社会治理社会化、法治化、智能化、专业化水平。充分利用律师、公证、司法鉴定、基层法律服务、法律援助、调解等法律服务资源，积极主动参与信访矛盾化解工作。设立访前法律工作室，聘请律师参与矛盾纠纷的接访疏导和访前工作，畅通矛盾纠纷优先通过调解方式进行化解的渠道，开展引导人民群众依法有序理性反映问题，对矛盾纠纷的多元化解实施有效分流。

2018 年 10 月 25 日，中共佛山高新技术产业开发区工作委员会印发了《佛山高新区(狮山镇)推进共建共治共享的社会矛盾纠纷多元化解工作的实施方案》，成立了佛山高新区(狮山镇)社会矛盾纠纷多元化解工作领导小组，明确了领导小组主要职责，并且从组建佛山高新区(狮山镇)调解专家库、设立佛山高新区(狮山镇)矛盾纠纷调解中心、充实劳动争议调解力量等九个方面明确了具体措施。各社会管理处设立相应的矛盾纠纷调解分中心，统筹负责辖区内的基层矛盾纠纷调解工作，并组建各自的调解专家库，对于涉及相关职能部门的案件，各社会管理处矛盾纠纷调解分中心须组织对应职能部门的调解专家共同参与调解。并且在辖区内各村(居)中开展调委会专职调解员的选拔工作，在各社区服务中心中选拔一名具有调解工作经验的工作人员担任村(居)调委会专职调解，负责跟进各村(居)的日常调解事务，充实基层调解员队伍，促进矛盾纠纷原地化解。

二、明确各镇(街道) 矛盾纠纷化解主体责任

健全矛盾纠纷多元化解工作机制，重在预防纠纷。纠纷的化解坚持“化早、化小、化苗头”，实现“案结、事了、人和”，防止纠纷激化和转化。应当建立多元方式解决纠纷的告知制度，尊重当事人的选择权，引导当事人理性、平和地解决纠纷。让当事人参与纠纷化解，并在纠纷化解过程中发挥积极、主动的作用。当事人是纠纷化解途径和结果的决策者。多元机制是多元价值、多元主体、多元方式、多元标准、多元效果的体现，需要多元文化的支撑。如果将纠纷解决方式分为诉讼和诉讼外两种，二者之间的关系必须是清晰、明确的。矛盾纠纷多元化解机制的逻辑前提，是多元的对象决定了化解方式的多元化，实现针对性和有效性。社会治理中多元主体、多元规则、多元价值和多元文化，决定了“一元”方式的局限性。多元的方式之间，在各自独立的基础上，通过相互配合形成合力。司法的中心地位，不仅需要通过司法确认制度、强制执行制度等予以强化，还需要建立诸如会商制度等加强各个主体之间的联系，实现不同方式之间的协调运作。为了有效化解社会矛盾纠纷，南海区各镇(街道)深入学习领会矛盾纠纷多元化解机制的“多元”内涵，在设立镇级矛盾纠纷调解中心基

础上，明确各方主体责任。

第一，在各镇(街道)司法所成立矛盾纠纷调解中心，统筹协调本镇(街道)矛盾纠纷多元化解工作。各镇(街道)调解中心配备2名以上专职调解员具体负责镇级调解工作，配备5—10名专职调解员(狮山镇配备15—25名)分片负责村(居)调解。组建镇级调解专家库。链接全区矛盾纠纷调解统一受理平台，为群众提供预约调解等便利。

第二，各镇(街道)综治信访维稳办建立访调对接工作机制，完善以镇街综治中心为工作平台的镇村访调联动模式。

第三，各镇(街道)人民法庭负责司法调解、诉调对接工作，对所辖镇人民调解委员会调解民间纠纷进行业务指导。

第四，赋予镇(街道)直联团队更多资源开展矛盾纠纷化解工作，指导、协调、督促村(居)开展矛盾纠纷排查化解工作。

第五，各镇(街道)派出所建立社区民警中队治安纠纷调解工作室、协助建立交警中队道路交通事故调解工作室。

第六，各镇(街道)人社分局充实调解力量，挑选专职调解员，负责劳动人事争议纠纷调解工作。

第七，支持各镇(街道)国土城建和水务局(国土、住建)、城乡统筹局、教育局、社会工作局、环境保护办公室、公有资产管理办公室等矛盾纠纷多发领域的部门建立调解工作室，通过自派或购买服务方式安排专人负责调解工作，化解涉土、涉房地产、涉农、涉军、涉环保邻避、教育等矛盾纠纷。

第八，支持物业管理、医疗卫生、劳动争议等矛盾纠纷多发领域的行业主管部门大力指导、扶持，推动行业性、专业性人民调解组织建设。

第九，各镇(街道)财政局落实矛盾多元化解工作的办公经费、培训经费、宣传经费，将矛盾多元化解工作经费列入每年财政预算，确保矛盾多元化解工作正常开展，保证购买第三方服务、以案定补、调解室建设、调解员培训等相关工作的资金需求，完善调解员“以案定补”机制。

第十，各镇(街道)宣传文体部门负责做好面向全镇的“矛盾纠纷多元化解”宣传工作，通过报刊、广播、电视、互联网等媒体，落实宣传多元化解矛盾纠纷的工作理念、先进经验，营造全社会尊法守法的氛围，引导人民群众主动寻求合法途径解决矛盾纠纷。

三、推动各镇(街道)矛盾纠纷化解工作重心下移、关口前置

南海区以七个镇街作为矛盾纠纷化解的基本单位，充分发挥其矛盾纠纷多元化解主力军作用，坚持矛盾纠纷就地化解，探索推进矛盾纠纷多元化解的经验做法，提供高效便民、群众满意的工作机制和方式。注重从源头上预防问题发生，各镇(街道)、各部门提前介入，及时化解，努力把问题防范在萌芽状态、解决在初始阶段、化解在事发当地。

(一)西樵镇的实践

西樵镇党委政府高度重视社会治理多元化解社会矛盾纠纷工作，把构建社会矛盾纠纷多元化解机制纳入年度核心工作进行谋划，党委班子召开会议专题研讨，积极推进社会矛盾纠纷多元化解机制建设，为社会经济快速发展提供保障。镇委、镇政府成立镇社会矛盾纠纷多元化解工作领导小组，由负责政法工作的镇委副书记任组长，镇综治信访维稳办主任、西樵司法所所长任副组长，各相关部门负责人、各村(社区)书记任成员，负责全镇社会矛盾纠纷多元化解工作开展。在充分调研、深入讨论的基础上，西樵镇出台的《关于西樵镇构建共建共治共享的社会矛盾纠纷多元化解机制工作方案》，制定了工作措施，明确了目标任务、职能分工，推进时间节点，落实责任到人。为推进社会矛盾纠纷多元化解工作，西樵镇加大经费保障力度，出资增配专职调解员、购买律师所调解服务派驻社区民警中队、人社分局调解员，落实人民调解矛盾纠纷化解“以案定补”资金加大了村(社区)调解员的调解补贴。同时各相关部门将矛盾多元化解工作经费列入每年财政预算，确保矛盾多元化解工作正常开展。

根据工作方案，西樵镇依托两个平台努力构建多元化解工作核心。一

方面，在司法所设立了镇矛盾纠纷调解中心，以衔接区矛盾纠纷调解中心受理平台，负责全镇矛盾纠纷化解工作，同时与西樵镇公共法律服务站对接，充分统筹律师、公证、司法鉴定、基层法律服务、法律援助、调解等法律服务资源，铸造矛盾纠纷多元化解的工作核心。另一方面，依托民间纠纷调解协会工作平台提升调解实效。西樵镇结合自身实际和调解优势，由西樵民间纠纷调解协会承接镇矛盾纠纷调解中心调解业务，实现两大平台的无缝接轨，以其独立第三方调解组织的中立公正地位和优势，推动人民调解工作的社会化，打造社会矛盾纠纷调解多元格局。

为做实社会矛盾多元化解工作，建立共建共治共享的大格局，西樵镇下大力气整合各方调解资源，充实预防和化解社会矛盾纠纷的力量。首先，夯实基层调解力量。一是充实西樵镇矛盾纠纷调解中心人员，在镇调解中心设专职调解员具体负责镇级调解工作，另外增配专职调解员，分别负责分片区开展村(社区)矛盾纠纷化解工作，对接镇访前法律工作室，化解涉信访矛盾纠纷。二是组建村(社区)人民调解志愿队伍。指导各村(社区)调委会充分发挥直联团队、驻村(社区)律师、参理事会、乡贤、有威望公道人士等组织、个人的作用，共同做好最基层的矛盾纠纷化解工作。其次，组建西樵调解专家库。西樵镇在党政机关、村(社区)退休干部、律师、行业专家、医院、心理社会工作师、老党员、老模范中挑选了一批专业人才，建立镇级矛盾纠纷多元化解资源库(专家库)，为复杂疑难矛盾纠纷化解提供专业性、技术性支撑，实现调解工作的专业化和优质化。目前库内专家涵盖相关领域的专家、骨干、退休干部，为疑难矛盾纠纷的有效化解提供了有力保障。再次，优化重点领域矛盾纠纷调解力量。成立西樵镇治安纠纷调解委员会，并在民乐社区民警中队和联新社区民警中队设立治安纠纷调解工作室，通过购买律师所服务的方式推进治安纠纷调解工作。另外，派驻专职调解员进驻人力资源和社会保障局，充实纠纷多发领域人民调解力量，做实矛盾纠纷多发领域的日常矛盾纠纷化解工作。

西樵镇根据市委、区委关于进一步加强基层治理工作要求和统一部署，坚持属地管理、分级负责，谁主管、谁负责的原则，坚持和发展“枫桥经验”，通过完善“以案定补”工作机制、访调对接机制、提前排查化解机制、矛盾纠纷调处联动机制等措施，建立健全有机衔接、协调联动、高效便捷的社会矛盾纠纷多元化解工作机制，努力构建切合本地实际的矛盾纠纷多元化解“西樵模式”，加快推进基层社会治理现代化，构建共建共治共享的社会治理模式。其中，在“以案定补”工作机制方面，出台了《西樵镇调解化解矛盾纠纷“以案定补”实施办法》，对过去人民调解“以案定补”的标准进行调整，以提高工作积极性和责任感，充分发挥大调解机制对维护社会稳定的作用。在访调对接机制方面，密切信访办与西樵镇矛盾纠纷调解中心的联系，信访办设立访前法律工作室，聘请律师参与矛盾纠纷的接访疏导和访前工作，畅通矛盾纠纷优先通过调解方式进行化解的渠道，引导人民群众依法有序理性反映问题，对矛盾纠纷的多元化解实施有效分流。矛盾纠纷调解中心设立专人负责跟进、对接，对于可调解的矛盾纠纷迅速介入，构建起矛盾纠纷多元化解的有效衔接。在提前排查化解机制方面，司法所积极指导各基层调委会认真落实月度排查、季度研判工作，加强对辖区突出矛盾排查化解和社会风险防控预警，充分掌握社情民意的新情况新动向，对排查发现的矛盾隐患，积极落实化解措施，努力把问题解决在初始阶段、把矛盾化解在当地，有效做好了特殊敏感时期防控。在矛盾纠纷调处联动机制方面，西樵镇积极推进矛盾纠纷层级负责机制。村(社区)调委会对本辖区内出现的矛盾纠纷力求就地调解了结，对未能调解了结的矛盾纠纷应及时向镇矛盾纠纷调解中心报告，争取镇级的支持。镇矛盾纠纷调解中心对各村(社区)要求支援化解的复杂重大疑难矛盾纠纷要协调相关部门进行联合调处。

(二)桂城街道的实践

桂城街道于2018年7月成立了“大调解”工作领导小组。领导小组组长由街道分管政法工作的副书记担任，副组长由街道司法所和街道综治维稳信访办负责人担任，成员由相关职能部门领导组成。领导小组下设办公室在司法所，主任由司法所所长兼任，并由相关职能部门指定一名业务科室负责人为本单位大调解工作联络人。将综治信访维稳、派出所、人社分局等机关办(局)纳入其中开展工作。同年8月，出台《中共佛山市南海区桂城街道工作委员会办公室佛山市南海区桂城街道办事处办公室关于印发〈桂城街道关于构建共建共治共享的社会矛盾纠纷多元化解工作机制的方案〉的通知》，挂牌成立街道矛盾纠纷调解中心。为深化社会矛盾纠纷多元化解工作，桂城街道从建立机制、明确制度、组建队伍、搭建平台、保障经费等五方面着手，推动构建共建共治共享的社会矛盾纠纷多元化解工作体系，为加快实现基层社会治理现代化、构建共建共治共享的社会治理格局贡献新力量。

首先，为建立社会矛盾纠纷多元化解长效机制，桂城街道建立了激励约束机制，将各项工作目标任务细化分解到责任单位(部门)、责任领导和工作人员。其一，健全矛盾纠纷滚动排查机制。坚持“定期和集中排查相结合”原则，各社区每半月一次、各部门每月一次排查收集矛盾纠纷信息，在特殊时间节点开展集中排查，分类登记、汇总建档。其二，推行矛盾纠纷研判分析制度。建立矛盾纠纷排查调处协调会议制度，对收集的社会矛盾纠纷信息定期进行分析研判、总结矛盾纠纷规律，不断调整社会矛盾纠纷多元化解工作方向，提高工作实效。其三，加强矛盾纠纷调处联动机制。对各社区、各部门难以调解的跨区域、跨行业、跨部门或疑难复杂和重大矛盾纠纷，由镇矛盾纠纷调解中心组织调解专家及相关职能部门及时调处，形成上下联动的工作格局，防止矛盾激化。其四，落实多元化解工作督导考评制度。街道社会矛盾纠纷多元化解工作领导小组设立督导考评制度，由街道矛盾纠纷调解中心负责实施，并根据考评成绩对相关部门和个人予以奖惩。

其次，为充实预防和化解矛盾纠纷力量，桂城街道组建了一支精干人员组成的人民调解员队伍。其一，在镇矛盾纠纷调解中心设立镇级专职调解员和片区调解员岗位。桂城街道司法所通过采购劳务派遣服务的方式，选聘专职调解员负责桂城辖区矛盾纠纷调处工作，其中多数派驻桂城街道矛盾纠纷调解中心，少数派驻南海区人力资源和社会保障桂城分局。其二，依托镇矛盾纠纷调解中心成立调解专家库。桂城街道人民调解委员会在党政机关、社区退休干部和律师中挑选了一批专业人才聘任为专家调解员，充分利用专业力量推动矛盾纠纷多元化解工作大步向前。其三，在各社区配强矛盾纠纷多元化解队伍，建立一居(村)一专职调解员工作机制，鼓励各调委会吸纳社会各界退休法律工作者、参理事会成员、大学生等具备一定法律知识或者熟悉基层事务、热心调解工作的社会人士加入调解员队伍，夯实基层调解队伍基础，强化调解组织架构。实施《桂城街道强化人民调解工作实施细则》，全面建立以居委会党组织负责人、副书记担任调委会主任及常务副主任，主管调解工作的委员担任调委会副主任，驻村律师担任调解副主任的人民调解网络。

再次，引入社会组织，确保重点场所防控到位。桂城街道通过引入市场化、专业化和职业化的社会力量在矛盾纠纷多发领域建立专业调解组织，积极探索推进有机衔接、协调联动的多元化纠纷解决机制，搭建调解工作平台，不断延伸社会矛盾纠纷化解触角。其一，设立访前法律工作室。访前法律工作室综治信访维稳中心一楼公共法律服务窗口，通过派驻值班律师开展访前甄别、疏导、分流工作，进一步实现诉访分离、逐级走访。协助推进阳光信访、责任信访、法治信访建设，推动化解信访积案难案以及矛盾纠纷，提高信访听证、评议工作公信力。其二，设立治安纠纷调解工作室。在石东社区民警中队、平西社区民警中队设立桂城街道治安纠纷人民调解委员会，本年新设立石东社区民警中队及平洲派出所治安调解委员会，仅 2018 年，石东、平西驻点治安纠纷调解室共接收案件 112 宗，其中符合人民调解受理的案件有 96 宗，经调解室主持调解并达成协议案件 96 宗，调解率为 100%，案件涉及当事人共 246 人，涉及金额约为 119. 27 万元。对于其他不适宜人民调解方式处理的案件，调解室引导当事人依法通过其他途径处理。同时，治安纠纷调解室调解员还为 119 名社区群众提供专业法律咨询服务，引导群众依法理性表达诉求、通过法定程序表达诉求、依靠法律手段解决纠纷、运用法律武器维护自身合法权益，营造和谐稳定的社会环境。

然后，加大财政投入，确保各项经费保障到位。为落实资金保障推动社会矛盾纠纷多元化解工作顺利开展，桂城街道政府 2018 年投入专项经费 40 万。其中，聘用人员经费 15 万元，购买法律服务经费 10 万元，场地开办和办公经费 15 万元，为矛盾纠纷多元化解工作的顺利开展提供了有力保障。自 2019 年起，桂城街道将每年预算投入专项经费约 300 万元，以最大力度促进社会矛盾纠纷多元化解工作稳步推进、发展壮大。在确保运行经费足额列入财政预算的基础上，桂城街道对各社会力量、调解团队和调解员参与社会矛盾纠纷多元化解工作实施“以案定补”，依据矛盾纠纷性质、化解难易程度、社会影响、工作质量等要素，分为口头调解补贴、书面调解补贴、群体性案件稳控补贴等 3 种补贴形式，每个案件可补贴 100 元至 5000 元不等，充分调动各方力量参与调解工作的积极性、确保工作实效。

最后，重视宣传引导，营造齐抓共管的良好氛围。桂城街道充分利用报刊、广播、电视、互联网等媒体，大张旗鼓地宣传矛盾多元化解工作，强化群众对矛盾多元化解工作的认知，引导他们自愿、主动选择法定途径，理性表达利益诉求、维护合法权益。积极培育、推广工作中的先进经验和创新做法，努力营造社会和谐人人有责、和谐社会人人共享的浓厚氛围。鼓励、引导社会各界通过社会捐赠、公益赞助、志愿参与等方式，支持矛盾多元化解事业发展。

（三）丹灶镇的实践

丹灶镇委领导班子高度重视矛盾纠纷多元化解机制建立，多次召集相关部门、丹灶镇辖下各村（社区）调解主任、专职调解员召开座谈会，深入研究讨论丹灶镇构建共建共治共享社会具体的措施、方案。2018 年 8 月，出台了《丹灶镇关于构建共建共治共享的社会矛盾纠纷多元化解工作机制实施意见》，成立镇矛盾纠纷调解中心，统筹协调各方调解力量，逐步建立全镇矛盾纠纷调解统一受理平台，各职能单位、村(居)调解力量资源链接统一受理平台，为群众提供预约调解等便利。结合群众的诉求和矛盾纠纷的类型等实际情况，引导群众采用调解、诉讼、仲裁、行政复议等法定途径解决问题。

为深化矛盾纠纷多元化解工作，丹灶镇格外重视矛盾纠纷的预警、研判和调解。首先，积极推动信息联通。坚持“定期和集中排查相结合”原则，各村(居)调委会每半月一次、排查收集矛盾纠纷信息，分类登记、汇总建档，强调预警在先，苗头问题早消化。其次，建立重大矛盾纠纷调处研判会议制度。召集责任单位、村(居)对受理到的重大矛盾纠纷进行分析研判，邀请专业人才为矛盾纠纷化解提供专业性、技术性支撑，制订解决方案，强调研判在先，重大纠纷早转化。再次，对各村(居)、各部门难以调解的跨区域、跨行业、跨部门或疑难复杂和重大矛盾纠纷，由镇矛盾纠纷调解中心组织调解专家及相关职能部门及时调处，形成上下联动的工作格局，防止矛盾激化，强调调解在先，矛盾纠纷早处理。

队伍组建是矛盾纠纷多元化解的重中之重，为此，丹灶镇以组建专职调解员队伍、成立丹灶镇调解专家库、整合多方调解资源为抓手，配齐了矛盾纠纷多元化解的队伍力量。其中，在组建专职调解员队伍方面，根据市、区两级关于进一步加强基层治理的统一部署和工作要求，采取第三方购买服务的形式，由佛山市博睿社会工作服务中心承接组建专职调解员队伍任务。在成立丹灶镇调解专家库方面，由镇调解中心特邀在各职能部门、各行业协会拥有丰富调解经验或专业知识扎实的人员担任为丹灶镇专家调解员，充分利用各职能部门、全镇各行业各业的专业力量协调联动，推动矛盾纠纷多元化解工作大步向前。在整合多方调解资源充实村(居)调解力量方面，要求以村(居)书记、治保主任、专职调解员、驻村(社区)律师参与调解为主，村内老干部、老党员、老教师、老村贤等担任兼职调解员为补充，充实村(居)调解力量，对村(居)处于萌芽状态的矛盾纠纷尽量早发现、早稳控、早化解，及时调节疏导，防止矛盾激化，共同做好基层的矛盾纠纷化解工作。

此外，丹灶镇积极推动矛盾纠纷多元化解平台搭建工作，设立了专门的信访纠纷调解工作室、诉前调解工作室、个人调解工作室。其一，在镇综治信访维稳中心接访大厅设立信访纠纷调解工作室，由镇矛盾纠纷调解中心安排专职调解员联合综治办聘请的律师开展访前甄别、疏导、分流工作，做好访调对接工作，引导人民群众依法理性有序反映问题。其二，在丹灶镇法庭设立诉前调解工作室，由镇矛盾纠纷调解中心安排 2 名专职调解员常驻办公，做好纠纷当事人诉前、开庭审理前、庭审辩论期间的调解劝导工作，劝导当事人慎用诉权，争取纠纷当事人用调解方式化解纷争，最大限度地将矛盾纠纷化解在诉前。其三，丹灶镇以东联社区为试点，建立“老乡贤”个人调解工作室，邀请有丰富基层工作经验的或热心人民调解事业的村乡贤担任工作室的专职调解员，一方面协助村(居)人民调解组织深入村(社区)排查、化解矛盾纠纷，做到“大事化小，小事化无”，对需要其他部门协调处理的纠纷苗头，及时报告相关职能部门；一方面为村(居)群众提供咨询意见，讲解有关法律法规和国家政策，引导他们依法、理性地表达诉求，维护自身的合法权益。

为落实资金保障推动社会矛盾纠纷多元化解工作顺利开展，丹灶镇政府增设纠纷多元化解工作专项经费，为矛盾纠纷多元化解工作的顺利开展提供有力保障。在确保运行经费足额列入财政预算的基础上，丹灶镇对各社会力量、调解团队和调解员参与社会矛盾纠纷多元化解工作实施“以案定补”，依据矛盾纠纷性质、化解难易程度、社会影响、工作质量等要素，分为简易案件补贴、一般个案补贴、重大个案补贴、表彰补贴等 4 种补贴形式，每个案件可补贴 100 元至 800 元不等，充分调动各方力量参与调解工作的积极性、确保工作实效。

(四)九江镇的实践

九江镇党委政府高度重视矛盾纠纷多元化解工作，党委“一把手”切实履行推进法治建设第一责任人职责，牵头成立九江镇社会矛盾纠纷多元化解工作领导小组，全镇上下坚持“一盘棋”思想，确保“工作有人抓、问题有人管、责任有人担”，制定了《九江镇关于构建共建共治共享的社会矛盾纠纷多元化解工作机制的意见》，明确职责分工，落实主体责任，着力构建便民法治、协调联动、程序衔接、多元高效的矛盾纠纷化解机制，并建立了定期汇报机制，由镇党委会定期召开专题部署会议，听取全镇推进情况，各村(居)、镇有关部门责任人定期听取本村(居)、本单位矛盾纠纷多元化解工作推进情况，研究解决存在问题。

九江司法所在镇党委、政府和区司法局的支持和帮助下，坚持创新发展“枫桥经验”，不断完善和丰富社会矛盾纠纷多元化解工作体系，着力打造新时代共建共治共享的社会治理格局。为确保责任压实到位，建立健全了相应的工作制度。一是健全矛盾纠纷滚动排查机制。坚持“定期和集中排查相结合”原则，各村(居)每半月一次、各部门每月一次排查收集矛盾纠纷信息，在特殊时间节点开展集中排查，分类登记、汇总建档。二是推行矛盾纠纷研判分析制度。建立矛盾纠纷排查调处协调会议制度，对收集的社会矛盾纠纷信息定期分析研判、总结矛盾纠纷规律，不断调整社会矛盾纠纷多元化解工作方向，提高工作时效。三是加强矛盾纠纷调处联动机制。对各村(居)、各部门调处不了的跨区域、跨行业、跨部门或疑难复杂和重大矛盾纠纷，由镇矛盾纠纷调解中心组织调解专家及相关职能部门及时调处，形成上下联动的工作格局，防止矛盾激化。四是落实多元化解工作督导考评制度。镇社会矛盾纠纷多元化解工作领导小组设立督导考评制度，由镇矛盾纠纷调解中心负责实施，并根据考评成绩对相关部门和个人予以奖惩。

为确保调解力量到位，九江司法所组建了一支专门人才队伍。一是依托镇矛盾纠纷调解中心成立调解专家库。九江镇人民调解委员会在党政机关、村(居)退休干部、律师、行业专家、商会会员、乡贤、老党员、老模范中挑选了一批专业人才聘任为专家调解员，充分利用专业力量推动矛盾纠纷多元化解工作大步向前。二是在各村(居)配强矛盾纠纷多元化解队伍。将村(居)书记、治保主任、专职调解员、驻村(社区)律师纳入村(居)调解委员会，充实村(居)人民调解员队伍，帮助深入群众、了解社情民意，排查矛盾纠纷线索隐患，共同做好化解工作。三是在镇矛盾纠纷调解中心设立镇级专职调解员和片区调解员。除增聘专职调解员专职负责矛盾纠纷多元化解工作外，还通过购买服务的形式，增聘片区调解员，统一在镇矛盾纠纷调解中心集中办公，大大增强了镇、村(居)两级调解力量的联动。

为确保重点场所防控到位，九江司法所引入了社会组织参与矛盾纠纷多元化解工作。一是设立访前法律工作室。派驻值班律师进驻工作室，开展访前甄别、疏导、分流工作，进一步实现诉访分离、逐级走访。协助推进阳光信访、责任信访、法治信访建设，推动化解信访积案难案以及矛盾纠纷，提高信访听证、评议工作公信力。二是设立劳动纠纷、治安纠纷调解工作室。购买律师事务所服务，长期派驻法律工作者，为来访群众提供优质法律咨询服务，并引导群众通过法定程序，理性表达利益诉求、依靠法律手段解决纠纷、运用法律武器维护自身合法权益，营造和谐稳定的社会环境。

为确保各项经费保障到位，在镇财政较为紧张的情况下，仍增设了矛盾纠纷多元化解工作专项经费，并从 2019 年起，每年预算投入专项经费约 180 万元，以最大的力度落实人员、法律服务、办公等各项经费，为该项工作的开展提供了坚强的保障。同时，建立了“固定补贴+以案定补”机制，根据矛盾纠纷的不同性质、化解难易程度等因素，将化解的个案进行分类，分为一般个案、重大个案等，对每个案件给予 100 元至 10000 元不等的补贴，充分调动了各方力量参与调解工作的积极性。

（五）大沥镇的实践

大沥司法所着眼社会矛盾化解，积极介入，大力加强人民调解工作，认真权衡各方利益，分析双方矛盾诉求，以化解矛盾纠纷、构建和谐社会为目标，建立有机衔接、协调联动、高效便捷的矛盾纠纷多元化解机制，扭住源头预防化解，突出矛盾攻坚破难，最大限度减少不和谐因素，努力把矛盾纠纷化解在基层，化解在萌芽状态，保障全镇人民安居乐业，社会安定有序。

首先，充实调解组织及调解人员，构建大调解工作机制，积极参与调解工作。通过充实镇妇女儿童权益纠纷人民调解委员会，化解涉妇女权益纠纷，在黄岐社区民警中队筹备成立社区民警中队调解室，在大沥人社分局成立劳动争议纠纷调解室，成立了大沥镇矛盾纠纷调解中心分类处理矛盾纠纷，设立大沥镇调解专家库，聘请多名专业人士担任调解专家。通过购买第三方机构服务的方式，组建了一支片区专职调解员队伍，分片负责全镇辖区内的调解工作，深化一村（居）一专职调解员工作。积极参与了“11・20”火灾事故的善后处理工作、黄岐西铁时尚城开发商与返租户矛盾纠纷、雅瑶绿洲物业矛盾纠纷等一系列重大案件的调解工作。

其次，深化人民调解排查机制，健全矛盾纠纷预防和快速反应体系。大沥镇充分发挥以社区为主体的基层人民调解组织的作用，每月均开展两次纠纷排查工作，将排查出来的矛盾纠纷进行分类，落实专人跟进解决，做到早发现、早处理、早解决，及时调解涉及村务管理、土地承包流转、征地拆迁补偿、股权权益等热点纠纷的调解工作，切实做到提前介入、定期排查、积极化解。

再次，聘请社会执业律师成立律师顾问团，参与大沥镇信访案件的调解工作。同时根据案件的数量、调处难度等情况，给予每年一定的顾问费用。引入律师顾问团参与调解，特别是对一部分信访积案的调解，可以增强调解案件处理过程中的公信力，赢得当事人的信赖，有效地缓解当事人的对立情绪，为矛盾调处工作创造有利条件，从而引导当事人通过理性的、法律的方式在法律的框架内解决矛盾纠纷。镇调解委员会将人民调解与律师进村(居)活动结合起来，以律师进村(居)工作为依托，深入开展法宣、调解、法援、法律服务等中心工作。自开展律师进村(居)参与直联工作以来，挂钩律师纳入了驻点团队，加大了律师参与解决基层信访和矛盾纠纷的力度，为律师真正融入村居创造了更好的途径。挂钩律师参与直联活动，与镇街驻点团队紧密配合，通过走访联系村(居)、解答法律咨询、调处纠纷、开展普法宣传活动、审查村规民约、代写诉讼文书、代理诉讼和非诉讼事务等方式服务于村居建设，为我镇法治村(居)建设和社会平安稳定做出贡献。村居组织对挂钩律师的表现评价较高，律师参与直联工作受到村(居)民众的欢迎和充分肯定。

最后，重视提升调解员业务能力和落实人民调解激励机制。民间纠纷的化解一直是保稳定、促和谐最重要、最基础的工作，人民调解员扮演了维护社会稳定的重要角色，大沥镇司法所每年均组织辖区内人民调解员开展不少于两次的业务培训，积极探索和创新人民调解业务培训的方式和内容。同时，根据市局的文件要求，大沥镇司法所出台了《大沥镇人民调解“以案定补”实施办法》，完善相关补贴标准并提高补贴金额，依据矛盾纠纷性质、化解难易程度、社会影响、工作质量等要素，分为简易民间纠纷、一般民间纠纷、较复杂纠纷案件、重大疑难纠纷案件等 4 种补贴形式，每个案件可补贴 100 元至 1000 元不等，充分调动各方力量参与调解工作的积极性、确保工作实效。

(六)狮山镇的实践

狮山司法所立足本地实际，坚持以化解基层矛盾纠纷为工作根本出发点，学习借鉴“枫桥经验”构建共建共治共享的社会矛盾纠纷多元化解工作机制，指导全镇各级人民调解委员会开展人民调解工作。通过多措并举，夯实基层人民调解力量将全面推进构建共建共治共享的社会矛盾纠纷多元化解工作机制真正落到实处，推动人民调解工作向更加精细化、专业化的方向发展。

首先，建立大调解工作机制。狮山司法所依托狮山镇综治信访维稳中心这一平台，设立狮山镇矛盾纠纷调解中心，联合多个相关职能部门，统筹镇级人民调解工作，努力实现“调访一体化”工作机制。同时建立全镇矛盾纠纷人民调解统一受理平台，实现司法调解、行政调解、人民调解、行业调解一体受理，多部门联动的新型人民调解方式，为人民群众解决矛盾纠纷提供一站式服务。

其次，在矛盾纠纷多发领域设立相关调解室。狮山镇访前律师工作室2018年全年为群众提供法律咨询服务300人次，帮助当事人法律代书30份。鼓励资深调解员设立个人调解工作室，率先在南海区成立陈平功个人调解工作室，自2018年8月31日陈平功个人调解工作室成立至12月31日，成功调解各类案件共70宗，其中劳动争议32宗，损害赔偿18宗，债务纠纷7宗，合同纠纷3宗，婚姻家庭2宗，其他8宗，在当地形成了良好的人民调解品牌效应，丰富了基层人民调解工作方式方法，取得了良好的社会治理成效。

再次，全面增强人民调解力量。狮山司法所为了将多元化解矛盾工作机制下移落实到最基层，一方面积极创建政府调解智库，以相关职能部门的中层业务骨干为主要力量，同时吸收政府法律顾问充当调解专家库的“智囊团”，在日常矛盾纠纷多元化解工作中为各个部门提供专业的法律支持；另一方面，在全镇72个村(居)选聘专职调解员落实一村(居)一专职调解员工作制度，并在矛盾纠纷多发领域选任专职人民调解员，在辖区内11个社区民警中队选工作人员专职负责治安案件矛盾纠纷调处工作；在6个人社分局工作站点选任工作人员专职负责劳资矛盾纠纷调处工作；同时，通过落实“以案定补”方案充分调动基层人民调解员参与人民调解案件的积极性，2018年全年完成“以案定补”案件总数490件，发放补贴20余万元，调解案件成功率达98.7%，实现了全方位多角度处理各类矛盾纠纷，极大地提升了基层解决各类矛盾纠纷效率。

(七)里水镇的实践

里水镇党委政府高度重视预防和化解社会矛盾纠纷工作，切实负起领导责任，把构建社会矛盾纠纷多元化解机制纳入年度核心工作进行谋划，为推动构建共建共治共享的社会矛盾纠纷多元化解工作体系出台了《关于构建共建共治共享的社会矛盾纠纷多元化解工作机制的意见》，挂牌成立了镇矛盾纠纷调解中心，召开部门及村(居)关于社会矛盾纠纷多元化解机制工作的推进会议，成立里水镇社会矛盾纠纷多元化解工作领导小组，将各村(居)和相关办局纳入其中开展工作。为建设社会矛盾纠纷多元化解长效机制，里水镇坚持属地管理、分级负责，谁主管、谁负责的原则，大力推行矛盾纠纷研判分析制度，每周开展一次例会，对收集的社会矛盾纠纷信息定期进行分析研判、总结矛盾纠纷规律，不断调整社会矛盾纠纷多元化解工作方向，提高工作实效。同时，重视健全矛盾纠纷滚动排查机制，坚持定期和集中排查相结合原则，各村(居)每半月一次、各部门每月一次排查收集矛盾纠纷信息，在特殊时间节点开展集中排查，全年对涉农、涉土、涉劳资纠纷等九个领域开展专项治理。此外，为落实资金保障推动社会矛盾纠纷多元化解工作顺利开展，里水镇政府通过了专项调解经费，其中包括购买第三方人员服务经费、司法所新场地建设经费、弱电智能化工程费用、办公家具、办公设备、以案定奖等经费，为矛盾纠纷多元化解工作的顺利开展提供了有力保障。

为充实预防和化解矛盾纠纷力量，里水镇组建了一支精干人员组成的人民调解员队伍。一是在镇矛盾纠纷调解中心设立镇调解中心专职调解员和片区专职调解员。通过向第三方购买服务，聘用了镇调解中心专职调解员及片区专职调解员，管理镇、村(居)矛盾纠纷预防和化解工作，里水镇38个村(居)共划分成五大片区，每2名片区调解员负责管理一大片区。镇级专职调解员和片区调解员在镇矛盾纠纷调解中心集中办公，大大增强镇、村(居)两级调解力量。二是依托镇矛盾纠纷调解中心成立调解专家库。里水镇人民调解委员会在党政机关、村(居)退休干部及律师、行业专家、商会会员、乡贤、老党员、老模范中挑选专业人才聘任为专家调解员，充分利用专业力量推动矛盾纠纷多元化解工作大步向前。三是在各村(居)配强矛盾纠纷多元化解队伍。将村(居)书记、其他两委干部、专职调解员、驻村(社区)律师、经济社社长纳入村(居)调解委员会，充实村(居)人民调解员队伍，同时发动村居热心调解工作的人员，加入调解志愿者队伍，组建了村(居)调解志愿者队伍，共同深入群众，了解社情民意，排查发现矛盾纠纷线索隐患，做好基层的矛盾纠纷化解工作。

为应对矛盾纠纷多发领域的化解难题，里水镇积极探索推进有机衔接、协调联动的多元化纠纷解决机制，建立专业调解组织，搭建调解工作平台，不断延伸社会矛盾纠纷化解触角。其一，在镇综治信访维稳办接访大厅设立访前法律工作室，由律师事务所派出律师、律师助理进驻综治中心参与信访工作。其二，分别在里水人社分局、里水甘蕉派出所民警中队、里水洲村派出所民警中队设立劳动纠纷、治安纠纷调解工作室，通过购买第三方机构的人员驻点提供调解服务，为来访群众提供优质法律咨询服务，引导群众依法理性表达诉求、通过法定程序表达诉求、依靠法律手段解决纠纷、运用法律武器维护自身合法权益，营造和谐稳定的社会环境。

为防止群众之间矛盾纠纷激化升级，里水镇司法所注重加强矛盾纠纷调处联动机制，对各村(居)、各部门难以调解的跨区域、跨行业、跨部门或疑难复杂和重大矛盾纠纷，由镇调解中心组织相关职能部门及属地村(居)及时调处，形成上下联动的工作格局。特别是在调处复杂疑难的矛盾纠纷中，怎样发挥好部门及村(居)的调解力量、形成联动机制是调解得以成功的关键。比如 2018 年 7 月，里水镇某公司发生一起爆燃事故，造成 2 名员工死亡。20 多名死者的家属赶过来处理相关的死亡赔偿事宜，如果处理不慎的话，极有可能造成上访事件。里水镇迅速启动调解的联动机制，由主责部门安监局迅速派人进行事件的原因调查，同时属地村委会逢涌村人民调解委员会积极介入调解，并联动司法所、人社分局、信访办、派出所、安监局等部门组成调解小组，组织涉事企业及 2 名死者的家属进行调解。逢涌村调解主任主持调解，在安排好死者家属食宿的基础上，开展赔偿数目的协商工作。最终经过三天的调处，顺利达成了调解协议，圆满地化解了该起纠纷。

第四章
创建"熟人社区"夯实基层社会治理基础

市域治理体系和治理能力现代化是国家治理体系和治理能力现代化的重要组成部分。推进市域社会治理现代化，必须从多元共建、有效共治、社会共享等方面着手，力争在社会治理重点领域、薄弱环节取得突破性进展。发挥党建引领作用，完善社会治理体系，必须立足市域特点，夯实基层基础。习近平总书记指出，加强党的基层建设、巩固党的执政基础是贯穿社会治理和基层建设的一条主线。我国国家治理体系的一个优势就是把城乡社区基础筑牢。社区是基层社会治理体系的基本单元，要加强社区党组织建设，强化党组织的政治功能和组织功能，更好地发挥基层党组织在社区治理中的领导作用，充分发挥党员先锋模范作用。要把更多资源下沉到社区来，夯实基层基础力量，加强信息化建设，提高应急反应能力和管理服务水平，夯实城市治理基层基础。新时代坚持党建引领基层社会治理创新，就要以领导、协调和包容的理念推进基层党建与社会治理的融合发展，以提升组织动员力为重点，突出政治功能，把基层党组织建设成领导基层治理、团结动员群众、推动改革发展的战斗堡垒。全面提升基层党组织融入群众的能力，教育群众、服务群众、组织群众，以扎实的群众工作推动社会治理再上新台阶。佛山市南海区充分发挥"党总揽全局、协调各方"的政治优势，以党建促业务的同时，吸纳多元主体参与城乡社区治理，以营造“熟人社区”的方式探索源头治理模式，创新社会治理的形式，提升基层党建与社区治理共识，推动党建引领社会治理的结构功能创新、组织体系创新、体制机制创新和方式方法创新，形成社会治理的强大合力。

第一节 “熟人社区”是现代社区建设的理想形态

人是天生的政治动物。古希腊政治思想家亚里士多德认为，习惯过有组织的生活是人的本性。[①] 从政治社会学的角度来看，家庭是城邦的基本单元，国家是由若干社区组成的政治共同体。社区是社会有机体的最基本形式，是宏观社会的缩影，社区形态是抽象国家的现实反映和形象体现。社会则是由若干社会群体或社会组织聚集在某一领域所形成的生活上相互关联的共同体，具有较强的集体性和复杂的个体性。社会治理必须立足社会本质，才能实现治理有效的根本目标。西方近代政治思想家认为，社会契约是人类社会摆脱自然状态进入文明社会的基础，这是近代国家治理的思想基础。“熟人社区”不仅具有重要的秩序特征，而且依靠社会资本支撑具有稳定性。

一、“熟人社会”具有重要的秩序特征

随着经济自由发展，现代城市兴起，人类社会进入了以城市生活为主的实践阶段。现代城市与古代自然社会截然不同。相较以血缘和家族关系自然聚集的社会而言，现代城市是市场经济发展的产物，是功利主义的社群居所，自由主义、个人主义思想盛行，自然的社会关系逐渐被市场主义的商品关系所取代，具有功利主义特点。德国社会学家格奥尔格·齐美尔

---

① ［古希腊］亚里士多德：《政治学》，吴寿彭译，商务印书馆1965年版，第3页。

(Georg Simmel)将其概括为“社会原子化”特点，并称之为现代“城市病”。他认为，社会是一个有效互动的过程，即有特定意识的个体间互动过程。人们发明货币是为了生活便利与商业交易，结果却衍生出新的、高度匿名化的现代生活，这就使传统社会一去不复返了，“社会原子化”是现代城市的基本特征。齐美尔的理论有效解释了18世纪以来欧洲现代城市生活的变化，个人虽然从宗教和金钱崇拜中脱离出来，获得了人身自由，但是，进入19世纪后，随着工业社会到来，社会分工进一步细化，人们更加追求独特性——另一种特别的自由，即人的价值载体不再存在于个体中的“普遍人性”，而是人的“独一无二性”与“不可替代性”。换言之，社会分工和商品交换促进了人的个体特性和竞争意识，因此，城市居民生活长期处于紧张、刺激和持续不断的变化中，这导致社区居民逐渐缺乏激情、过分理智、高度专业化，以及人与人之间原子化。[①] 汉娜·阿伦特(Hannah Arendt)、吉登斯(Anthony Giddens)、涂尔干(Émile Durkheim)等政治社会学家相继解释了社会原子化与法西斯暴政和社会整合危机的关系，他们普遍认为，社会原子化是在单位社会变迁过程中社会联结状态发生变化的过程，具体表现为个体之间联系弱化、个人与公共组织疏离，由此导致个人与国家关系疏远、道德失范等一系列社会问题。

社会原子化理论合理解释了现代社会公共性缺失，以及新型城市社区治理的困境：由于社会参与不足，公民之间大多表现出冷漠、淡薄的社会道德倾向，尤其是现代新型城市社区，由于过度商业化，居民之间“陌生化”程度更甚，彼此疏离，互不联系，社区内没有公共空间，没有公共生活。这与以血缘、家族为纽带的中国传统农村“熟人社会”完全不同。熟人社会是指基于血缘和地缘而形成的地域型生活生产共同体，该共同体具有明确且清晰的地理边界和生活边界。在这个稳固的生产生活空间中，村民之间的社会关系因人情、面子、礼俗而高度关联，因此村民的人际关系维

---

① 郭治谦、康永征：《“城市精神问题”是“城市病”的应有之义——齐美尔〈大城市与精神生活〉述评》，《城市发展研究》2015年第8期，第80—85页。

系是一个自然而然的过程。[1] 从这个意义上说，传统农村“熟人社会”虽有诸多“人情”痼疾，相对于原子化社会却是一种更理想的社会状态，“守望相助”“睦邻友好”，有利于社会和谐稳定，不易引发社会撕裂。

从历史进程来看，“熟人社会”是社会发展的必经阶段，它受制于相对落后的生产方式和传统社会人际交往手段，这是特定历史阶段的必然产物。客观来说，在封建制度下的小农社会，“熟人社会”具有一定的贬义色彩，在某种意义上是对“圈子文化”的认同。但是，自古以来“熟人社会”就是中国政治思想家对理想社会的美好设想，符合传统中国“大同社会”的理想模式。《孟子·滕文公上》描述为：乡田同井，出入相友，守望相助，疾病相扶持，则百姓亲睦。这是一种友善互助的善治社会组织形式，百姓之间守望相助，亲睦友善。《孟子·梁惠王上》进一步论证说：“老吾老，以及人之老；幼吾幼，以及人之幼，天下可运于掌”。意思是说，只要邻里亲睦，彼此友爱，天下就可“大同”，实现“善治”。但是，在中国政治社会变迁过程中，“天下大同”的政治理想始终未能如愿，它只是政治思想家的政治愿景，是中国社会治理的思想动力之源。

20 世纪 40 年代，《乡土中国》出版，引发了关于中国传统社会治理的社会学讨论。著名社会学家费孝通立足田野调查资料，解释了中国社会是典型的乡土社会，广大农村是建立在血缘、宗族基础上的“熟人社会”，而所有人都跟农村有千丝万缕的联系。但是，在乡土熟人社会里，农业生产是乡土社会的基础，村民以土地为中心，围绕农业活动长期生活在相对稳定的、地方的、不流动的乡土社会关系之中。[2] 在这种社会经验累积的文化中，乡土社会形成了差序格局、私人关系的累积、人伦的社会结构。[3] 费孝通先生用实证主义的方法描述了中国社会的“乡土性”，而且肯定了

① 费孝通：《乡土中国· 生育制度》，北京：北京大学出版社，1998 年，第 6—11 页。

② 郭明：《虚拟型熟人社会：一个新乡村社会形态》，《探索与争鸣》2022 年第 2 期，第 95 页。

③ 费孝通：《乡土中国》，上海人民出版社 2007 年版，第 2、48—50 页。

"熟人社会"在基层社会治理中的"秩序特征"，认可这种稳定的社会秩序价值。在传统乡村社会向现代社会演进过程中，熟人社会的运行逻辑逐渐被现代的社会分工、商品交换所稀释、解构抑或重塑，进而演化为"陌生人社会"。但是，乡村社会形态的转型并不是从"熟人社会"向"陌生人社会"的单一线性发展过程，而是二者之间存在着不同的乡村社会形态[①]。客观来说，"熟人社会"与"陌生人社会"是两种截然不同的社会存在，这属于类型学的概念范畴，承认二者差异并非否定"熟人社会"存在的合理性。只不过，"熟人社会"集中强调的是人的关系网络而不是法的原则，在这一关系圈子里，责、权、利的界线较为模糊，在公共事务中存在论资排辈、任人唯亲、徇私舞弊等不符合法治原则的事情。但是，随着新型城市化的进行，广大农村已经远离了"熟人社会"，这些"人"在"外面的世界"就可更肆无忌惮地见利忘义。[②] 这是社会转型的阵痛，也是基层社会治理的堵点，更是有效治理的难点。

二、"熟人社会"是依靠社会资本支撑的稳定秩序

法律是国家治理或政府治理的工具，并不完全适用于社会治理范畴，一旦适用于社会治理领域，则存在一定的效度问题。换言之，社会治理不同于国家治理，更需要"软法"或地域性社会规则加以规制。在农村，"村里"和"宗族"都可以成为判断"自己人""圈子人"的标准，通过互送人情的交往形式来达成共识，目的是将已有的"关系"延续和强化下去，使村庄具有人情味，并通过人情往来凝结成一个紧密的伦理与功能共同体，满足人们社会性、伦理性和功能性的需求。[③]

---

① 郭明：《虚拟型熟人社会：一个新乡村社会形态》，《探索与争鸣》2022 年第 2 期，第 96 页。

② 吴重庆：《从熟人社会到"无主体熟人社会"》，《党政干部参考》2011 年第 2 期，第 25—26 页。

③ 杨华：《陌生的熟人：理解 21 世纪乡土中国》，广西师范大学出版社 2021 年版，第 27 页。

政治社会学者布尔迪厄(Pierre Bourdieu)、帕特南(Robert D. Putnam)用“社会资本”解释社交网络在公民参与中的价值。在复杂的社会网络中，社会资本有效推动社会关系良性互动，关系即资本，具有特定社会价值。帕特南认为，一个地区具有共同的历史背景和独特的文化环境，人们容易相互熟知，并成为一个关系密切的社区，组成紧密的社会参与网络，通过各种方式对破坏人们信任关系的人或行为进行惩罚而得到加强。这种社区公民精神及其参与社区共同体活动体现的价值就是社会资本。① 也就是说，社会资本泛指对社区生产能力有影响的人们之间所构成的一系列横向联系，包括信任、合作、责任感等“公民约束网络”和社会准则。其核心观点是：关系网络、活动准则具有重要的经济和政治价值，社会资本的主要价值是促进了社会成员利益协调与合作，并以此为基础建立彼此的关系与信任。

然而，城市化进程打破了传统社会的稳定结构。工业化促进了社会分工细化，商品化则强化了陌生人之间的货币联系，传统的熟人社会被迫市场化。总体看来，西方社会在19世纪末到20世纪初基本实现城市化，中国传统社会则在20世纪90年代初开始大规模城市化进程。工业化、城镇化彻底摧毁了农村熟人社会的基础，广大农村成为“空心村”。由于传统的户籍制度长期存在，“城里人”“农村人”身份壁垒仍然存在，大量农村人口拥入城市社区，成为城市社区常住的流动人口，加剧了陌生化程度，社区治理的难度无形增加。毋庸置疑，快速城市化加剧了社区原子化，共同体脆弱性增长蕴藏着特定的社会风险，加大了城市社区治理难度。②

市域治理现代化的本质是重构社区社会资本，构建社区活动网络，强

① ［美］帕特南：《使民主运转起来》，王列译，南昌：江西人民出版社2001年版，第187、188页。

② 胡小君：《从分散治理到协同治理：社区治理多元主体及其关系构建》，《江汉论坛》2016年第4期，第41—48页。

化社区居民的信任与合作关系，推动社区睦邻友好，守望互助。中国城市化进程的差异性体现为南北差异和东西部地区的差异化，以及城市社区治理的类型化差异，换言之，发达地区的城市社区“原子化”程度更高，社会资本要素更为稀缺，因为社区成员结构更为复杂，不仅有本地居民城市化的过程，而且融入更多外来务工人口的新市民化过程。从这个意义上看，发达地区城市社区建设过程是社会资本要素重构的过程，是社区职能重构、治理模式重构的复杂过程，涉及户口、住房、交通、医疗、教育等方面的社会保障和政策变革，推动社区实现平等尊重、利益融合、相互依存、合作共赢。[①] 也就是说，由于经济和社会的发展，单纯的社区服务功能已经难以适应新时期城市社区发展需要，只有全方位地开展社区建设，才能保证城市社会经济稳定健康的发展。而且，随着信息技术发展，社区服务功能不断地向纵深扩展，社区建设中的社区工作应延伸到社区居民家中，让所有家庭共享社区工作者提供的服务。同时，信息技术重构了村民之间的关联方式，传统乡村的地理边界因信息技术的发展而打破，横跨城市与乡村的虚拟社区逐渐出现，重新建构了村民之间的内在关联，唤醒村民之间的舆论约束，激发村民之间的互帮互助精神，以及传承乡村社会记忆等。[②] 这也成为关系型资本参与社会治理的时代特征，为虚拟型熟人社会发展打上了互联网时代的印记。

社区建设是服务型政府建设的内在需要。现代城市实行“两级政府、三级管理、四级网格”的治理模式[③]，这是中国城市治理的既定模式。在城市管理体制中，权责利相统一的原则体现了政府面向基层、面向社区居民的服务理念。但是，如何进行社区重构建设，实现组织职能再造，强化社

---

① 魏华颖、岳鑫：《人才特区“社区合伙人”治理模式探析》，《领导科学》2021 年第 20 期，第 122—124 页。

② 郭明：《虚拟型熟人社会：一个新乡村社会形态》，《探索与争鸣》2022 年第 2 期，第 104 页。

③ 两级政府指市政府和区政府；三级管理指市、区、街道(乡镇)；四级网格指市、区、街道(乡镇)、社区(村)四级网格化治理。

区职能，切实实现“小机构，大服务”，使政府工作更加贴近居民的生活，这是现代社区建设的重点，也是政府治理和社会治理的共同落脚点，是“夯实基层和基础”的关键所在。

让社会资本嵌入社区生活全过程，是现代社区文明建设和法治文化建设的双重需要。城市的基础在社区，社区建设的目标就是创建文明社区和法治社区，社区管理体制改革则是城市治理体系和治理能力现代化的承接主体。只有坚持以社区为载体，以群众为中心，才能把社区文明建设落到实处，才能使社区居民的文明素质持续提高，从而推动社会主义精神文明建设再上一个台阶。

总之，社区建设就是要推动社会资本全方位融入社区，构建以社区为空间载体的“熟人社会”，聚集关系型资本要素，全面推动基层社会治理多元主体下沉社区，全面提升基层群众的获得感、幸福感和安全感，有效提升基层社区治理的合法性，提升党组织在基层社区的治理权威。关系型社会资本是指人、群体之间的一种紧密联系，隐形存在于社会结构之中，表现为社会规范、信任、道德、价值观以及社会网络，通过人们之间的合作提高社会治理效率和社会整合程度。[①]“熟人社会”中关系型社会资本是通过长期社会往来、互利合作、历史传统、风俗习惯等多种原因形成的。因此，基层社会治理共同体是基于信任、互利以及集体合作而建立的参与型社会共同体。但是，在现代城市化进程中，社区化打破了传统熟人社会的内在逻辑，社区原子化的程度高，基本是“陌生人社会”。相较熟人社区而言，以陌生人社会为基层的城市，基层社区治理难度大，居民委员会原有的管理方式很难适应形势发展的需要，现代化水平较低。因此加强社区教育，提高社区居民素质，促进社会成员科学参与社会治理，推动社会文明进步显得尤为紧迫。

---

① 唐任伍、孟娜、刘洋：《关系型社会资本：“新乡贤”对乡村振兴战略实施的推动》，《治理现代化研究》2021年第1期，第36—43页。

第二节　转型中的"南海"与"创熟探索"

佛山市南海区是改革开放的前沿，长期处于制度探索与转型的前沿，受各种思想冲击较大。南海地区经济社会发展得益于集体土地的"溢价收益"，据统计，2019 年全区股份分红总额为 53.45 亿元，人均分红 6462 元，股份分红占农村居民人均纯收入的比例高达 22.41%。换言之，农村集体土地增值占当地居民总收入的五分之一，这是南海区不同于其他地区的根本特征。城市化发展带来的治理困境，需要通过"创熟探索"予以破解。

一、南海区农村社会治理体制的演变

外来资金与集体土地有机结合是南海经济活力之源。改革开放初期，各种资本涌向珠江三角洲地区，农村地区最早开始接受市场经济的观念，办企业、开工厂的工业化热潮迅速蔓延，呈现出"家家点火、户户冒烟"的繁荣局面。这也引发了土地市场化需求与所有权制度间的矛盾，此后土地改革和农村管理成为南海区社会治理的中心工作。概括来看，改革开放 40 多年来，南海区进行了农村社会治理体制的三次改革：一是在不改变集体土地性质的前提下，将农民承包的土地使用权入股，组建起集体经济组织，村集体在土地上"种房子"开发房地产获得收益，农民则依据股份享受分红；二是围绕股份制改革、土地运营及其利益分配进行了股权固化到人，明确股权收益个人化，以人为中心的土地股权；三是集体土地股份固化到户改革，推动以户为单位的股权改革。

南海区集体土地股份制改革的指导思想是理顺农村党组织、自治组织和经济组织三者关系，重构社会治理主体关系，稳步推进农村社会治理朝

着科学、规范和精准化的方向发展。改革开放40年来，南海区农村党支部、村委会、经联社三大基层组织经历了三次较大规模综合改革："政经合一"(1992—2011)、"政经分离"(2011—2019)和"一肩挑"(2019年至今)。当前，南海区农村社区党支部、村委会、经联社社长由一人兼任，俗称"三合一"，强化了党支部的核心领导作用。改革目的是全面化解户籍人口迁移带来的集体土地收益分配矛盾，建强村(社)级党组织和村民自治组织，建立起以土地经营及其利益分配为主要工作内容，以村民自治为基础的集体经济组织、村党组织和村民自治组织。建立起职责清晰、分工合理、执行有序的农村社会管理体制。制度层面的改革有效推动了基层社会治理适应社会发展的时代要求，及时化解了围绕经济发展所引发的社会风险，实现了基层稳定，有效推动了社会发展。

但是，农村管理不同于城市社区治理，南海区快速城市化带来了大量的高频流动人口，农村城市化、农民市民化，这是地方政府管理面临的新挑战。同时，地方政府对新型城市社区治理尚处于探索阶段，存在转型时期的制度架构、管理体制与城市治理不匹配的问题，尤其是户籍居民与高频流动人口融入社区生活的公共性问题，成为制约城市社区治理有效的关键因素，现有的制度架构和管理体制已无法适应城市社区治理的时代需求，必须做出相应调整和改革。

二、南海区独特的城市化路径和社区治理困境

南海区是发达地区城市化的典型代表。改革开放以来，南海区独特的工业化和城市化模式走出了一条让农民以土地入股参与工业化和城市化，以乡村繁荣为基础实现城乡共同发展转型的改革之路，即"农业南海—工业南海—城市南海"的发展模式。

广佛同城和粤港澳大湾区建设是南海区发展的战略基础。2008年，国务院正式提出广(州)佛(山)同城发展的战略，以广佛同城、粤港澳大湾区建设为代表的(跨)区域合作进入新阶段。国务院关于《珠江三角洲地区改

革发展规划纲要(2008—2020)》将广佛同城化上升为国家战略，2009 年，广州、佛山签署同城化建设合作协议，南海区成为广佛同城先行区，开启广佛同城建设实质性步伐。2017 年 7 月，国家发改委正式发布《深化粤港澳合作推进大湾区建设框架协议》，“粤港澳大湾区”概念正式提出，粤港澳三地共同将粤港澳大湾区建设成为更具活力的经济区、宜居宜业宜游的优质生活圈和内地与港澳深度合作的示范区，打造国际一流湾区和世界级城市群。南海区既是广佛都市圈空间发展的“后院”，承接产业转型和人口流动，也是粤港澳大湾区空间发展的“前厅”，是区域经济社会增长的动力和源泉，迅速成为广佛大都市区的一部分。基础设施开始互联互通，广州居民逐渐到南海投资兴业，人口在两地之间频繁流动，因生活成本较低，很多湾区居民更愿意到南海区定居。

广佛同城和粤港澳大湾区建设为南海区带来了机遇和挑战。国家区域战略规划一方面为南海区带来新的发展机遇，客观上要求重新规划空间，服务于国家战略的统一规划；另一方面，也为其带来新的管理挑战，尤其是社会治理领域的全新挑战。地方政府必然在城市管理体制、公共政策供给和运行机制上做出回应，回应快速城市化以及两个大城市间人口高频流动带来的公共治理问题。

城市的迅猛发展导致城市社区群体呈现出高度集聚性、流动性和异质性。新的社会分化随之而来，中国社会也相应出现了新的群体以及群体间矛盾，这被称为“新时期人民内部矛盾”。[①] 截至 2019 年年底，南海区流动人口达 224 万人，占常住人口的 74.08%，有 35.5%的广州人在南海区居住，每天往返广州与佛山之间。南海区房管部门统计，已有 70 余万“广佛候鸟”安家南海，开启“双城”生活模式。首先，城市快速发展和广佛同城化带来城市间人口的高频流动。其次，经济发展吸引了大量外地人口，导致南海区的人口结构发生变化，居住空间呈现不同特点，进而引起社区类

① 房宁：《当代中国社会结构的政治“病理学”研究》，《文化纵横》2022 年第 8 期，第 74—80 页。

型的差异。快速城市化有利于提升市民生活水平，提高综合收入，但是，城市发展和产业竞争也意味着新市民群体持续分化，农村人口向城市集聚的过程是生存技能的综合竞争，人口高频流动意味着压力加大，城市社区人口的陌生化和原子化程度增加，消弱了社区居民之间的信任，弱化了居民的社区认同感和公共参与意识。南海区具有“人口倒挂”的典型特点，外来劳动力超过本区户籍人口，占比达到 57.69%。人口结构复杂，可分为本地人、外地人、外国人、常住者、暂住者、职住分离者、产业工人、创业者与管理者、技术创新人才等不同类型，受教育水平也参差不齐，不同类型的人群在社区生活中所关注的公共议题也不同，社会诉求、社区参与方式也不尽相同。短时期内，不同类型的人口高度集中于城市社区给社区公共服务供给提出了更高、更细的要求，对于城市资源的需求和匹配带来了全新挑战。尤其值得注意的是，进入南海社区生活的外地打工村民，这部分村民进入城市化社会，交往对象相对集中，与城市社会陷入了融入与隔离、亲密与紧张并存的尴尬境地。

总之，广佛同城和粤港澳大湾区建设等国家战略规划给南海区域经济社会治理带来了机遇，也提出了挑战。长期以来，南海区基于农村土地增益模式来解决农村社区管理问题，区域城市化则是一种全新的城市发展模式，这就要求地方政府及时研究城市社区建设新议题，直面城市化进程的区域特点和治理方式，改变渐进式城市化的管理思维，创新现代城市社区治理模式。南海城市社区建设因快速城市化，人口高频流动而导致城市公共服务需求多样化。不同社区、不同群体、不同诉求导致政府公共服务供给的解决途径和方式差异化。只有改变陌生人社会模式，重构社区“熟人社会”形态，才能解决多元需求的内在差异性，通过社区自身建设提升社区公共产品供给模式，将社区定义为一个空间共同体，将居住在社区的不同类型人口整合为稳定、亲善、活力的生活共同体，才能有效化解多元需求差异化的矛盾，形成共建共治共享的社会共同体。

三、创建“熟人社区”：“两邻理论”的南海践行

国家的基础在基层，基层的关键在基础。基层的基础愈厚实、愈稳固，国家大厦愈牢靠、愈坚韧。党的十八大以来，习近平总书记高瞻远瞩，推进全面从严治党向基层延伸，扎实做好抓基层强基础的工作，不断夯实党的执政根基。基层既是产生利益冲突和社会矛盾的源头，也是协调利益关系和疏导社会矛盾的“茬口”。早在2006年，时任中共浙江省委书记的习近平同志就在《求是》杂志发表了长篇文章，明确指出：“构建社会主义和谐社会，重心在基层。基层是社会的细胞，是构建和谐社会的基础。基础不牢，地动山摇。打牢基层基础，既是构建和谐社会的重要内容，也是有序推进和谐社会建设的重要保障，意义十分重大。”①

基层是国家体系的细胞，基层治理体系现代化是国家治理体系现代化的重要组成部分。中国基层总体可分为城市和乡村两个不同的领域，但是，从人口聚居地区来看，城市社区治理面对的问题更加复杂，治理的难度和要求也更高。因此，2018年4月26日，习近平总书记在武汉青和居社区考察时指出：“社区是基层基础，只有基础坚固，国家大厦才能稳固。”2022年6月28日，习近平总书记在武汉东湖高新区左岭街道智苑社区视察时进一步指出：“夯实城市治理基层基础。”从新型城镇化建设的意义来看，现代城市社区治理是重中之重，能否实现社区治理体系和治理能力现代化关系到国家治理体系现代化的基础是否牢靠。它不仅关系到基层本身，更要承受国家大厦之重，决定着国家治理的方向和未来。所以，习近平总书记多次强调，要坚持和发展“枫桥经验”，要夯实城市治理基层基础，筑牢城乡社区基础，加强基层党建工作，把全面从严治党向基层延伸。

“两邻理论”是新时代的“枫桥经验”，是新时代城市社区治理的成功探

① 习近平：《加强基层基础工作　夯实社会和谐之基》，《求是》杂志2006年第21期，第22—24页。

索。2013 年 8 月 30 日，习近平总书记考察沈阳市沈河区滨河街道多福社区时指出：“社区建设光靠钱不行，要与邻为善、以邻为伴。”2021 年 6 月 7 日，习近平总书记在青海考察，听取了西宁市城西区文亭巷社区加强基层党建、完善基层治理、推动民族团结进步的工作汇报时指出：要发扬各族人民手拉手、心连心的优良传统，以“创建民族团结进步示范社区”为抓手，不断加强社区思想政治工作，在办好一件件老百姓操心事、烦心事中提升群众获得感、幸福感、安全感，让各族群众像石榴籽一样紧紧地抱在一起，努力把社区建设成为民族团结进步的主阵地。这是新时代“枫桥经验”在多民族社区的传承与发展，也是习近平总书记“两邻思想”在少数民族聚居区开花结果的生动体现。

在习近平新时代中国特色社会主义思想体系中，“两邻理论”是指导社区治理、构建邻里关系的重要内容，是新时代的“枫桥经验”。“两邻理论”的核心是与邻为善、以邻为伴，是中国传统和谐、友善思想的时代呈现，它将城乡社区看作新时代基层社会治理单元，是中国优秀传统文化的创造性转化、创新性发展。“两邻理论”的关注焦点是构建新时代社区生活中人与人之间的和谐关系，要求居民在社区生活中要互动互信互爱互助、共商共建共治共享。与邻为善强调在社区范围内的道德教化与文明传承，将社会主义核心价值观中的友善、和谐贯彻于社区邻里之间，内化于情感，从而营造充满温情的邻里氛围；以邻为伴则强调在社区居民之间形成密切的互动关系，把居民组织、动员起来，激活居民社区参与的内生动力，激活社区治理的内在要素。“两邻理论”本质上是关系型社会资本在城乡社区建设实践中的升华，本质上是将城乡社区改造为现代“熟人社区”。创建“熟人社区”就是要将陌生人变成“熟人”，将他们日常生活中遇到的各类矛盾纠纷，化解在社区内部，真正实现小事不出社区。因此，创建“熟人社区”是“两邻理论”的时代要求，是新时代的“枫桥经验”。坚持党建引领社区治理，创建“熟人社区”是新时代建立新型和谐人际关系，减少矛盾纠纷，有效预防矛盾纠纷的需要。

南海区桂城街道是在中国基层社会治理中探索“熟人社区”建设的先驱。2011 年，国务院出台《关于加强和创新社会管理的意见》，《意见》指出，社会管理与我国国情和社会主义制度总体上是适应的，经过长期探索和实践，我国建立了社会管理工作领导体系，构建了社会管理组织网络，制定了社会管理基本法律法规，初步形成党委领导、政府负责、社会协同、公众参与的社会管理格局。根据这个《意见》，桂城街道 2011 年 8 月首次提出创建“熟人社区”工作（简称“创熟”），并由街道党工委统筹推进在街道社区管理处专门成立“创熟”课题组负责此项社区治理创新工作。2019 年创建了“苏志敏‘创熟’调解工作室”，探索创建“熟人社区”化解矛盾纠纷的经验，旨在搭建以“街道课题组（调解指导员）—社区创熟团队（调解专员）—街坊志愿互助会及自治小组、楼长队伍、社团骨干、党员骨干（调解员）”为主要力量的三级小区调解组织。南海区创建熟人社区的本质是探索如何在陌生人构成的城市社区培育“关系型社会资本”，推动基层社会治理体系实现现代化。关系型社会资本对人与人之间紧密关联的客观描述和肯定，能够强化以社会规范、信任、道德、价值观为基础形成的社会网络，有利于提高社会治理效率和社会整合程度。“桂城创熟”是一种自觉探索，是地方政府建立健全新型城市化过程中社区治理模式的使命担当。在经过十年“创熟”的基础上，南海区总结“桂城创熟”的经验做法，于 2021 年 5 月 14 日出台《佛山市南海区创建“熟人社区”三年行动计划（2021—2023 年）》，全区推广“桂城创熟”的做法，开启了全面建设“熟人社区”的新探索、新征程。

第三节 “南海创熟”：从“桂城探索”到“全域创建”

一、项目制治理的实践

针对南海区快速城市化和人口高频流动所带来的治理困境，南海区历届党委政府都勇担责任，踔厉改革应对挑战。2006年，中共中央十六届六中全会通过了《中共中央关于构建社会主义和谐社会若干重大问题的决定》，提出了完善社会管理，保持社会安定有序；激发社会活力，增进社会团结和睦的和谐社会建设的总要求。

为贯彻中央十六届六中全会精神，南海区着力建设区域和谐社会的改革尝试。2008年起南海区委区政府借鉴香港经验，采用公共服务外包方式，全面引用“社工服务模式”化解基层社会治理难题。南桂社区中心是南海区引进的港式社区服务中心，从场地设计、功能布置、设备配置都借鉴香港社区治理的经验，承担民政救济、残疾人、荣军、退伍军人、卫生、妇女、居家养老、消防、安全生产、治安、青少年教育、司法、调解、信访、党务、统计、殡改、资料归档、社区文体活动、各类型知识讲座及突击性检查等20多项服务功能。2009年，南海区在全省首创“公助民办”福利机构建设模式，采用公开招投标的方法，引入社会资金5500万元建设福利中心二期工程，并尝试向社会组织购买服务完善居家养老和社会保障。同年，积极改革社会管理，重构道德体系，广泛开展“关爱桂城”公益项目，以“爱己及人，助人乐己”为宗旨，以关爱服务项目为载体，助推市域治理现代化。截至2021年，“关爱桂城”以购买服务项目方式累计投入1.3亿元。仅2021年就投入1324万元，购买58个关爱服务项目，覆盖社区社会服务、社区矫正、心理援助等 9 大领域。[①] 2012 年南海区社会工作委员会成立，设立“南海区社会建设创新奖励专项资金”，制定《社会建设创新奖励专项资金管理办法》，鼓励社会资金参与社会治理。这种基于政企合同而运作的市场化、社会化公共服务方式，被称为“项目制治理”。项目制治理在社区矛盾调解、社区公共服务（心理咨询、社区矫正、社区教育）和文化领域逐渐铺展，并不断形成项目化运作、市场化运营、社会化参与的服务模式。

项目制治理有三个显性特征：一是临时性。一般来说，任何一个项目都是一种临时性任务，都有明确的开始和结束时间，具有阶段性特征。二是边界性。每个项目都是针对特定社会问题而设立的，有明确的目标导向和考核体系。只要项目目标清晰、执行有力、考核完备，相应的社会问题就可以一一得到解决。三是外生性。项目实施过程是引入第三方力量，通过市场和社会激励机制激活体制外资源参与社会治理，这一模式具有外部性的典型特点。

从运营结果来看，项目制治理具有专项治理的特点，这也决定了这一模式难以持续。项目制治理的成效在于短期内培育了一批社工队伍，动员了社区治理的群众参与，推动社区公共服务供给体制逐渐改善，但是，并未从社区内生制度方面加以改善，项目制与基层治理需求不匹配的问题始终存在。总之，项目制是地方政府通过服务外包或购买方式引入外部资源，悬浮于现有体制架构内，始终难以融入体制。从国家治理体系现代化的要求来看，项目制模糊了制度边界，项目内容终非制度安排所需。[②] 实践证明，南海区推广项目制的领域主要集中在政府购买公共服务、培养社会组织和社工队伍建设等社工服务方面。项目制本质上无法充分利用、盘

---

① 李冬冬：《传承十余年关爱初心社工力量让城市变得更加温情》，《珠江时报》2022 年 1 月 15 日。

② 史普原：《项目制治理的边界变迁与异质性——四个农业农村项目的多案例比较》，《社会学研究》2019 年第 5 期，第 69—93 页。

活和统筹社区内部资源，难以整合体制内的资源和力量，具有潜在参与性、灵活性的体制内资源被长期闲置，尤其是基层党组织的整合、动员几乎被排斥在项目运行之外，社区居民的群体合力也被长期忽略，难以从根本上盘活社区治理资源，有效提升社会治理水平。

二、“桂城创熟”的实践

桂城街道地处南海东部，是南海区中心城区，东接广州、西邻禅城，南部与顺德、番禺接壤，总面积 84.16 平方公里，管理服务人口约 100 万人，其中户籍人口约 34.6 万人。现辖 45 个社区，其中城市社区 23 个，农村社区 22 个，经联社 22 个，经济社 105 个。截至 2020 年，全街道基层党组织 618 个，登记党员数量 12960 名。桂城农村集体经济组织总收入 20.57 亿元，纯收入 16.93 亿元，各集体经济组织具有分配资格的成员(股东)共计 108869 人，实际人均分红 10955 元。2020 年完成地区生产总值 655.95 亿元，增长 3.8%，增速排名南海区第一。全社会固定资产投资 459.39 亿元，增长 56.78%，稳占南海区榜首，实现税收 162.36 亿元，总量位居佛山市 32 个镇街的第一位。

2011 年 8 月以来，桂城街道以“创熟”为切口，化解社区个人原子化、公共生活碎片化、治理水平低效引发的社区内矛盾，重建社区公共生活，推动社区共同体建设，探索社会资本缺失所引发的社会矛盾纠纷的源头治理问题。总结“桂城创熟”的 12 年探索，具体可归纳为三个方面：一是坚持党建引领，夯实基层党组织的战斗堡垒作用；二是坚持统筹资源下沉社区，积极回应社区居民诉求；三是坚持和发展“枫桥经验”，推动社会矛盾纠纷实现源头治理。

坚持党建引领社区党组织建设是当代社区建设的重要内容。在“创熟”工作中，桂城始终坚持党建全方位引领“创熟”全过程，将党建作为基层社会治理的重中之重。始终坚持走群众路线，以党群共建为基础，发挥党在社区治理过程中的核心领导作用，发挥社区先进党员模范带头作用，带动社区居民广泛参与社区治理。截至2020年1月，桂城街道共设置17个小区党建阵地，共有62个小区党支部参与小区治理，打造“红色业主委员会”2个。为居民打造家门口的新时代红色文明实践中心，把社区党建工作下沉到小区，打通城市基层党建“神经末梢”，做到党员和群众走到哪里，党旗就插到哪里，阵地就延伸到哪里。“桂城创熟”围绕党建引领的做法主要归结为以下三个方面：

首先，基层党建网格化，实现党建网格与基层社会化治理网格合二为一。打造“街道—社区—小区”三级党建网格，让组织建在网格上、党员融入群众。在小区设置党建阵地，建立户联系党小组，以户联系党小组为基层治理的基础单元，统筹和调动所有基层治理资源。在小区设立党建服务中心，全面推广区域党群联席会议制度，23个城市社区党群服务中心和党建服务中心基本形成融合发展，具有党建阵地和服务中心融合发展的特点，“跟党走，一起创熟”，是南海区基层社会基层治理的动员令，是基层党建带动社会力量参与治理的生动写照。

其次，积极打造红色业委会，构建以小区为“微治理”单元的党群服务阵地。明确党员是社区服务的主导队伍，鼓励党员“亮身份”，彰显“党员+”效应，构建党员+业主委员会、党员+街坊会、党员+物业、党员+楼长、党员+社会组织等以党员为基础队伍的社区微治理服务团队。挖掘培养党建力量，组建党员先锋队、党群志愿服务队(“红马甲”桂城党员志愿者)嵌入社区一起“创熟”。这样小区业委会便成为微治理平台，汇聚了一批以党员为核心的创熟中坚力量，推动创熟工作不断走向深入。

再次，推动机关党员向社区报到，建立“一报到两认领”双管理制度。“桂城创熟”积极探索多种基层党员进社区服务模式，干部驻点直联制、“一报到两认领”双管理构成“户联系党小组”机制的核心制度。户联系党小组是“桂城创熟”的社区党建机制。机关干部下沉到社区，报到后编入党建网格，成立户联系党小组，认领联系对象和服务岗位，通过建立微信群，让每一户居民找到自己的身份归属，利用新媒体方式建立多样化“熟人社会”。[①] 下沉机关干部接受村(社区)党组织和所在党委的管理，每年到社区报到不少于2次，加入社区微信群，关注社情民意，主要任务是化解基层矛盾，解决群众诉求难题，工作情况纳入单位党员量化积分管理、选拔任用、民主评议党员等工作。

坚持统筹资源下沉社区，积极回应社区居民诉求，这是“桂城创熟”集中力量建社区，让社区成为公共服务阵地的基础和保障。2018年10月24日，习总书记在深圳北站社区调研时指示：“要把更多资源服务、管理放到社区，为居民提供精准化、精细化服务，切实把群众大大小小的事办好，要坚持依靠居民，依法有序组织居民群众参与社区治理，实现人人参与、人人尽力，人人共享。”“熟人社会”的本质是实现基础性资源共享，推动美好生活共建，从而培育社区共同体意识，强化共同体精神。“桂城创熟”围绕统筹资源下沉社区的具体做法包括以下四个方面：

一是整合社会资源夯实“创熟”基础。社区资源整合是可持续发展的基础，这是提升社区治理效能，提高社会治理水平的物质保障。“桂城创熟”将社区建设所需的人、财、物有机结合在一起，服务于“创熟”工作，优化关系型社会资本在社区沉淀。利用辖区企业的资源优势，推动辖区企业提供社区服务、参与社区建设，鼓励房地产开发商以输入地产资源方式参与社区建设，为社区公共活动提供场地，优化社区公共生活环境，提升公共服务质量。例如，鹿璟村房地产开发有限公司免费为社区提供1480平方米社区用房。培育街坊志愿互助会(简称“街坊会”)，推动居委会、业委会、物业公司协同治理，完善协商共治格局。截至2020年1月，桂城街道共培育街坊会36个，发展街坊会成员823名(含党员212名)，社区党组织统筹—居委会主导—居民自组织协同—物管参与的社区治理体系在桂城逐步建立。依法扶持社会组织发展，培养“创熟同路人”，截至2017年10月，

① 曾一果：《由陌生人社会回归熟人社会：微信中的新圈子文化》，《探索与争鸣》2017年第7期，第49—52页。

桂城街道已完成登记的社会组织 12 个，备案团体 120 个，启动社区居民自主“创熟”项目基金 15 项。“社区+社会组织”队伍整合各种资源进小区，推动社区居民、物业服务企业、社工机构和志愿服务团队参与创熟工作，夯实政府主导、社会协同、全民参与的社区治理基础。

二是统筹用好“创熟队伍”推动社区治理主体多元化。“桂城创熟”的优势在于整合资源，固化三支队伍。以党员为主体的先锋队伍，深入社区一线担起领导示范的模范带头作用，这是“创熟”的团队核心群体，确保“创熟”工作的政治正确。以业主委员会和物业公司为自治主体是“创熟”主体。在南海区委区政府统一领导下，物业管理公司变成物业服务公司，让物业公司也成为小区治理的主体之一，通过“创熟”让物业增值。“创熟同路人”是社区治理的参与群体，有效促进本地、外来人口融合共建，推动新市民群体参与“志愿服务”。总之，“创熟”工作是社区建设的抓手，物业公司、街坊会、小区物业自管组织、业委会等多元主体汇聚起来，运用助人自助、适切服务的工作方法，邻里守望，自治共建“熟人社区”共同体。

三是健全制度推动实现“三治融合”。“桂城创熟”是多元主体参与、依法治理、协同治理的综合过程，实现了政府治理、社会自治和公民德治的有机融合。桂城街道办事处先后牵头制定并修订《社区居民公约》《楼长管理制度》《社区自治章程》《桂城街道社区管理处助推社区社会组织发展工作方案》《桂城街道社区自组织扶持发展资金管理办法》等相关制度，依法推动社区居民自治，规范社区公共服务资金管理，鼓励社区志愿服务，构建党员带精英、精英带义工、义工感化居民的社区治理参与机制，层层深入，夯实了“熟人社区”人力资源基础，确保社区公共事务有人管，党建引领方向，“三治融合”，助推小区实现善治。

四是文化助推“创熟活动”常态化、有效化。文化是社区治理的融合剂，“桂城创熟”以社区文化活动为载体，积极引领各类文体组织、志愿服务团队、大学生协会深入社区，举办社区美食节、好声音歌唱大赛、邻里节、社区学院、书香文化节等文化品牌，加强社区邻里日常生活的文化交流与分享，深化邻里感情，培植社区文化根基，营造社区归属感、认同感和主体感，实现了从居住单元到社区共同体的重塑。例如，书香文化建设是创建“熟人社区”的十大文化品牌之一，书香文化建设已在12个社区组成了14个志愿服务队伍，346名志愿者参与，开展了338场活动，服务近3万人次，有效推动社区文化生活，加速了社区文化融入进程。

“桂城创熟”的本质是坚持和发展“枫桥经验”，推动社会矛盾纠纷实现源头治理。党的十九大报告提出，社区治理的基本要求和总体目标是加强社区治理体系建设，推动社会治理重心向基层下移，发挥社会组织作用，实现政府治理和社会调节、居民自治良性互动。“形成有效的社会治理、良好的社会秩序，使人民获得感、幸福感、安全感更加充实、更有保障、更可持续”。桂城街道坚持塑造邻里情怀，创新社会治理，持续创建“熟人社区”，做好社区动员和组织建设，建强居民自治组织，让居民通过组织来传递理性、有效的声音①，营造矛盾纠纷多元化解的社会氛围，推动基层社会治理创新，实现源头治理、系统治理，避免“头痛医头脚痛医脚”。创建“熟人社区”是为了广泛发动人民群众参与治理，成为社区治理主体，“创熟”的关键是通过参与式活动，缩短居民之间的心理距离，“成人达己，达己为人”，将社区内生矛盾化解在小区，真正做到“小事不出社区，大事不出街道，矛盾不上交”。“桂城创熟”围绕这个目标做了以下三个方面的工作：

一是建立社区信息数据库，盘清社区治理的底数。针对南海区人口高频流动，管理难的问题，桂城街道明确“以房管人”，建立了佛山市南海区桂城街道社区信息管理系统，消解人口信息碎片化、管理条块化带来的社区人员陌生化问题。每个小区以房屋为基础单位，录入社区人口和住房信息，以人口数据管理为基础手段进行数据关联，实现社区—小区—楼宇—人口等相关信息通联，环环相扣，助力社区数据化管理。同时通过互联网

---

① 向德平等：《社区善治——桂城街道创建“熟人社区”的实践》，华中科技大学出版社2020年版，第123页。

发布建筑房屋、用工招聘、红白喜事等信息，形成互帮互助的"数字维系"。这不仅加强了人口信息、房屋信息、楼宇信息、商铺信息、出租屋信息、小区信息的管理，而且融合了政务管理、社区服务等功能，促使社会治理能够更加精准分析、精准服务、精准治理、精准监督、精准反馈，能更好地服务不同社会群体，有效地管理好公共事务，在社会治理方式上实现了创新。

二是倡导协商治理，通过建立公开透明有效机制，将矛盾纠纷化解在萌芽状态。以社区活动互动推动邻里互动，以文化助推邻里和谐，化解矛盾"以情动人"，将邻里矛盾纠纷化解于楼道内。推行"楼长制"，建立楼道微信群，把楼长作为推动小区治理的"关键人"，把公共议题发布在互联网平台上，方便社区居民就议题展开对话、讨论与协商，在综合考虑各方意见的情况下做出决定。推动基层社会治理公开透明，社区居民遇事先协商，推动小区议事民主化，决策科学化，服务精细化、精准化。自 2013 年开始桂城探索"楼长制"，以"楼长制"为基础，成立街坊志愿互助会，建立居民参与议事平台，推动业主委员会和物业服务公司之间协商共治，构建社区党组织牵头探索多方联席会议制度，形成了"多元共治"的治理体系，确保邻里矛盾纠纷就地解决。

三是建立健全矛盾纠纷多元参与调解机制，充分发挥人民调解在社区治理中的作用。桂城街道将人民调解作为创熟工作的重要工具，积极将人民调解纳入社会治理体系，创建桂城街道物业管理纠纷人民调解委员会——苏志敏"创熟"调解工作室，负责统筹创建"熟人社区"化解基层矛盾特色化发展。这是"桂城创熟"的创新实践，搭建起以"街道课题组（调解指导员）—社区创熟团队（调解专员）—街坊志愿互助会及自治小组、楼长、党员骨干、社团骨干（调解员）"为主要力量的三级小区调解架构，形成了多元参与的调解体系。工作室始终站在人民立场上想问题、做决策、办事情，从人民群众烦心事、揪心事抓起，多办暖人心、顺民意的实事好事，以创建"熟人社区"为目标，听党话、跟党走、感党恩，将社区治理风险化解于无形。截至2022年10月，创熟团队累计化解邻里矛盾1463宗、解决小区卫生问题1247个、协助破解治安案件185起、完成公共设施维护1839处、解决安全问题368个、破解停车难问题536起，真正实现了“小事不出社区、大事不出街道、矛盾不上交”。

三、“桂城创熟”的成效

“桂城创熟”是发达地区城市社区治理的积极探索和成功经验。“创熟”不仅促进了社区居民友情互助，包容互信，还凝聚了社区合力，形成应对突发事件的坚固堡垒。2020年新冠肺炎疫情暴发后，桂城共动员了36个街坊志愿互助会、828名小区党员、1333名楼长、73个文化社团、102家小区物业服务公司3673名员工参与抗击疫情，以“创熟”的力量构建起群防群治的社区防疫堡垒，成效显著。

“桂城创熟”的经验是将中国传统文化中的友善、互助、非诉、息争、和谐等价值观，植入城市化进程中的社区，内化为社区文化，作为破解中国基层社会治理复杂性难题的手段，取得显著的治理成效。客观来说，“创熟”需要运用多种方式，动员各方力量，难度较大。经过努力，赢得了社区群众的好评，“创熟同路人”越来越多，“创熟”已经成为成功的社会治理经验，受到各界的肯定。

桂城街道“创熟”工作尚在不断完善中，但是，“创熟”的创新理念、特色做法和成功经验已经初显成效。2015年8月，国家民政部《社区》杂志以《创熟，寻找社区共同体》为题，对桂城街道的“创熟”工作进行专题报道，首次在全国范围内引发关注。2015年8月27日，由国家民政部《乡镇论坛》杂志社组织的“2015年全国‘社区创熟、社区善治’的有效探索主题论坛”在佛山市召开并做全国推广。桂城街道“创熟”荣获2016年度广东省社区治理十大创新成果奖，2019年8月被中国法学会《人民法治》(总第64期)肯定为“枫桥经验”的南海践行。2019年12月，苏志敏“创熟”调解工作室被南海区委政法委肯定为在基层领域化解矛盾纠纷有突出贡献团队，被评为2019年度“南海区金牌和事团”。苏志敏受邀在区委政法委组织的“南海的‘枫桥经验’”论坛做经验分享，2020年被南海区委办(区府办)、区委宣传部、珠江时报社评为“2020南海影响力年度十大人物”。2020年12月，“创熟”调解工作室被国家司法部授予“全国模范人民调解委员会”荣誉称号，并且是当年广东省唯一获“国字号”荣誉的个人工作室；2021年12月，被评为“2021年佛山市优秀调解组织”。创建“熟人社区”宣讲会被评为“2021年佛山市终身学习品牌项目”。

四、“南海创熟”三年行动计划

“桂城创熟”的实践经验和成绩为“南海创熟”提供了宝贵经验。2021年5月，《佛山市南海区创建“熟人社区”三年行动计划(2021—2023年)》发布，全区范围内创建“熟人社区”，业已成为南海区基层社会治理体系和治理能力现代化的重要内容，“桂城创熟”经验由此推广到全区，经过试点后再扩大到70个农村社区。这是中国区域城市化社会治理的转型试验，意味着由过去的“头疼医头脚疼医脚”的项目治理转变为“熟人社会”的系统治理。

“南海创熟”的工作目标是用三年时间，继续完善、推广“桂城创熟”经验，全域创建“熟人社区”。2021年，桂城街道进一步深化城市社区“创熟”工作，探索向农村社区①延伸，选取3个农村社区开展试点，其他镇选取2—6个城市社区开展试点，建立健全“创熟”工作机制。2022年，全区城市社区全面开展“创熟”工作，培育一批“创熟”精品项目，将“创熟”打造为社会治理的品牌，有条件的镇(街道)进一步探索向农村社区开展“创熟”工作。到2023年，重点在非户籍常住人口集聚的农村社区开展“创熟”工作，不断优化提升“创熟”品牌。

“南海创熟”的目标是构建以“熟人社区”为基本治理单元的系统治理，实现源头治理，推动实现市域治理体系和治理能力现代化。完善社区党建

① 农村社区包括村改居社区和行政村。

阵地，增强党在社区的动员力和凝聚力，推动区域党建网格与社区自治网格融合共生。培育楼长、巷长、街长、自治小组、街坊志愿互助会等不断提质扩面，成为收集社情民意的重要阵地，发现问题、收集问题、研究问题、解决问题的重要渠道。引导社区社会组织、辖区企业、业委会、居民等各方主体主动参与社区治理，实现村(居)民议事厅全覆盖，形成居民事居民议的机制，推动多元主体协商共治。解决社区治理碎片化、社区氛围陌生化、个体原子化等社会问题，构建社会矛盾纠纷多元化解体系，创新基层矛盾纠纷化解机制，实现“小事不出村，大事不出镇，矛盾不上交，就地解纠纷”的基层治理新格局。

“南海创熟”三年行动计划实施后，“创熟”工作多点突破、多措并举，70 个社区同步创熟，把“零星盆景”变成“连片风景”。“南海创熟”开展以来，围绕社区“创熟”工作基本架构图(见下图)开展“熟人社区”活动，“创熟”工作实现新突破，呈现多点开花、亮点纷呈的新局面。

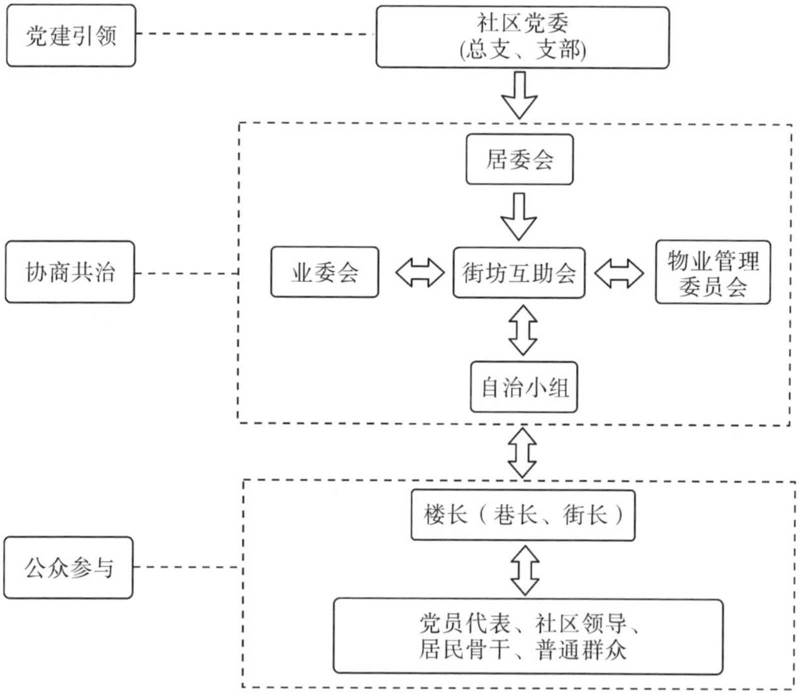

南海区社区“创熟”工作基本架构图

南海区在创建“熟人社区”过程中创新了社区治理的模式，对创建和谐文明社区有极大的催化作用，为社区矛盾纠纷化解、解决民生问题，实现了源头治理的功效。桂城街道“创熟”再深化，提出基层治理“十字工作法”，即搭建纵向建体系，横向调资源，服务到身边，矛盾自己解的工作机制。大沥镇沥雄社区集中打造“1+N”的10分钟党群服务圈，将党建工作延伸到各个小区，把党员骨干、居民代表、志愿者、社团领袖、退役军人五类重点人员培育成为社区治理生力军。里水镇金溪社区探索“红色业委会”+融和圆桌议事会制度，搭建了三级自治组织网络：一级为楼栋居民，二级由议事代表、党员、楼长、志愿者组成楼栋自治管理小组，三级为融和圆桌议事会。九江镇敦根社区采用“1258”机制助推农村社区“创熟”，即围绕四个“1”组建红色街坊会，采用“2”种机制实现双重功能，坚持“五治”融合形成治理合力，八大领域构建公共服务体系。丹灶镇金宁社区探索“文明实践+社区治理”新时代互助友好“熟人社区”，通过抓红心—建阵地—育骨干—促机制四步法，结合文明创建、文明实践、文明家庭以及志愿服务，有效助推丹灶镇“熟人社区”建设。狮山镇中塘社区建立起党员—楼长—居民社区管理体系，通过“楼长制”搭建了“友邻行动”自治平台，为居民提供互助服务，积极开展了游园会、节目表演等文娱活动，实现18个老旧小区全覆盖，促进了邻里居民之间的共建共治共享。总之，“南海创熟”虽然7个镇街做法不同，但“熟人社区”建设成效显著，把人民群众安居乐业的家园建设得更好，邻里有情，包容互信，让生活在这座城市的人们更加安心、舒心、暖心。

“南海创熟”的总目标是全域深化“创熟”工作，推动市域社区治理实现三个转变：一是坚持党建引领，强化基层党组织在社区建设中的核心领导作用，推动社区从碎片治理向集成治理转变，织密基层党组织网络，大力推广“红色业委会”“红色街坊会”建设，积极培育、打造“红色物业企业”，培养更多“创熟带头人”“创熟同路人”。二是强化多元参与，推动社区从单向治理向多元治理转变，全面推广楼长、巷长、街长“三长制”，拓展协商治理、民主议事平台，大力培育社区社会组织。三是加快基层治理资源下沉、公共服务下沉，推动社区从粗放治理向精细治理转变，及时回应公民合理诉求，及时解决社区居民的操心事、烦心事、揪心事，积极打造老人、儿童友好型社区，将社区建成人人有责、人人尽责、人人享有的现代和谐社区。

第四节 “创熟”：坚持和发展“枫桥经验”的南海实践

“枫桥经验”是坚持中国共产党领导的中国特色社会主义的国家治理经验，是基层社会治理的本土经验。在社会主义建设初期，浙江省枫桥镇的干部群众在社会主义教育运动中，创造了发动和依靠群众，坚持矛盾不上交，就地解决，实现捕人少，治安好的“枫桥经验”。历经社会主义革命和建设时期、改革开放和社会主义现代化建设新时期、中国特色社会主义新时代三个阶段的转型发展，“枫桥经验”历久弥新，始终是中国共产党坚持群众路线、坚持自我革命的宝贵经验，始终是中国特色社会主义基层社会治理实践持续创新的范例。习近平总书记强调：“各级党委和政府充分认识‘枫桥经验’的重大意义，发扬优良作风，适应时代要求，创新群众工作方法，善于运用法治思维和法治方式解决涉及群众切身利益的矛盾和问题，把‘枫桥经验’坚持好、发展好，把党的群众路线坚持好、贯彻好。”坚持和发展新时代“枫桥经验”被写入《中国共产党农村基层组织工作条例》、2019 年和 2020 年中央“一号文件”、2019 年国务院《政府工作报告》、党的十九届四中全会《决定》、五中全会《建议》、六中全会《决议》以及《中共中央国务院关于支持浙江高质量发展建设共同富裕示范区的意见》等党和国家重要政策文件。2021 年 11 月 11 日，《中共中央关于党的百年奋斗重大成就和历史经验的决议》正式发布。《决议》在第四项第八条中指出：“坚持和发展新时代‘枫桥经验’，坚持系统治理、依法治理、综合治理、源头治理，完善信访制度，健全社会矛盾纠纷多元预防调处化解综合机制，加强社会治安综合治理，开展扫黑除恶专项斗争，坚决惩治放纵、包庇黑恶势力甚至充当保护伞的党员干部，防范和打击暴力恐怖、新型网络犯罪、跨国犯罪。”这表明“枫桥经验”是坚持和完善中国特色社会主义制度，推进国家治理体系和治理能力现代化的有机组成部分，也成为党的百年奋斗重大成就和历史经验重要组成部分。

“南海创熟”是坚持党的领导，坚持党的群众路线，探索新型城市化背景下基层社会治理的实践经验。南海区抢抓广佛同城、大湾区建设等国家战略机遇，积极推进城乡社区统筹协调发展，破解城市化带来的城乡发展差距加大、城乡居民高频流动性、差异化程度增大所带来的基层社会治理难题。桂城街道在坚持相信群众，依靠群众，全心全意为人民服务的基础上，提出了创建“熟人社区”的工作思路，苏志敏“创熟”工作室通过党建引领，壮大“创熟同路人”队伍，积极探索多元化纠纷解决机制。历时 11 年，持之以恒“创熟”，探索了新型城市化进程中以“陌生人”为主体的社区建设的经验，做到“小事不出社区，大事不出街道，矛盾不上交，就地解决”。这是新时代“枫桥经验”在南海区的创新实践，对于发达地区城市社区治理，推动基层社会治理方式创新具有重要的借鉴意义。

“南海创熟”是新时代基层社会治理体系和治理能力现代化的探索和尝试，是新时代的“枫桥经验”，是习近平总书记“两邻理论”在佛山市南海区的实践创新，具体可概括为以下五个方面：

第一，创建“熟人社区”是新时代党的群众路线的南海践行。“南海创熟”始终坚持以人民为中心的发展思想，牢牢把握完善共建共治共享的社会治理格局的总要求，以增强人民群众获得感、幸福感、安全感为落脚点，让党的初心和使命在社区建设过程中得以体现，新时代干群关系在创熟过程中得以密切和巩固，中国共产党的城乡基层社区执政基础更为厚实，更为牢靠。

第二，创建“熟人社区”是新时代坚持党的领导在基层社区落地生根的创新举措，“南海创熟”以打造“红色业委会”“红色街坊会”“红色物业”为价值皈依，坚持党对社区治理的绝对领导，坚持党对基层社会治理的全过程全方位领导，构建起以社区党组织为核心、自治组织为基础、居民为主体、其他各类组织共同参与社区治理的共建共治共享的社会治理格局，增强了党在基层治理中的动员力和凝聚力，巩固了基层党组织在社区建设中的战斗堡垒作用，强化了党在基层社会建设中的领导权威，执政的合法性得到巩固和提升。

第三，创建“熟人社区”是充分全面依法治国理念的生动体现。“南海创熟”始终坚持“三治融合”，积极动员、组织“创熟同路人”，广泛动员群众一起“创熟”，参与社区治理，让居民群众担当治理的主角，切实提升社区自治能力，坚持依法保障基层公共服务进社区，不断优化社区公共服务体系，培育社区共同体精神，推动以社区为基本治理单元的社会治理体系和治理能力现代化建设。

第四，创建“熟人社区”是习近平“两邻理论”的最新实践经验。“南海创熟”始终以与邻为善、以邻为伴为价值，倡导和谐、友善的社区文化，将社区作为社会主义核心价值观的试验场，重构新时代社区生活中人与人之间的和谐关系，在社区生活中要互动互信互爱互助，在社区治理过程中坚持共商共建共治共享，营造充满温情的邻里氛围，将社会矛盾纠纷消灭在萌芽状态，是社会矛盾纠纷源头治理、系统治理、有效治理的时代探索。

第五，“南海创熟”是地方政府回应新时代城市化推动社区柔性化治理的实践探索。柔性化治理最早出现在2019年的政府工作报告中，新型城镇化要处处体现以人为核心，提高柔性化治理、精细化服务水平，让城市更加宜居，更具包容和人文关怀。柔性化治理是政府、社会组织和公众等治理主体，秉持以人为本、平等自主、公平正义的基本理念，采取理性沟通、协同合作等非强制性手段，共同解决城市生活中的公共事务。柔性化治理旨在构建一种多元参与、友好合作、协同共治的治理形态，参与者之间不再是单一向度关系，而是互利合作、平等协商的多元关系，各种交往行动也不再是命令服从，而是互利共赢。“南海创熟”是地方政府主导的社区柔性化治理模式，旨在以“熟人社区”创建方式，重构社区人际关系，推动公共事务治理方式柔性化，彰显现代城市社会治理的时代特征，让社区更有温度，城市更加温暖，社会更加和谐、稳定。

第五章
融合多方资源提高乡村治理水平——以儒溪村为例

乡村治理是乡村振兴和共同富裕的题中应有之义，如何提升其治理水平，既有国家治理共性问题，也有其特殊性一面。乡村社会蕴含着丰富的治理资源，要提高乡村治理能力和水平，首先要整合和用好各类资源，健全自治、法治、德治相结合的乡村治理体系。儒溪村坐落于南海区西樵山南麓，面积 9.6 平方公里，村内户籍人口 7200 多人，下辖 21 个经济社，有 241 名党员。2019 年，儒溪村被列为南海区乡村振兴精品示范村，乡村振兴建设风风火火。近年来，该村坚持党群合力汇聚各方资源的总体思路，有效整合了村内的党建资源、群众资源和文化资源，让儒溪村的治理能力和水平迈上了一个新的台阶，乡村振兴工作实现了良性循环。

第一节　有效整合乡村党建资源

实现乡村有效治理是乡村振兴的重要内容。推进乡村治理，必须坚持和加强党的集中统一领导，充分发挥党的基层组织的引领带动作用以及调节平衡作用。早些年，儒溪村人心较散、环境脏乱差、基层治理难度大。在抓牢党建引领这个“牛鼻子”、啃下乡村振兴中的“硬骨头”后，该村化身片片有公园、社社花齐放、家家乐安居的乐土，满足了群众对美好生活的向往。

一、牢牢坚持党建引领的基本方向

乡村振兴战略的实施需要沿着正确的方向进行，党建引领使乡村振兴的正确方向得以精准把握。坚持和加强党的全面领导是党的执政原则，党建引领乡村治理恰恰是坚持和加强党的全面领导的重要体现。[①] 乡村振兴的道路必然要沿着正确的方向前行，必然要始终坚持党的领导。儒溪村始终坚持通过党建引领以把握乡村振兴的正确方向，召开乡村振兴专题培训讲座，加强对新发展阶段乡村振兴战略的理解与把握。儒溪村抓好基层党建，强调党建引领乡村基层治理工作，广泛发动群众开展人居环境提升工作、垃圾分类工作，带领该村走上了建设美丽乡村的道路。

党建引领是乡村振兴战略落实与推进的重要保障，可以使乡村基层党组织整合碎片化的乡村社会，凝聚多种力量进行乡村振兴建设。[②] 乡村振兴是一项相对复杂且艰巨的系统工程，需要依靠多元主体汇聚多方资源经过共同努力才能够实现。乡村振兴需要依靠乡村基层党组织的领导与部署，乡村基层党组织的组织能力是实现乡村振兴战略的关键。[③] 坚持党建引领乡村振兴，提升乡村基层党组织的组织能力，凝聚多元主体贡献多方的建设力量，以建设产业兴旺、生态宜居、乡风文明、治理有效、生活富裕的美丽乡村。儒溪村通过党建引领乡村振兴，提升乡村基层队伍的治理能力。儒溪村举办“党建引领，启航乡村振兴”经济社党支部委员培训班，凝聚组织力量，率先推动组织振兴，为建设美丽儒溪而发挥乡村基层党组

---

① 于健慧：《党建引领乡村治理：理论逻辑及实现路径》，载《西北师大学报（社会科学版）》2022 年第 1 期，第 50—53 页。

② 张新文、郝永强：《党建引领乡村治理共同体建构的行动逻辑与实践路径》，载《学习论坛》2022 年第 2 期，第 93—100 页。

③ 夏银平、汪勇：《以农村基层党建引领乡村振兴：内生逻辑与提升路径》，载《理论视野》2021 年第 8 期，第 80—85 页。

织的领导能力。儒溪村成为乡村振兴战略的传达者、推动者与实施者，精准地传达党和国家的政策，使党的力量下沉到基层，凝聚多方力量一同进行乡村振兴建设，将乡村振兴的成果惠及村民。

二、筑牢三级党建网格助力乡村振兴

儒溪村通过织密三级党建网格，实现乡村基层党组织对乡村振兴建设工作的引领。村党委是一级网络，负责做好社会发展的“领航员”；经济社党支部是二级网络，做好维护群众利益的“护航员”；村民党小组是三级网络，做好倾听群众利益的“联络员”。

第一，加强三级党建网格的队伍建设。乡村振兴是一项艰巨且复杂的任务，基层党组织要做好自身建设，为乡村振兴的有序进行起到引领作用，贡献自己应尽的一份力量。基层党组织要加强自身队伍建设，吸纳更多高素质人才的加入，基层党组织成员呈阶梯化分布，包含各个年龄段的优秀人才，基层党组织成员之间分工明确、团结协作。儒溪村党委带领组织干部、经济社社长社委骨干、经济社党支部等，开展以“党建引领，启航乡村振兴”为主题的培训学习，加强儒溪村基层党组织的自身队伍建设，为乡村振兴工作注入活力。

第二，加强三级党建网格的组织能力建设。乡村基层党组织是乡村振兴工作的引领主体，是乡村振兴工作能否取得成功的关键所在。① 乡村基层党组织组织能力的强弱直接关乎乡村振兴工作的进展，其组织能力是乡村基层党组织组织建设的核心与关键。全面提升乡村基层党组织的组织能力，凝聚多方力量，投入到乡村振兴工作的建设中去。② 乡村基层党组织需要提升凝聚力、向心力和战斗力，积极发动党员干部、党员、广大人民

---

① 蔡文成：《基层党组织与乡村治理现代化：基于乡村振兴战略的分析》，载《理论与改革》2018 年第 3 期，第 62 页。

② 张龙、孔梦圆：《理论探索、制度创新与实践——以党建引领提高基层智力水平》，载《西北农林科技大学学报(社会科学版)》2021 年第 3 期，第 156—160 页。

群众、乡贤、社会各界人士，共同缔造美丽乡村，进行乡村振兴工作的建设。儒溪村党委坚持党建引领，组成四支志愿服务队投入到乡村治理的过程中，即党员志愿服务队、巾帼志愿服务队、青年志愿服务队以及家长志愿服务队。

第三，加强三级党建网格的服务能力建设。乡村基层党组织要着力于提升自身的服务意识与服务能力，将乡村振兴的成果惠及全体村民。乡村振兴工作的开展要贯彻人民立场，要始终坚持以人民为中心的发展思想。历史是由人民群众创造的，同样，人民群众也是乡村振兴工作的参与者、建设者与受益者。乡村振兴工作由人民共建，发展成果由人民共享。党的乡村振兴战略与人民的利益是一致的，归根到底是为了将乡村的制度优势转化为治理效能，其最终目的是服务于人民，由人民共享发展成果。① 儒溪村党委引领乡村振兴工作，始终坚持并凸显村民的主体性地位，不断提升服务意识与服务能力。儒溪村的基层党组织带领儒溪人民开展人居环境提升工作、建设儒溪乡村文化服务中心、举办水产养殖技术培训班、打造“美丽庭院，美丽巷道”“初心小院”“爱心菜园”等，在乡村振兴工作开展的过程中取得了丰硕的建设成果。

第四，加强三级党建网格的互动协作能力建设。三级党建网格并不是一个僵化的组织架构，而是基层党组织之间彼此协作与互动的整体。村党委要扮演好“领航员”的角色，组织多方力量投入到乡村振兴工作的建设中去。“领航员”始终要做好党的政策的传达工作，将党的力量深入到最基层，协调好乡村治理过程中各种错综复杂的利益关系，确保乡村振兴工作的有序进行。经济社党支部在乡村振兴中担任“护航员”的角色，支持村党委及经济社社长的工作，经济社骨干要身体力行，发挥好党员的先锋模范带头作用。村民党小组要做好倾听群众心声的“联络员”，合理表达人民群众的愿望和诉求。乡村振兴建设的顺利开展，离不开儒溪村三级党建网格

① 张海鹏、郜亮亮、闫坤：《乡村振兴战略思想的理论渊源、主要创新和实现路径》，载《中国农村经济》2018 年第 11 期，第 10—11 页。

的扎实建设。从党委会到经济社党支部，再到党员小组，三级党建网格的有效运转，迅速解决了人居环境提升问题。

一个看似细微的人居环境整治案例折射出三级党建网格的联动。2021年5月，槎谭经济社长兼经济社党支部书记主动向村党委反映，已初步开展人居环境整治的槎谭经济社，大街小巷上仍然遗留下很多群众舍不得扔掉的大头菜缸以及粽叶树，整治效果并不理想。对此，村党委马上联合经济社党支部，组织全村党员、社长、社委、代表和妇委迅速召开现场会。经过现场讨论研究，一致决定先由党员、代表、妇委带头清理好自家的大头菜缸和粽叶树，再贴出公告，通知村内所有家庭自行清理。整治过程中，党员们、代表们逐家逐户上门，表明态度，劝告村民听从指挥，统一行动。从村党委到经济社党支部，再到党员小组，三级党建网格的有效运转，迅速解决了这个人居环境问题。现在，槎谭的大街小巷豁然开朗，干净整洁。

三、夯实乡村振兴的基层党员队伍建设

党员是党和政府的宝贵财富，是乡村振兴工作建设中的“排头兵”。①儒溪村开展乡村振兴工作非常重视发挥党员的先锋模范带头作用，积极动员党员参与到儒溪村人居环境整治工作中来，取得了显著的效果。党员积极配合和支持儒溪村开展乡村振兴工作，他们身体力行、身先士卒，带头亮身份、树立党员形象，引导广大人民群众积极参与。乡村振兴建设不仅要重视发挥党员干部的先锋模范带头作用，同时也要动员无职党员参与到乡村振兴项目中来。② 儒溪村通过设立无职党员示范岗，让无职党员自觉认领，每天抽出一点时间，守护乡村振兴的成果。儒溪村开展以“牢记初

---

① 沈晓红：《加强农村党员队伍建设，助力乡村振兴战略》，载《安徽科技》2021年第8期，第27—29页。

② 陈松松：《发挥农村无职党员作用　助力“乡村振兴战略”实施》，载《中国领导科学》2017年第17期，第41—42页。

心使命，共建臻美儒溪”为主题的活动，从“我是党员从我做起”“筑牢三级党建网格”“不忘初心永葆党员本色”三个方面对乡村振兴工作进行部署与讲解，号召党员积极参与儒溪村的乡村振兴工作，为儒溪的发展建言献策，贡献自己的一份力量。

儒溪村还组织了一支党员志愿服务队，开展志愿服务活动，在乡村振兴建设中发挥着至关重要的作用。在劳动节期间，服务队举办以“发挥党员力量，助力乡村振兴”为主题的大型志愿活动，调动党员力量，推动儒溪的乡村振兴走上新的台阶。作为党员要有担当、敢作为，他们带头落实好环境卫生工作，积极配合儒溪村和经济社开展的人居环境整治提升工作，使儒溪村走好了推进乡村振兴战略的第一步，同时也是关键的一步。儒溪村组织党员志愿者还开展便民服务，为美丽庭院评比活动中获奖的美丽庭院落户上牌，组织参与献爱心、送春联、包粽子等多种形式的慰问探访活动，凝聚党心、民心，带动更多群众为乡村振兴贡献力量。

三级党建网格的有效运转，彰显了党组织在基层的核心地位，让党员干部主动履职，积极尽责，同时又让党的先锋作用辐射至群众，形成了“群众追着干部做”的良好局面。有两个案例体现了这种“心态变化”。2018年，西樵镇推进小型生活污水处理站建设，当时上级安排给儒溪村的任务是建设 2 座处理站，初定选址在立新和基边经济社。一开始，经济社都对污水处理这件新鲜事物不关心，不理解，不接受。之所以如此，是因为当时经济社有所顾虑，一是因为用地是没有征地款的；二是担心污水处理站的建设会给周边环境带来不良影响。为了消除经济社的疑虑，儒溪村党委主动带上这两个经济社的 9 个成员代表，到已经建好污水处理站的村(居)参观，去看看污水处理做好之后对环境的良好促进作用。村党委同时将解释说服工作交给经济社的党员代表，通过他们跟经济社的社长、社委和代表不断沟通，最终得到了全体成员代表的支持，两座污水处理站得以顺利建设，长达 4 公里的污水管网铺设亦基本完成。另一个例子更是体现了儒溪村民在建设家乡中的“主人翁”精神。儒溪老家村 70 多岁的退休老干部，看到村中祠堂面前的水泥空地与村内周边的古祠堂、古树木、碧水塘的水乡风貌不符，便主动提出捐献自家收藏的旧石板重修祠前空地。他还发动老家村民捐出旧石板，最终成功将水泥地修复为石板广场，恢复乡村古貌。

四、着力打造亲密良好的党群关系

人民群众是改革发展成果的创造者，同时也是改革发展成果的享有者。[①] 乡村振兴工作由人民群众共建，乡村振兴建设的工作成果也由人民群众共享。营造党群合力是乡村振兴战略能够加快推进与实施的关键环节与重要动力来源，基层党组织在做好自身建设和党建引领的基础上，着力打造亲密良好的党群关系，积极发动党员、广大人民群众参与到乡村治理以及乡村振兴工作中来，调动多方力量，共建臻美家园。[②] 儒溪村深入推进“不忘初心，牢记使命”的主题教育活动，组织开展“寒冬涌暖流，党情暖民心”慰问活动，温暖困难群众的心，拉近党员干部与困难群众的距离。儒溪村党组织开展“微愿望”探访、“七一”慰问、“重阳慰问”等多种形式的探访活动，关注并关爱弱势群体，尽心尽责为困难群众服务，始终秉持我党优良的服务意识与责任意识。党员志愿者在疫情防控期间主动请缨，加入值岗活动中，为人民群众的生命健康安全服务，树立了良好负责的党员形象，带动人民群众自觉遵守国家的防疫政策，有利于乡村文明风气的建设。

儒溪村党委织密三级党建网格，以村民党小组为单位，收集社情民意，了解群众所需，切实发挥好党员的带头作用，带动更多的群众加深对乡村振兴战略的认识与理解，并且积极参与共建美丽乡村的活动。为有效

---

① 吴易雄：《乡村全面振兴何以实现？——基于对“四大法宝”的理论与事件分析》，载《当代经济管理》2021年第11期，第46—52页。

② 潘传辉：《创新农村基层党建与推进乡村振兴战略》，载《人民论坛》2019年第8期，第40—41页。

推进环境治理工作，村中组建起党员志愿队、巾帼志愿队和青年志愿队 3 支骨干队伍；举办了“垃圾分类，绿满万家”“美丽庭院”“美丽巷道”“种养女能手”等活动，让党员和群众共同参与，共同缔造。儒溪村万众齐心推进环境治理，村庄变得干净整洁，村民亲身感受到环境变化给生活带来的好处，纷纷主动找到村党委，主动联名要求拆除整治一些影响环境和道路的破旧老房子，建成小广场或小公园，令村庄面貌焕然一新，乡村振兴战略令曾经贫穷落后的儒溪活起来了，“生态儒溪”建起来了。

党建引领乡村振兴是乡村振兴战略得以实现的必要前提，党建引领乡村振兴可以确保建设进程的正确方向，建设具有凝聚力、组织力、战斗力的乡村基层党组织，加快实施乡村振兴战略。儒溪村织密三级党建网格，并重视三级党建网格的联动功能，为乡村振兴夯实制度基础。儒溪村重视乡村基层党组织的建设，加强基层党员队伍建设，提升基层治理能力，开展党员志愿服务活动，树立良好的党员形象，发挥党员在乡村振兴中的模范带头作用。该村注重营造良好的党群关系，使乡村振兴结出累累硕果。

第二节　广泛凝聚群众智慧资源

西樵镇儒溪村近来成为南海区西部的一个“明星村”。该村倡导社会治理人人参与、人人尽责，搭建“榕树头”议事平台，引导村民积极、有序参与社区建设，培育了四支志愿骨干队伍，即党员志愿队、巾帼志愿队、青年志愿队和家长志愿队，充分凝聚辖区社会力量参与到乡村治理中。

一、重视广大农民的主体性地位

农民是乡村振兴建设的重要主体，乡村振兴工作的有序开展自然离不开农民这个重要主体。乡村振兴为农民，在党的领导下就需要由基层党组织带领农民去建设美丽家园。我们党和政府要使农民充分认识到自身在乡村振兴建设过程中的主体性地位，充分发挥其主体性作用，为乡村振兴建言献策，贡献人民群众的宝贵智慧。① 儒溪村开展以“乡村振兴”为重点的摊位活动，加强群众对雨污分流、美丽庭院、美丽巷道、生活垃圾分类等活动的认识，积极主动投入人居环境提升工作中，为建设绿色儒溪贡献自己的力量。儒溪村组织建设“共享小院”过程中动员村民充分参与，由村民自主决议，通过举行茶话会、举手、投票等形式尽可能多地收集村民的意见与建议，为儒溪村乡村振兴示范路建设添砖加瓦、增添色彩。

提升农民素养是乡村振兴建设的关键。乡村振兴建设需要充分发挥亿万农民的主体性作用，农民素养自然起到了关键性的作用。② 首先，提高农民的政治素养。人民群众能够深刻地理解和认识党和国家的乡村振兴战略，并深入到乡村治理工作过程中，这是至关重要的。人民群众是否能够积极主动地响应党和政府的乡村振兴战略，尽自己所能地为乡村振兴做贡献，这直接关乎乡村振兴战略能否早日实现。其次，提高农民的能力素养。乡村振兴工作的开展需要号召广大人民群众积极参与，这就需要农民具备与乡村振兴战略相匹配的工作能力。最后，还要提高农民的思想素养。乡村振兴工作成果是需要保持与维护的，农民是自己家园的天然维护者。农民较高的思想素养可以维持和保护乡村振兴的宝贵成果。

农民素养对乡村振兴建设至关重要，是乡村治理取得显著成效的关键。例如，儒溪村村民亲身感受到环境变化给自己带来的好处，主动要求进行人居环境提升工作，提议拆除和整治一些破旧房屋来建设小广场或者小公园，建设“生态儒溪”。一些群众捐献青砖修复花基，捐出保存几十年的历史旧物摆设于儒溪村史馆，不仅自己做好工作，而且还劝其他群众支持乡村振兴工作的开展。该村打造以“党建”为主题的初心小院，动员广大

① 蒲实、孙文营：《实施乡村振兴战略背景下乡村人才建设政策研究》，载《中国行政管理》2018年第11期，第92页。

② 周柏春：《乡村振兴的主体维度分析：以农民为视角的考察》，载《农村经济》2019年第9期，第25—26页。

人民群众参与到儒溪村人居环境整治工作中来，共同改善村民的居住环境，改善村民的生活品质，使儒溪村走上一条绿色可持续的发展道路。儒溪党委始终关注并支持儒溪村民开展黄骨鱼养殖活动，举办水产健康养殖技术培训班，提升村民水产品质量安全意识，打造“黄骨鱼之乡”的儒溪品牌。

二、发挥乡村振兴中的巾帼力量

妇女在乡村总人数中占有相当大的比重，发动广大农村妇女参与乡村振兴建设，既可以促进妇女自身的不断发展，又可以提高乡村振兴战略的质量和效果。① 儒溪村妇联紧紧围绕“党建带妇建，妇建促党建”的工作布局，发挥妇联在推进基层治理体系建设中的独特作用，为开创儒溪村高质量发展贡献巾帼力量。儒溪的进步和发展离不开巾帼力量的共同努力，充分发挥广大农村妇女在乡村美化中的重要作用，开展人居环境整治提升工作，共建生态宜居的臻美儒溪。发挥巾帼力量，带领妇女积极投身到乡村振兴示范村的建设中去，特别是在美丽生态环境建设和维护、文明乡风家风建设、种养产业发展兴旺等方面。要充分发挥广大农村妇女在促进乡村振兴中的独特作用，使广大农村妇女成为乡村振兴战略的实践者、推动者和受益者。

加强妇女队伍建设，提升参与基层治理的能力，需要积极组织开展巾帼志愿服务活动。儒溪村举办“三亮工程助力乡村振兴——儒溪村巾帼有为行动”，培养一支巾帼志愿服务队，创建一条人居环境示范路，举办一个大型美丽庭院评选活动，号召广大妇女积极参与其中，为儒溪的乡村振兴贡献巾帼力量。儒溪村妇联积极引领广大农村妇女参与人居环境整治提升工作，实施“巾帼志愿服务”行动。儒溪村巾帼干部以及妇女群众利用人居环境整治提升清理出的空地，打造出“爱心菜园”“爱心葵园”和用花草装

① 黄快生：《妇女参与乡村振兴：制度困境与政策选择》，载《社会科学家》2021 年第 4 期，第 126—132 页。

饰起来的乡村振兴示范路等。巾帼志愿者将爱心菜园的蔬菜、姜等分给孤寡老人，带动乡风文明的转变。儒溪村党委、妇联积极动员广大农村妇女参与乡村振兴建设，可以使农村妇女提升自身的能力，为建设美丽乡村贡献巾帼力量，从而获得幸福感、满足感和获得感。

三、牢牢把握乡村振兴的生力军——青少年

青少年是推动乡村振兴的重要关键力量，乡村振兴建设必须依靠青少年。习近平总书记提出“青年兴则国兴，青年强则国强”的思想。青年是推进和加快落实乡村振兴战略的重要力量，在乡村治理中发挥着重要的作用。① 青年是乡村振兴的重要人才资源，青年的培育以及对乡村的反哺是解决乡村治理问题的重要工作之一。儒溪村举办“推动乡村振兴，我为儒溪献策出力”座谈会，由儒溪村党委书记向大中学生介绍儒溪的过去与现在，激发青少年对儒溪美好未来的向往，激励他们以未来主人翁的身份，积极为儒溪乡村振兴建设贡献青年力量。儒溪青年协会配合儒溪村开展“美丽庭院”评比以及“乡村振兴新风尚，垃圾分类我做主”宣传等系列活动。充分发挥儒溪青年的作用，使儒溪青年成为乡村振兴建设的生力军。儒溪村举办“凝聚青年力量，助力乡村振兴”——2019 年青少年暑期活动成果汇报暨优秀学生表彰活动，这是儒溪村党建带团建所结出的累累硕果，将重要的乡村振兴活动交给团支部组织实施，为儒溪乡村振兴建设培养青年力量。

注重发挥青少年在乡村实践活动中的作用，激励青少年参与乡村振兴活动，对乡村能够得到有效治理具有持续性的重要意义。激励青年参与乡村振兴实践活动，使青少年滋生乡土情怀与主体意识，继而促使其产生建

---

① 曾冬霞：《青年反哺与回归：破解乡村振兴短板之道》，载《中国青年研究》2020 年第 8 期，第 83—88 页。

设家乡的责任感。[①] 儒溪村举办“认识儒溪，振兴乡村”的中小学生游览活动，让中小学生一边用眼睛观看儒溪的特色美景，了解儒溪的历史和故事，一边用心感受儒溪村在推进乡村振兴战略过程中所取得的成果，激发孩子们对儒溪的热爱，培养他们振兴儒溪的美好愿景。儒溪村党委领导举办垃圾分类游园活动，由儒溪青年协会负责策划和实施，积极发动村民参加活动，树立良好的垃圾分类观念，让村民了解“垃圾分类从我做起”的理念。儒溪村举行青少年篮球培训班，促使儒溪青年积极锻炼身体，磨炼坚强的意志，展现儒溪青少年的风采。儒溪村 2020 年暑期男子篮球赛顺利举办，活动表彰了优秀学生、参与暑期活动的儒溪青年协会会员以及青年志愿者等，打造儒溪的篮球品牌。

四、注重家庭对乡村振兴的示范作用

家庭是中国社会最基础的单位，家长的言行不仅是一种无形的力量，更是对孩子最直接、最经常的教育，家风建设推进乡风文明的发展。家庭是沟通个人与社会的重要桥梁与纽带，家长在家庭中扮演着重要的角色，对个人的行为乃至思想具有举足轻重的影响。[②] 儒溪村基层党组织积极发动家庭参与乡村振兴建设的活动，既可以丰富社会生活，又可以产生一种带动作用，形成良好的社会风气。儒溪村开展“廉洁、孝善好家风”亲子美食制作活动，四组亲子带着制作好的美食为长者送爱心，关爱村中的孤寡老人。儒溪村党委、儒溪村妇联和儒溪村团委联合开展“红色引擎”，创建“绿色家园”行动和“美丽巷道”创建活动，首次以参观打卡、分组讨论和宣传相结合，吸引亲子家庭参加，激发了村民主动参与人居环境整治、乡风文明建设的积极性和主动性。

---

① 罗敏：《青年参与乡村振兴的行动逻辑——基于 H 省 Z 市 1231 名青年的问卷调查分析》，载《中国青年研究》2019 年第 9 期，第 11—17 页。

② 王丽娜：《乡村振兴战略下的“家文化”建设》，载《人民论坛》2018 年第 30 期，第 74—75 页。

积极动员家庭参与志愿服务活动，有利于使人们加深对乡村振兴战略的认识和理解，可以更加有效地开展乡村治理活动，带动乡风文明建设。① 儒溪村组织成立一支家长志愿服务队，发动家庭积极参与到儒溪乡村振兴建设中去，举办亲子家庭活动、家长志愿服务活动等，实现一个家长带动一个家庭、一个家庭带动整个乡村的活动目标。儒溪村开展“端午传情，浓情粽香”亲子包粽子慰问活动，家长志愿服务队对村中的独居老人、特殊家庭老人进行探访慰问，通过献爱心行动为孤寡老人送温暖，传承和发扬了中华优秀传统文化。劳动节期间，儒溪村举办“发挥家校力量，助力乡村振兴”亲子清扫志愿活动，动员亲子家庭对社区进行义务清扫，参与到儒溪村人居环境整治提升工作中来。此次活动中家长身体力行带动孩子体会劳动的乐趣，使亲子家庭关系更加亲密，锻炼了孩子们的身体，具有深远的教育意义。

乡村振兴由广大人民群众共同建设，发展成果亦由广大人民群众共享。亿万农民是乡村振兴的重要主体和关键力量，乡村基层党组织要充分发挥农民在乡村振兴建设中的重要主体作用。儒溪村组织成立党员志愿服务队、巾帼志愿服务队、青年志愿服务队和家长志愿服务队等四支志愿服务队伍，积极发动党员、妇女、青年和家庭投入到乡村振兴建设的活动中去，共同为乡村振兴建设贡献自身的力量。

第三节　积极挖掘乡村文化资源

推进乡村振兴战略需要健全和完善乡村治理体系，乡村治理的深层次问题是文化治理，所以要注重挖掘乡村文化资源。我国优秀传统文化如何融入现代乡村治理，不仅关涉古今之争这样的重要理论命题，也是乡村振

① 梁东兴、齐欢欢：《乡风文明视角下“半工半耕”农户的家庭美德培育》，载《中国矿业大学学报(社会科学版)》2022 年第 2 期，第 41—44 页。

兴中不能回避的重大实践问题。20 世纪中叶，著名社会学家费孝通先生在《乡土中国》一书中刻画了一个传统文化浸润的乡村治理图景。在时代即将进入 21 世纪的时候，费老晚年忧心忡忡、念兹在兹就是中国农民“富了以后怎么办”，中国乡村治理如何找到自己的文化之“根”，如何避免出现价值虚无、精神空虚、有钱没文化、依法缺德的问题。带着“费孝通之问”，2021 年 7 月，我们走访了南海区西樵镇儒溪村，了解到该村近年来对传统文化如何融入乡村治理的不懈探索。

一、以保护和保存乡村文脉为基础着力打造乡村文化品牌

儒溪村古称金瓯堡，后改名为儒村，20 世纪 50 年代初期因儒村与田溪等村联片土改而更名为儒溪。该村目前是南海区乡村振兴精品示范村，是西樵农村综合试点示范核心区。

第一，保护和保存乡村文脉。在乡村建设中，该村保护佛子庙镇头遗址、玉麋峰摩崖石刻、老家村前石围、方井村方井、儒溪拱桥、赵家炮楼、清乾隆年间金瓯堡名士岑怀谨故居、清光绪年间翰林学士余赞年故居、著名出版家石景宜故居等村中文化古迹，保留了村中的古祠堂、书舍学堂、楹联碑刻、广府民居等建筑群。

第二，打造乡村文化品牌。首先，创立“儒风溪韵”的乡村传统文化品牌。2019 年起至今，该村出版十多期乡村振兴特刊《儒风溪韵》。该刊积极引导村民崇德向善、见贤思齐，使村民将内心生发出热爱家乡、心系乡土的热忱，不断转化为振兴乡村的强大正能量。其次，创新线上线下相结合的宣传教育方式。一方面充分利用微信公众号、抖音、快手等现代网络社交平台，另一方面组建党员志愿队、巾帼志愿队和青年志愿队深入田间地头村民家中，通过宣讲身边事例和历史上的故事，来宣传乡村文化。最后，完善乡村文化服务体系，提高文化供给能力。儒溪村启用集多种功能于一体的乡村文化服务中心。充分发挥传统节日的特殊作用，通过“迎新春，送春联”“重阳敬老曲艺晚会”“灯谜晚会”“端午节亲子包粽子慰问”等

文化活动，营造氛围，潜移默化地提高村民文化修养。

二、重视传统文化的价值引领作用

儒溪村重视传统文化中的仁、义、礼、智、信以及温、良、恭、俭、让的要求，并在乡村治理中实现传统价值的创造性转化。

第一，将“天人合一”观念融入人居环境整治工作。中国传统社会在天人关系问题上，既对人的价值与地位高度肯定，又强调人要与外部环境和谐共存。儒溪村在人居环境整治中，重视弘扬“天人合一”“以人为本”，取得良好成效，建造了多个环境优美的庭院和巷道。基层干部率先带头开展乡村人居环境整治工作(简称“三清三拆三整治”)，继而带动村民积极参与。“三拆”主要是拆除农村的危旧废弃房屋、露天厕所、乱搭乱建房屋、违规商业广告、招牌。“三清”主要是清理村巷道及生产工具、建筑材料乱堆乱放，清理房前屋后和村巷道杂草杂物、积存垃圾，清理沟渠池塘溪河淤泥、漂浮物和障碍物。“三整治”主要针对垃圾、污水及水体污染。自2018年以来，该村累计投入600余万元，清理垃圾杂物超过9000吨，整理卫生死角超过6000处，零散小型硬化合计约8000平方米，拆迁破旧房子、猪舍接近2000平方米。新建2个生活污水处理站、5个生态公园和11个生活垃圾分类收集点，改造17个公厕。

第二，将“仁爱”观念融入志愿服务工作。仁者爱人，提倡对他人奉献爱心。2012年年初，儒溪村就成立党群星光志愿服务队开展志愿服务。从2015年起，志愿服务工作以帮助困难家庭和孤寡老人实现微愿望的形式扶危济困。党群星光志愿服务队每年都会联合其他组织一同献爱心，参与的党员和群众志愿者年均有130多人。

第三，将“义”的观念转化为“舍小家为大家”的价值倡导。儒家文化反对见利忘义，肯定合理之利的正当性，提倡在特殊情况下牺牲利益而成就道义，重视集体利益。在生态环境改造、拓宽炮楼路口挡土墙等工作中，儒溪村积极倡导“舍小家为大家”的价值观，村民积极响应，主动配合施工进度，延迟鱼塘灌水时间，为施工腾出宝贵时间。

三、发挥家规家训的规范引导作用

众所周知，在我国传统乡村治理中，村规民约、家规家训对维护秩序、化解纠纷、促进乡风、教化乡民、推动有效治理曾发挥过重要作用。

儒溪村至今保留有多个家规家训，其中以发源于北宋时期，完善于明清时期的余氏家规家训最为典型。儒溪村余氏属于北宋先贤余靖的后代。明清时期，经过余氏先贤余赞年总结提升，形成了传承至今较为完善的余氏家规家训。余氏家规家训内容丰富，涵盖面广，其核心思想可以分为四个方面：一是尊老尽孝。万善德为本，百行孝为先。二是积善余庆。善待乡邻，积德行善，恩泽子孙。三是清正廉洁。余氏先祖余靖从政期间撰写《从政六箴》，曾总结出清、公、勤、明、和、慎六字箴言。四是崇文重教。余赞年强调勤诵读，重教育，子孙虽愚，经书不可不读，居家务期质朴，教子要有义方。

儒溪村委会积极弘扬余氏家训。一方面，通过组织行为弘扬余氏家训。例如，组织开展"廉洁、孝善好家风"亲子美食制作、儒溪村青少年暑期参观学习、儒溪村好家风征文等一系列活动。另一方面，村委会带头践行崇文重教的家训，每年筹集数十万元资金用于村内教育事业，设立各种奖项表彰村中优秀学生。所以，余氏家规家训在目前儒溪村依然发挥积极作用。例如，陈某兄弟二人牢记百善孝为先的家训，在父母去世后，亲力亲为悉心照料身患老年痴呆的外婆长达六年之久，为外婆养老送终。又如，种养能手罗翠娟热心向其他村民传授科学养殖技术，主动带领大家引进新技术、新品种。再如，余广钟大学毕业后进入儒溪村委工作，清正廉洁，恪尽职守，为群众办理了诸多实事。

四、培植乡贤文化的凝心聚力作用

乡贤是指在一定地域范围内德高望重、能力突出并致力于当地政治、经济、社会、文化公益事业，对地方有贡献的贤达之士。乡贤群体在基层治理中产生积极作用，并得到村民认可，逐渐形成乡贤文化，即以乡情乡愁为纽带，凝聚村内外的人力资源，支持家乡建设，参与乡村治理。

例如，出生于儒溪北良村的梁某，幼年被选入南海体校，凭借良好天赋和顽强拼搏精神，披荆斩棘获得现代五项世界冠军。她获得世界冠军之后，心系家乡体育事业，多次在繁忙的训练之余，回到西樵指导家乡体育事业，2018 年她被聘为西樵游泳协会青少年俱乐部顾问。又如，原儒溪小学校长张某，将 30 年青春时光奉献给儒溪教育事业，在群众中具有很大感召力。在张校长的带动下，富裕后的村民热心助教，每年都捐赠大量款物，甚至有的村民在移居港澳之后仍心系乡梓，继续为学校捐钱捐物。

我们可喜地看到，地处广东经济富裕地区的儒溪村回应了“费孝通之问”，构建村民社会人格、重塑社会信仰、稳固社会认同，将优秀传统文化与乡村治理相融合，寻求传统文化的创造性转化和创新性表达，让优秀传统文化活起来、动起来、好起来，从而塑造积极向善的乡村治理文化。

第六章
运用“调解+”机制源头化解矛盾纠纷

矛盾纠纷化解机制是一个有机整体，在不同层面上要用不同的纠纷解决模式解决问题，只有加强彼此间的衔接与配合，才能避免相互冲突及重复耗费资源等问题，才能发挥纠纷解决机制的最佳效益，经济、合理、高效地解决纠纷。调解是多元纠纷化解机制中的重要组成部分，但不是唯一的纠纷解决方式。调解本身也不是完美无缺的制度，也存在一定的局限性。一方面要注重“大调解”体系的内部协同，另一方面要注重“大调解”体系的外部协同，促进调解同仲裁、行政裁决、行政复议、诉讼等解纷手段的协调配合，努力构建多层次、全方位、立体式的纠纷解决机制，有效化解矛盾纠纷。

第一节　三调联动探索“大调解”模式

所谓“大调解”，是指地方各级党委和政府充分发挥政治优势，构建政法、综治、维稳、信访部门综合协调，有关部门、单位各司其职，社会各界广泛参与，人民调解、行政调解、司法调解既充分发挥作用又相互协调配合的调解工作体系。“大调解”是我国社会治理中矛盾纠纷预防和化解的重要机制，而这一机制无论是构建、实施和改进，都有着明确的政策根据。如2019年7月中共中央办公厅、国务院办公厅印发的《关于加快推进公共法律服务体系建设的意见》中提出："完善人民调解、行政调解、司法调解联动工作体系，推动构建大调解工作格局。"南海区在"大调解"工作中，强调多元是基础，联动是关键，在诉调对接、警调对接、访调对接等诸方面，都进行了卓有成效的探索，形成了一套系统且务实的做法。

一、"大调解"的实践基础和治理价值

"大调解"模式在我国基层的探索始于21世纪之初，其对于促进纠纷解决、维护社会稳定起到了有效作用，尤其在处理某些重大复杂的矛盾纠纷方面，成效比较明显，一度广受各地青睐，得以快速推行。但以往的"大调解"实践也暴露出一些问题与偏差。例如，过分依赖党委、政府的作用，行政主导色彩明显，运行成本较高，过于强调维稳功能，偏重于事后的"救火"作用，对纠纷预防、权益保障、法治思维等方面关注不够，从而在一定程度上影响到其运行效果，也引发一些人的疑虑与诟病。不过，"大调解"作为中国特色的矛盾纠纷解决方案，其产生和发展具有相当的合理性和必要性，其积极作用不应否定。在全面推进依法治国、大力推动社会治理创新的时代背景下，应当在检视以往存在的问题基础上，改革和完善"大调解"的组织体系和运行机制，更好地发挥其在矛盾纠纷化解与基层社会治理中的作用。

新时期矛盾纠纷的急剧增长和日益复杂化，给社会治理带来了巨大挑战。面对诉讼激增、案多人少、司法机关不堪重负的局面，改变纠纷解决中对于司法诉讼的过度依赖，多元化纠纷解决机制的构建成为必由之路。党的十八届四中全会将构建多元化纠纷解决机制作为推进国家治理体系和治理能力现代化的一项重要改革任务。在多元化纠纷解决机制的构建中，调解无疑居于基础性地位，而人民调解又是调解制度的基石与核心。人民调解作为化解矛盾的"东方经验"，在经历了历史的辉煌与20世纪90年代

的一度受冷落后，其功能和优势在进入21世纪后重新受到青睐。同时，在人民调解制度的基础上，调解不断同其他纠纷解决手段互相融合，形成了司法调解、行政调解、仲裁调解等多类型发展的格局。为了更有效应对日益复杂的矛盾纠纷，维护社会稳定大局，立足整合体制内外各种调解资源的“大调解”模式应运而生。“大调解”模式强调调防结合、以防为主、多种手段、协同作战，在“大调解”模式之下，调解范围由传统的民间纠纷扩展到各种经济纠纷、行政纠纷以及群体性纠纷；运用的手段不再局限于调停、讲理、规劝、说服教育等手段，而注意采用道德、法律、经济、行政等多种手段。①

在“大调解”体系中，人民调解无疑是最基础也最关键的一环。人民调解是实现基层群众自治的重要渠道，在“大调解”建设中，要处理好自治、法治、德治三者的关系。在全面推进依法治国背景下，“大调解”建设既要守护人民调解的自治属性，又必须在法治轨道上推进。如果调解工作背离了法治精神，调解就可能成为“和稀泥”，甚至损害公民权利，损害法治权威。

与司法调解、行政调解主要依靠以公权力为后盾的政策、法规不同，人民调解除了援引法律法规，更多程度上依靠的是乡规民约和居民公约。乡规民约和居民公约虽然缺乏公权力的保障，但同样是化解矛盾纠纷的重要依据，也是体现基层民主自治的重要内容。“枫桥经验”所提倡和追求的“小事不出村、大事不出镇、矛盾不上交”，正是得益于乡规民约和居民公约作用的发挥。然而，在当前的大调解实践中，各地乡规民约和居民公约的发展水平快慢不一，制定程序、修订程序和监督程序均存在明显短板，民众对乡规民约和居民公约的了解程度和利用其维护自身合法权益的自觉性也各有差异。这些情况严重制约着乡规民约和居民公约的发展，也影响着社会规范的供给机制的稳定运行。

---

① 冯卫国：《“大调解”体系建设的“枫桥经验”——完善多元化纠纷解决机制的新探索》，载《山东科技大学学报(人文社会科学版)》2008年第6期，第37页。

二、建立纵向到底、横向到边的“大调解”体系

在我国，人民调解制度是人民群众自我教育、自我管理的一种民主自治活动，也是人民群众当家做主的一种表现形式。这符合调解活动所具有的自治特性。在各类调解资源中，人民调解具有扎根社区、紧贴群众、简易灵活等特性，是化解矛盾纠纷的主渠道、主力军，在基础社会治理中担当特殊角色与使命，应当坚持人民调解在矛盾纠纷多元化解机制中的基础地位和基本作用，鼓励人民调解的优先适用。“大调解”体系整合了多种调解组织与调解模式，要加强人民调解与行政调解、司法调解、行业调解等调解模式的衔接、配合，构筑各负其责、有机衔接、互补互助的“大调解”运行格局，推动建立综合性、一站式调解工作平台，整合各类调解资源和力量，优化多调联动机制，联动化解重大疑难复杂矛盾纠纷。

南海区有效整合纠纷调解资源，促进人民调解、行政调解和司法调解“三调联动”，实行矛盾纠纷归口管理、综合协调、统一调度，形成了矛盾纠纷横向覆盖网络，构建起专业力量与基层力量的联合调解平台，针对重大、复杂的矛盾纠纷，形成了分级调解多方联调的工作格局，很好地发挥了“一站式”纠纷解决的作用。

在推进“三调联动”过程中，司法机关在公共法律服务中心积极作为，在矛盾纠纷多元化解机制建设中发挥了重要保障作用。一方面，通过组织协调，整合资源，使人民调解、行政调解和司法调解有效衔接；另一方面，发挥诉讼保全、强制执行等司法保障作用。比如，在周法官审理的案件中，原告周某与被告A公司、范某、邓某买卖合同纠纷一案，于2019年11月18日开庭进行了审理，庭审过程中，由于双方对还款责任人的争议较大，调解未果，该案定于同月29日进行宣判。庭审结束后，周法官认为双方并无不可调和的矛盾，再做些工作仍有机会可以调解，故在定期宣判的前一天组织双方当事人到庭并委托驻丹灶法庭的调解员进行调解。通过调解员的调解，双方拟定了调解初稿，后又反悔，经过周法官长达30分

钟的调解，最终双方敲定调解细节并签署了调解笔录。由此可见，在事实和责任明确的条件下，调解对于缓解执行环节的压力，彻底化解矛盾纠纷具有积极的意义。人民调解和司法调解的互动，有助于促成调解结果的达成。灵活多样的方式，也是“三调联动”的最大优势，即时履行成为纠纷从根本上得以化解的标志。

南海区充分发挥人民调解制度在矛盾纠纷化解中的积极作用，建立了矛盾纠纷多元化解的纵向与横向联动机制。在纵向上，村(居)调解委员会对本社区出现的矛盾纠纷力求在本社区调解了结，对未能调解了结的矛盾纠纷应及时向镇(街道)矛盾纠纷调解中心报告。镇(街道)建立访前法律工作室与镇(街道)调解中心对接机制，让调解资源能及时支援访前矛盾纠纷的化解工作。镇(街道)矛盾纠纷调解中心对村(居)要求支援化解的和复杂重大疑难的矛盾纠纷要协调法庭、派出所、镇(街道)调解委和相关部门进行联合调处。对镇级调处不了的跨区域、跨行业、跨部门疑难复杂和重大矛盾纠纷，区矛盾纠纷调解工作指导中心要积极介入，召开联席会议专题研究，组织调解专家及相关职能部门及时调处，防止矛盾激化，形成上下联动的工作格局。在横向上，建立和完善诉调对接、行调结合、社会组织和志愿者参与的有效机制。如区司法局联合市公安局南海分局交警大队为共同推进道路交通事故纠纷网上数据一体化处理机制建设成立了“道路交通事故一体化处理中心”，负责南海全区的交通事故纠纷案件。此外，在信访接待前台、社区民警中队、人力资源和社会保障分局等矛盾纠纷多发节点，司法局也设立了调解工作室，派驻调解人员或购买社会调解服务进驻，做实日常矛盾纠纷化解工作。

三、充分发挥区、镇、村三级组织联动功能

面对基层矛盾纠纷复杂多样的新形势，南海区司法局全力推进矛盾纠纷多元化解工作，坚持矛盾多元共治，主动搭建各类纠纷化解平台，建立区级调解工作指导中心和 7 个镇(街道)矛盾纠纷调解中心，推进“一村

(居)一专职调解员”制度，指导做好个人品牌调解室建设，完善人民调解组织网络，积极创新人民调解组织形式，通过健全制度建设、加强业务指导、强化队伍建设等方式，充分发挥矛盾纠纷多元化解维护社会和谐稳定“第一道防线”的作用，彰显南海基层善治的特色。

在南海区“大调解”工作实践中，政府较好地把握了权能和责任，既不缺位，也不越位，把主要工作放在引领和保障方面。南海区于近年先后出台了《个人调解工作室管理试行办法》《调解员和调解专家管理办法》《扶持社会第三方调解组织发展试行办法》《调解化解矛盾纠纷“以案定补”实施办法》等配套文件，在实践中形成了矛盾纠纷化解纵向贯通的局面，形成了矛盾纠纷“三调联动”的横向覆盖网络，动员多方社会力量，构筑起和谐互助的社会氛围。

“大调解”的有效发展路径，应是在坚持人民调解的基础地位和自治属性前提下，推动调解制度的多元、协同发展。不能将“大调解”简单理解为只依靠政府部门的强力推动、深度介入、巨大投入，而应是在政府的有力支持、扶植和配合下，有效整合各方面的社会资源，充分发挥各种调解类型和解纷手段的效能，不断提升矛盾纠纷化解的效能，使“大调解”工作向法治化、社会化、专业化的方向迈进。一言以蔽之，“大调解”之大，根本上讲不是因为背靠政府这棵“大树”的护佑，而是“有容乃大”，即通过机制创新，实现多种调解模式、多种解纷手段的融合发展与包容性增长。

四、构建情理法相统一的大调解工作机制

《人民调解法》的出台，确定了在乡镇、街道办事处设立人民调解委员会，这有利于加强行政机关对人民调解工作的指导。但是，不能把乡镇、街道办事处的人民调解直接办成司法所调解，否则就背离了人民调解的自治性。在“大调解”机制的运行中，必须在发挥政府的扶植作用，加强司法行政机关、人民法院指导作用的同时，避免在具体的运作中干预过多，尊重人民调解组织的自主性、能动性。如果政府事无巨细，大包大揽，随时

冲在矛盾纠纷化解的最前沿，就会失去人民调解等第三方力量的缓冲作用，反而不利于矛盾纠纷的高效解决。南海区在调解模式方面，努力促成人民调解、行政调解、司法调解、行业调解、商事调解等多种调解模式的齐头并进、共同发展，使之互相配合，相得益彰。

相对经济建设而言，当前我国社会建设滞后的局面还未得到彻底改观，社区整体发育尚不够成熟，各种自治组织(包括基层社区自治、行业自治、业主自治等)还在发展过程中，其自治和自我管理能力相对较低。在此情形之下，由政府出面，积极推动人民调解的发展是必要的。但是，也要保持人民调解的自治性、灵活性。南海区成立了西樵民间纠纷调解协会，这是广东省内第一个由群众发起成立，以社团性质登记的第三方人民调解组织，其突破了传统的调解组织建设模式，有效整合了社会调解力量，搭建起高效便捷的群众自治调解平台，彰显了人民调解的中立性，增强了调解工作的公信力。

南海区在“大调解”工作开展中，强调依法维权、依法调解、依法解决纠纷，树立法律在社会治理与矛盾处理中的权威地位，引导群众理性表达诉求、依法维护权益。坚持依法、公平、自愿的调解基本原则，关注对当事人的权利保护，对于不适宜调解的案件，指导和协助当事人通过司法等途径解决，把维护社会稳定同保障公民权利有机结合。在发挥法治引领作用的同时，还应当强化道德支撑作用，借助公序良俗的力量规范人的行为。南海区重视发挥市民公约、乡规民约等非正式规范的社会治理功能，注重发挥优秀文化“以文化人”的作用，并着力加强社会心理建设，培育理性平和、健康向上的社会心态，为“大调解”工作的发展营造良好的道德基础、心理环境与社会氛围，在依法调处的前提下融入情理因素，实现情理法的统一，从而增强了调解的效果。

第二节 建立“警调对接”机制

“警调对接”是公安机关与人民调解的对接，具体而言，是指公安机关在治安管理活动中，对不属于其管辖范围的矛盾纠纷移送人民调解的工作机制。“警调对接”是当前践行“枫桥经验”，推进基层治理，实现矛盾纠纷化解的重要机制。调研发现，南海区创新“警调对接”机制，有效整合行政和社会资源，提高调解效率，为全国“警调对接”工作及各地预防和化解社会矛盾机制建设提供了有益借鉴。

一、明确“警调对接”机制建设思路

我国“警调对接”实践，按照“警调对接”的机构设置，一般有三种类型：一是进驻式，即人民调解委员会进驻到公安基层部门(派出所或大队)，在公安机关办公场所内设立调解室或调解委员会，人民调解组织主要依靠专职调解员开展日常工作，公安干警作为兼职调解员参与。二是一体式，在街道或村居设立警民联调室，人民调解组织与公安机关共同派员参与调解。三是引驻式，在人民调解委员会场所设置警调对接办公室，公安基层部门派驻民警负责相关案件移交、衔接、档案归档整理及监督跟踪等事项。以上三种类型中，以进驻式为主。

2020 年 12 月，佛山市公安局、佛山市司法局联合制定《关于进一步完善规范“警调对接”工作机制的意见》，提出要充分发挥公安行政调解和人民调解的工作优势，建立“警调对接”工作机制，健全治安纠纷、道路交通事故损害赔偿纠纷人民调解组织，畅通人民调解参与两类纠纷调处工作流程，实现纠纷的快速处理和化解。目前，南海区 7 个镇(街道)积极响应落实区级工作部署，各镇(街道)均已建立治安纠纷调解工作室和劳动争议调解工作室，基层矛盾纠纷化解力量得到进一步夯实。

二、建立“警调对接”的机构和工作平台

司法局通过政府购买，将专职调解员派驻到派出所，设立人民调解工作室作为警调对接工作平台，即进驻式，这有利于人民调解员尽早接触纠纷，从而尽快解决纠纷。佛山市司法局在市公安局设立佛山市人民调解委员会驻市公安局人民调解工作室，负责开展市级“警调对接”工作。各区司法局在区公安分局(或公安局)、派出所设立或派驻人民调解组织，具体负责公安机关移送矛盾纠纷案件的调解工作。各区建立交通事故损害赔偿纠纷一体化处理中心，负责开展本区承接的道路交通事故损害赔偿纠纷“警调对接”工作。例如，北滘警调中心的调解员是根据警调中心的功能和工作职责，派出所挑选2名民警担任专职调解员，并安排2名警辅人员负责日常工作。司法所引入专业性第三方调解组织——恒创信访人民调解委员会，选派4名法律专业的专职调解员常驻值班，联合办公，形成合力。

值得一提的是，南海区司法局在管辖地域广、人口多的社区民警中队也设立或派驻人民调解组织。2020年3月，桂城街道治安纠纷人民调解委员会进驻千灯湖社区民警中队，至2021年7月，驻点调解员共参与调解、协调案件18宗(其中1宗为群体性租赁纠纷事件协调指引，17宗为小区内租赁、治安斗殴、男女关系、邻里关系等矛盾纠纷)，另做法律咨询解答20多人次。城乡接合部的叠滘社区民警中队的主要矛盾纠纷为车城的买卖纠纷和农村的建房土地纠纷。该民警中队专门由一个副队长负责和调解员对接，及时了解案件基本情况，公安干警完善前期取证工作，从而为后面的调解打好基础，民警中队还及时介入无法通过调解解决的问题，避免矛盾激化。

三、明确“警调对接”的事项范围

“警调对接”是基于公安和人民调解两者各自的优势和现实需要而产生的。

第一，长期以来人民群众早已养成“有纠纷就找警察”的惯性思维，基层派出所也常常面临着警力不足的困境。特别是群众工作所面临的绝大多数纠纷虽然并不属于公安机关管辖范围，但是不处理纠纷可能会造成群众不满、矛盾激化，出现严重后果。调解关口前移，警调联动形成了合力，人民调解组织的专业优势与民警中队在治安防控方面的职能优势有机结合起来，大量矛盾纠纷都被解决在基层和萌芽状态。例如，千灯湖社区民警中队辖区范围内的某楼盘，是该辖区内居住密度高、流动人口量大、租赁面积广的一个小区。2020 年 8 月 12 日凌晨，小区居民陈某的女友黄某趁其外出洽谈工作之际，从 35 楼走廊通风窗跳下坠亡，经警方调查排除他杀。黄某的家属认为其男友陈某难辞其咎，一直要求警方处理此事，并提出不妥善解决就不处理黄某遗体。因该坠亡事件发酵的社会舆论众多，警方在接到当事人黄某的家属报案后，排除他杀，发现案件不属于公安机关管辖范围，为了防止矛盾激化，前台民警将案件分流为民间纠纷，引导当事人在驻中队的人民调解工作室进行调解，最后调解成功，事件获得妥善处理。此案例中，千灯湖中队的驻点调解员提早介入，从 2020 年 8 月 17 日至 8 月 24 日，其间四次组织双方沟通协调，使得双方能够换位思考，放下仇恨心理，促成调解协议的达成。一般而言，调解可以受理的情形主要包括以下五类：非警务类报警中属于人民调解组织受理范畴的民事纠纷；可以进行治安调解的民间纠纷；交通事故损害赔偿纠纷；符合刑事和解公诉案件中的民事纠纷；其他依法可以调解的民事纠纷。

第二，“警调对接”机制不仅能发挥人民调解的优势，提高调解效能，而且能有效解放警力，使公安办案资源得到合理分配，从而更好地做好本职工作。有民警说：“调解员来了后，大量需要调解的民间纠纷，可以移交给人民调解员处理，我们也能从繁杂事务中解脱出来，将精力更多地投入到打击处理违法犯罪工作上。”数据显示，桂城街道治安纠纷人民调解委员会从 2018 年 7 月设立至 2021 年 3 月，共接收案件 1483 宗，经调解室主持调解并达成协议案件 1433 宗，调解成功率为 96. 6%，案件涉及当事人共

3383 人，涉案金额约为 1461 万元，有效化解了辖区内矛盾纠纷，做到了矛盾不上交，就地化解。更重要的是，人民调解比公安机关行政调解的业务范围广，不仅可以调解纠纷，还能给社区居民提供法律咨询，提升法治氛围，促进乡风民风的转变。因生活琐事发生的打架斗殴是治安纠纷中最常见的一种类型。双方常因一时意气，或碍于面子，或醉酒误事发生口角并产生肢体冲突。此类纠纷一般依据《治安管理处罚法》第四十三条的相关规定处理。2021 年 5 月，尹某与张某在桂城街道某小区北门对面路段因挪车问题发生争执，争执过程中张某先动手打了尹某，尹某立刻还手，随后双方扭打在一起。尹某报警求助。经法医鉴定，双方均受轻微伤。双方到桂城街道治安纠纷人民调解委员会驻岗社区民警中队调解室进行调解。调解开始前，调解员主动向相关民警核实现场情况，并查看了现场监控录像。综合双方陈述、现场监控及公安机关的验伤报告，调解员认为此事情节轻微，双方均受轻微伤，也为此花费了很多时间，建议双方友好协商，调解员察觉双方的对抗情绪逐步上升，主持双方停止发言，并向双方解释《治安管理处罚法》的相关规定，就双方可能面临的行政处罚及行政处罚的后果向双方详细做出说明。双方态度略有缓和，调解员趁热打铁马上将双方分开，采取“背对背”式的调解方式，分开引导。一方面疏导尹某情绪并劝说其适当降低预期，另一方面劝说张某认识自己主动挑事的错误。但最终因尹某拉不下面子，不愿退让，第一次调解不成功。之后调解员多次与双方电话沟通，劝导双方并组织双方进行二次调解。尹某对此事的认识更加清晰冷静，调解员见时机成熟，主持双方面谈，化解双方心结，最后达成调解协议。

但是，也要厘清人民调解和警务工作的界限。调解过程中发现超出“警调对接”事项范围或发现有新的纠纷苗头，有可能激发引发治安、刑事案件的，人民调解组织要采取有针对性的预防措施，并及时报告公安机关处理。

四、规范“警调对接”的工作流程

一般而言，纠纷发生后，警调对接方式有三种：一是引导调解，即当事人报案或者公安机关接警后，民警对案件进行分流处理，认为属于民间纠纷的直接引导当事人去人民调解室解决纠纷。二是委托调解，即对可能民事转治安、民事转刑事的民间纠纷先立行政案件，稳定当事人情绪和遏制事态发展，然后分类处理，公安机关审查后认为采用人民调解方式处理更适宜的，委托人民调解室调解纠纷。三是协助调解，即公安机关在案件处理的过程中，可以根据案件的需要邀请调解室参与行政调解。

警调中心或警务调解室的案件来源主要分为公安机关移交和当事人直接上门申请两种。以南海区桂城街道治安纠纷人民调解委员会调解的邻里纠纷一案为例。王某、黄某1(甲方)与李某、黄某2(乙方)因一方在楼顶种花浇花产生气味问题发生口角，后演变为肢体冲突，导致王某左股骨大粗隆撕脱骨折，黄某1左手环指末节指骨近端骨折，经鉴定为轻微伤。双方向公安机关报警后，公安机关在征得双方当事人同意的基础上，填写《“警调对接”移送(委托)单》将案件移送、委托到南海区桂城街道治安纠纷人民调解委员会处理。最后，双方在调解员的调解下，达成了调解协议。双方也及时履行了调解协议。调解委员会在调解完成后填写《人民调解结果反馈函》等调处结果书面材料，后反馈至桂城派出所叠滘中队，并根据公安机关要求移送相关调解台账资料。

一般治安纠纷的人民调解流程主要是：

第一，对于符合“警调对接”事项范围的警情，公安机关接警后进行先期处警和现场处置。对于警务类警情要查明事实和进行必要的调查取证，依法予以调解，对现场调解不成，征得当事人同意进行人民调解的，公安机关将案件移送(委托)人民调解组织，并引导当事人到相应调解组织申请调解。

第二，人民调解组织对于公安机关移送(委托)的纠纷，经审查确定受理的，在24小时内通知当事人，开展调解工作。治安纠纷的调解在受理后的3个工作日内完成，对一次调解不成，有必要再次调解的，在第一次调解后7个工作日内完成。其他纠纷在受理之日起30日内完成。

第三，调解成功的，制作人民调解协议书，并告知当事人可以向人民法院申请司法确认，调解不成的，人民调解组织终止调解并出具终止调解告知书，引导当事人通过仲裁、行政、司法等法定途径解决。

第四，调解结束后，人民调解组织及时填写《人民调解结果反馈函》等调处结果书面材料，然后反馈至公安机关，并根据公安机关要求移送相关调解台账资料。对于调解不成功或调解结果不履行的纠纷，根据案件情况不同，反馈公安机关处理，或建议各方当事人通过法律途径予以有效解决。

五、重视“警调对接”调解员的业务培训

“警调对接”调解员同其他专职调解员一样采取以会代训、集中授课、观看视频、经验交流、现场观摩、法庭旁听和知识测试等多种形式的培训。2020年，桂城街道开展全体调解员集中培训25次，2021年开展培训11次。培训内容包括理论政策、法律知识、调解技巧、案例分析等。

丹灶司法所在培训方面形成了自己的经验。第一，将调解员在日常工作中的优秀案例汇编成资料，提供给各调解员学习参考。例如，和记个人调解室的负责人孙汝和将20多年调解经验归纳成“和记十三式”并制成册，供大家参考学习。第二，分别从法律、公证、心理等方面对调解员进行一系列的业务培训，实行小班培训，确保培训效果。第三，通过与公证处、律师所的强强联合，整合多方资源，提高调解中心整体素质。举办专题法治培训班及公证与调解法律培训会议，提高调解员防范和处理矛盾纠纷的能力，推动基层依法治理。

顺德区在调解员培训方面也有独特做法。第一，建立调解法律服务培训基地，组建培训师资库，分阶段实地走访了解各人民调解组织运行状况

及调解实务工作中有待解决的共性问题，开展人民调解实证项目研究，促进人民调解理论研究、实践交流、队伍培训。第二，举办人民调解技能大赛，围绕“以赛促学、以赛促练、以赛促用、以赛促扬”的目标，提高调解队伍调解技能、业务水平及职业素养。

六、引入律师等专业力量作为调解员参与调解

司法局指派律师到中队调解室参与调解工作。例如，从 2018 年开始，西樵司法所就派律师常年到西樵联新社区民警中队开展调解工作，目前律师参与的调解有 197 宗案件，成功调解 157 宗，调解成功率达 79.7%，涉案金额 210 万元。负责桂城街道治安纠纷人民调解项目的广东品高律师事务所从 2018 年 7 月起至 2021 年 7 月，其律所派驻的人民调解员累计调解纠纷共 1120 件，调解成功 1068 件，平均调处成功率 95.4%。经其律所人民调解员调解的案件，无反复、无投诉、无上访，真正做到定纷止争、案结事了。律师们每周一到周五在中队轮流坐班，有需要的时候随警外出调解，周末有纠纷也会及时到场。在调解过程中，律师作为中立第三方，在处理行政纠纷案件方面，更能够让当事人接受。在调解过程中，律师也会为群众免费提供专业法律讲解。

桂城司法所采取与律师事务所签订合同的方式，将桂城片区下辖 4 个社区民警中队的治安纠纷人民调解法律服务承包给律师事务所。律师事务所在调解项目人员配置上实行二级架构配置制度：第一级为一线调解员，在有志于从事司法调解工作的高校毕业生中精心挑选高素质的人员担任调解员，保证整个项目的调解员不少于 8 人，且均应为本科或以上学历。第二级为项目管理人员或者二线督导人员，项目管理人员根据各自岗位职责为本项目提供各项管理服务，二线督导人员为一线调解员提供专业上的督导培训和专业技术支撑。因为新冠肺炎疫情的影响，律所在培训工作上目前采用线上为主、线下为辅的模式，线上培训多为通过调解工作群发布各类型典型案例，以及网络学习调解普法讲座视频等。

七、着力完善配套的“两机制”

第一，联席会议的领导机制。对群众反应强烈、久拖不决、涉及面广的重大疑难矛盾纠纷，由街道矛盾纠纷调解中心协调各相关部门，召开联席会议，有效整合各类资源，形成信息共享、工作互动之势，推动矛盾纠纷的化解。例如，2020 年 12 月下旬，丹灶调解中心调解员在进行日常风险排查时，发现某社区一家居公司因经营不善，于 12 月 25 日停产并拖欠 64 名工人工资合计 95 万余元，该公司的出租方停水停电要求公司发放工资。由于该案涉及金额大、人数多，给社会的稳定性带来隐患，丹灶司法所接到调解员反馈的情况后，迅速联合人社部门介入事件的调处，在确定了家具公司拖欠工人工资的事实后，司法所派出 6 名调解员，联合综治、人社、公安部门约谈公司经营者、出租方、工人。在经过多方力量的反复劝说，并就涉嫌拒不支付劳动报酬的违法行为和相关刑罚责任进行普法教育后，经营者如实说出公司当前的实际情况。为避免事件进一步扩大，调解中心运用多部门联动机制，整合多方力量，经过 4 天的协商调解，最终确定了工资支付方案。2021 年 1 月 6 日，64 名工人全额领取所欠工资。据统计，截至 2021 年 6 月，丹灶调解中心成功调解案件 1644 件，防止群体性上访案件 26 件。其中，派驻到全镇 4 个社区民警中队的调解员共 8 名，协助调解矛盾纠纷 330 件，化解率达 90.2%，节省警力 1000 余人次。

第二，联动联调的工作机制。首先，矛盾纠纷排查方面的联动。充分利用网格员等各类资源加强对各类矛盾纠纷的排查，早发现早调解，让矛盾化解在社区。例如，黄龙村建立了第一个村居警调室，村调委会与警调室联合办公，加上与基层网格化管理融合，逐步实现最多访一次和矛盾不出村。各治安调解室每月开展一次矛盾纠纷排查，建立完善矛盾排查台账，加强矛盾纠纷排查预防。各片区专职调解员除每月到管辖的社区调解会进行矛盾纠纷排查走访外，还到辖区内的治安调解室进行排查走访。司法所定期组织调解工作经验交流会议，由各调解员分享矛盾纠纷排查化解情况及矛盾纠纷化解工作经验，在信息联通的同时提高调解员化解矛盾纠纷的能力和水平。其次，加强矛盾纠纷调处方面的联调。治安调解室和社区调解委员会对本辖区出现的矛盾纠纷力求在本辖区内调解了结，未能调解了结的矛盾纠纷及时向所在民警中队或司法所报告。治安调解员主要是处理社区民警中队移交过来的矛盾纠纷。对于涉及社区的邻里纠纷、建房纠纷，需要外出走访当事人的案件，治安调解室调解员可以视案件情况，将案件转介至片区专职调解员或与片区专职调解员联合调解。对于案情复杂的矛盾纠纷，片区专职调解员与治安调解员共同调解处理。对于涉及多个部门或者跨社区的调解案件，由司法所组织相关调解员进行联合调处，相关调解员按时参加联合调处工作。

综上所述，南海区人民调解工作建立警调对接的机构和工作平台，明确“警调对接”的范围，规范“警调对接”的工作流程，严格调解员的选聘、培训、考核并保障相关经费，引入律师等专业力量作为调解员参与调解，着力完善配套的“两机制”。“警调对接”缓解了基层公安机关的办案压力，促进了社会矛盾纠纷的解决。

第三节　建立“诉调对接”机制

案多人少是我国法院系统面临突出且亟待解决的实践性难题，为了有效推动诉源治理，南海区委决定引入“诉调对接”模式。西樵镇在 2018 年召开的司法行政工作会议，率先探索“诉调对接”模式，为有序推进全年工作打下基础，更为深化公共法律服务体系做了良好开局。2019 年 6 月，南海区诉前和解中心在区委支持下正式挂牌，专门负责法院民商事案件的前置分流，开展诉前调解，中心内办公区、和解区、远程视频设备、速裁庭一应俱全，为调解做足硬件准备。经过近些年的实践和完善，取得了很好的治理效果。

一、“诉调对接”机制的提出

习近平总书记指出：“要善于把党的领导和我国社会主义制度优势转化为社会治理效能，打造共建共治共享的社会治理格局，构建富有活力和效率的新型基层社会治理体系。”如何充分发挥人民法院在诉源治理中的职能作用，不仅事关基层社会治理创新，而且事关推进国家治理体系和治理能力现代化。

诉源治理是基层社会治理的重要组成部分，充分发挥人民法院在诉源治理中的职能作用是新时代诉源治理的客观需要，也是人民法院的职责所在。习近平总书记在中央政法工作会议上提出，“把非诉讼纠纷解决机制挺在前面”，为落实此项要求，最高人民法院出台了《关于建设一站式多元解纷机制一站式诉讼服务中心的意见》。2019 年 6 月，周强院长在全国高级法院院长座谈会上强调，按照把非诉讼纠纷解决机制挺在前面的要求，全面建设集约高效、多元解纷、便民利民、智慧精准、开放互动、交融共享的现代化诉讼服务体系，切实提升人民法院解决纠纷和诉讼服务能力水平，为经济持续健康发展和社会大局稳定提供有力的司法服务和保障。这为人民法院参与诉源治理指明了方向。

“诉调对接”是一种将诉讼与人民调解、仲裁、行政调解及其他非诉讼纠纷解决方式相衔接，从而便捷、灵活和高效地化解社会矛盾纠纷、维护社会和谐稳定的纠纷解决机制。“诉调对接”是江苏南通法院基于构建大调解机制的要求较早开始的实践，其意在有效解决社会的矛盾纠纷。这种将诉讼与非诉讼相衔接的矛盾纠纷解决机制因能促进各种解纷方式的相互配合、协调，为最高人民法院肯定并予以推广。2009 年，最高人民法院出台了《关于建立健全诉讼与非诉讼相衔接的矛盾纠纷解决机制的若干意见》，要求充分发挥审判权的规范、引导和监督作用，完善诉讼与仲裁、行政调处、人民调解、商事调解、行业调解以及其他非诉讼纠纷解决方式之间的衔接机制，充分发挥人民法院、行政机关、社会组织、企事业单位以及其他各方面的力量，促进各种纠纷解决方式相互配合、相互协调和全面发展，做好诉讼与非诉讼渠道的相互衔接。

作为纠纷解决的第一道防线，诉前调解长期以来被各级法院大力倡导并寄予较高期待，但其应用与实际效果之间的张力却总是新一轮改革检讨、总结和推广的逻辑起点。深化诉前调解机制改革已成为司法体制综合配套改革的着力点和突破口，但如何选择、确立进一步改革的逻辑基础和实践进路，则需要认真审视、思考和回应。

二、以诉前和解中心为平台整合各方调解资源

南海区人民法院以南海区诉前和解中心建设为契机，推动多元解纷机制实体化运作，构建了诉前和解工作网络。诉前和解中心是南海区矛盾调解工作体系的有机组成部分，南海区将其工作纳入区委区政府专项督导事项，由区政府每年拨付专项资金支持运作。在有关部门的大力支持和配合下，南海区法院在诉讼服务中心挂牌成立南海区诉前和解中心，在大沥、狮山、西樵、九江、丹灶 5 个派出人民法庭挂牌成立了诉前和解中心工作室。

针对本区矛盾纠纷集中的领域，南海区建立了“法院+职能部门”的模式，成立了道路交通事故赔偿纠纷、劳动人事争议、金融纠纷、医疗纠纷以及消费纠纷等类型的纠纷一体化处理平台，逐步构建起“1+5+N”（1 个诉前和解中心、5 个诉前和解工作室、N 个一体化处理中心/分中心/调解点）的诉前和解工作网络。同时，不断推动分中心调解点建设，与公证处、工会、司法局、金融机构等职能部门沟通协作，建立分中心（调解点），实现由点到面，全面开花。

和解中心积极整合司法、公安、人社、市监、妇联、工会等 10 余家单位和社会服务机构调解力量，对接道路交通一体化处理中心、驻交警“法官工作室”、区总工会“劳动争议诉调对接工作室”等多元解纷机制资源，

在区委支持下全区组建了600余名专职调解员队伍，区镇两级联动的诉前和解工作格局基本形成，为多元化解纷机制建设提供有力支撑。实现了资源共享，工作联动，不断增强诉源治理的系统性、整体性、协同性，打造了立体化的社会治理体系，为群众提供“一站式”便捷的非诉解纷服务。诉前和解中心在南海区市域社会治理工作中发挥着重要作用，成为南海区创建维稳示范点。

三、分层递进推动调解与速裁高效融合

在推动“诉调对接”过程中，南海区人民法院坚持分层递进解决纠纷，推动调解与速裁高效融合。

一是组建调解速裁团队。在院机关和人民法庭的10个民商事审判部门组建“调裁一体化”团队，调解速裁团队成员包括法官、书记员、人民调解员、内勤人员。由所在部门负责指导团队业务，在调解速裁团队内，速裁法官与人民调解员“一对一”结对，分类指导，开展调解工作，充分发挥专业化审判在促进调解标准和裁判标准统一方面的积极作用。

二是建立前置调解机制。除了法律、司法解释规定不能诉前调解或不宜诉前调解的纠纷以外，新收民商事纠纷均编立“民诉前调”案号，导入诉前和解中心进行诉前调解，98%以上进入诉讼程序的新收民商事案件经过诉前和解中心前置调解。经过调解达成协议，当事人申请出具法律文书的，由调解员所属调解速裁团队直接负责办理，并可通过司法确认程序确认其法律效力，赋予调解协议强制执行力，让矛盾纠纷循非诉途径即可有效化解。

三是完善诉前和解和速裁工作体系。制定了调解员工作指引，让调解员有章可循，快速指导调解员上岗开展工作。建立了法官与调解员同学习、同商议、同方案的三同工作机制。建立了调解员工作台账，实时掌握调解员的调解数据，必要时介入调解工作，提升调解率。建立了法官、调解员、内勤分工负责的职责制度。

四是建立了立案和裁判标准。比如，民五庭速裁案件的立案标准在本院《诉前和解和速裁工作规程》基础上，结合案件类型的实际情况进一步细化，对交通事故案件，根据当事人送达地址确认进行识别，对劳动争议案件，除依据送达外，对于诉讼请求在三项及以下的均识别为速裁案件（针对加班费、建筑类劳务合同纠纷等案件进行例外排除）。

五是完善平台之间常态化对接工作机制。依托道路交通一体化中心、调解员先行调解的优势，快速收集当事人的身份、地址信息等，为后面送达和案件识别奠定基础。依托劳动一体化中心，打通法院与劳动仲裁委的信息沟通渠道，共享包括仲裁庭审笔录在内的信息，缩减法官开庭审理时间。依托诉前和解中心，在诉前和解阶段预审主体，确保案件主体完整性，避免案件立案后因主体问题占用过多送达时间，节省审限。依托电子卷宗随案生成，要求交通事故案件统一起诉状格式，系统提取要素，自动生成文书，提升裁判效率。

四、南海区“诉调对接”机制治理成效明显

南海区法院坚持解放思想，实事求是，通过“诉调对接”积极推进诉源治理，深度参与创新社会治理，在服务群众“最后一公里”上想实招、办实事、求实效，积极推进基层社会治理现代化，为人民群众提供高效、便捷的司法服务，治理成效极其明显。

一是建立了力量下沉的工作机制。法院资源下沉，与人民调解、行政调解、行业调解等社会力量一道，形成多调联动，多种纠纷化解机制一体运作，构建全方位、多层次、综合性的基层社会矛盾纠纷化解网络体系，纠纷得到源头治理，有效化解了一些领域矛盾突出的问题，案多人少压力明显缓解，司法服务触角得以进一步延伸，法院形象和司法公信力攀升。比如，在道路交通一体化中心，依托交警部门事故处理行政职能，第一时间介入事故赔偿处理环节，民五庭长期派驻法官参与道路交通一体化中心的运行，确保调解、判决标准的统一，保证调解的公信力，协调司法局加

强对调解的保障，并对入册鉴定机构进行合规性监督，利用保险行业协会的优势，搭建与各保险公司的沟通平台，同时从保险行业协会选拔业务能力强的人员作为人民调解员，实现调、赔、裁一体化，为建立交通事故领域的多元化解纠纷提供支撑。

二是法院新收案件出现下降。南海法院把教育整顿成果及时转化为“我为群众办实事”举措，通过非诉解纷实体化、诉前调解专业化、调裁对接一体化等措施，构建覆盖全区各镇街及矛盾纠纷多发领域的诉前和解工作网络，推动矛盾纠纷诉前高效化解。2021 年 1 月至 4 月，南海法院新收各类案件 26677 件，同比下降 12%，为近 8 年来首次下降。道路交通一体化中心的调解效果见证了治理效果。南海区法院每年交通事故诉讼立案数，由 2017 年的 2324 件下降至 2020 年的 880 件。2020 年 1 月至 11 月，道路交通一体化中心收案 3042 件，结案 2579 件，调解成功 1838 件，调解成功率达 71. 2%。与此同时，诉讼收案数量大幅度减少，收案数从 2018 年 2118 件下降到 2019 年 983 件。2019 年 1 月至 11 月交通事故收案 912 件，2020 年同期收案 841 件，同期下降 7. 79%。这些数据，均刷新着历史记录，见证着治理实效。2020 年下半年，狮山工作室调解员人均每月负责案件 154 件，人均每月结案 153 件，通过调解员调解，2020 年全年在诉前达成调解协议或和解撤诉的案件多达 1015 件，有效降低进入诉讼程序的民商事纠纷，真正做到案结事了。2021 年 6 月，丹灶法庭收到物业服务合同纠纷系列案件 125 件，在丹灶镇相关部门的配合下，丹灶法庭充分调动各方力量，制定调解对策，经不懈努力，88 件在诉前化解，最终仅 37 件进入诉讼程序，真正将纠纷化解于诉前。

三是提升了纠纷解决的效率。调裁机制的一体化运行，切实提升定分止争工作效率。调解速裁团队在开展诉前调解工作过程中，同步完成司法送达地址确认、无争议事实固化、诉前送达、诉前鉴定、繁简分流甄别等庭前准备工作，为矛盾纠纷可能进入诉讼程序做好铺垫。如果民诉前调案件在 30 日的诉前调解期限内无法达成调解协议的，则及时终结诉前调解程序，并在1个工作日内完成立案登记和分案工作，把简易案件分流对接速裁机制办理，复杂案件则分流对接专业化审判机制办理。在审理过程中，如果速裁案件转为非速裁案件的也由同一个部门审理，避免案件流转造成拖延。2021年1月至4月，南海法院民事速裁案件结案4355件，占同期办结民商事案件的41.4%，平均用时28.5天，全院民商事案件平均结案用时从2020年的115天下降到83天。在大沥、丹灶设立分中心作为示范点开展劳动争议调裁审一体化工作，2020年6月至11月，丹灶、大沥示范点分别收案317件、642件，调解成功263件、459件，调解成功率达82.96%、71.49%。

四是调解员队伍职业能力不断提高。南海区法院多次举办人民调解员培训班，学习调解基本知识和多元纠纷解决机制基本内容，提高调解员的专业知识、提升调解技能。如调解速裁狮山组注重诉前和解中心的平台建设，在调解员入职时就由资深法官对其进行业务培训，并针对调解员流动性大的情况，围绕普通合同类案件、家事类案件、人损类案件等狮山辖区常见案件类型，专门拟订了简单易学的通用调解协议模版，快速指导调解员上岗开展工作。调解员在开展诉前调解工作过程中，除了尽力促成调解外，对调解不成功的案件也应尽可能了解和记录双方当事人的争议要点，有条件的固定送达地址、电话、诉辩意见等，发现存在启动诉前鉴定、评估可能的，须马上报告指导法官，由指导法官介入诉前程序。由速裁法官多负担诉前调解指导和鉴定评估启动工作，并与后续可能接办三次分流转办案件的常规诉讼法官直接沟通对接，既有利于裁判标准的统一，也有效提升办案质效。

五、南海区建立“诉调对接”机制的积极意义

“诉调对接”是人民法院推动诉源治理的重要举措，具有极其重要的价值和意义。

第一，推动“诉调对接”是推进社会治理体系和治理能力现代化的客观

需要。这是因为，社会治理的基础在基层，而治理的薄弱环节在基层，迫切需要政法机关的职能向基层延伸。随着我国社会主要矛盾的转变，人民群众的美好生活需要日益广泛，对诉源治理也提出了新的更高要求。面对基层社会矛盾纷繁复杂的现实状况，推动诉调对接，有利于打造共建共治共享的基层社会治理格局，有助于促进社会和谐稳定，确保人们安居乐业，推进国家治理体系和治理能力的现代化。

第二，推动“诉调对接”是服务保障乡村振兴的必然要求。党的十九大报告强调要实施乡村振兴战略，明确了产业兴旺、生态宜居、乡风文明、治理有效、生活富裕的总要求。治理有效是乡村振兴的基础，也是人民法院在诉源治理中发挥职能作用的总目标。治理有效就是要加强和创新基层社会治理，加强基层民主和法治建设，让社会正气得到弘扬、违法行为得到惩治，使农村更加和谐、安定有序。毫无疑问，“诉调对接”制度是有利于推动诉源治理的，能够有效服务乡村振兴的现实需要。

第三，推动“诉调对接”是满足人民群众对美好生活向往的内在要求。习近平总书记提出了努力让人民群众在每一个司法案件中都感受到公平正义的司法工作目标。人民群众的司法需求是法院工作发展的不竭动力，人民法院的工作需要紧紧围绕这个目标和司法为民、公正司法这条主线开展，这就需要着力解决群众反映强烈的突出问题，补齐诉源治理中存在的短板，将人民法院的职能进一步向基层延伸，打通服务人民群众的“最后一公里”，坚持提高宗旨意识、创新工作方法、改进司法作风同步进行，坚持“诉调对接”，着力确保民众意愿表达顺畅，真正保障和改善基层民生。

第四节 建立“访调对接”机制

“访调对接”是矛盾纠纷多元化化解机制的重要一环，是构建基层社会治理体系的组成部分，是实践和创新新时代“枫桥经验”、深化矛盾纠纷多元化解机制的重要举措，也是南海区信访工作的创新举措。2021 年 5 月，广东省信访工作联席会议决定，南海区为全省县(区)群众信访诉求综合服务中心(以下简称信访服务中心)建设的试点单位。南海区群众信访诉求综合服务中心围绕党群综合服务、矛盾集中受理、问题联合调处、宣传一体多面、监督公开透明的工作要求，充分整合资源，引入社工、心理咨询师和律师等第三方社会力量，多个职能部门也入驻中心，打通“访—疏—调—裁—议”矛盾化解全过程链，为群众提供一站式接待、一揽子调处、一体化解决的服务，构建了一套组织共管、民情共解、队伍共建、资源共享、网格共治的矛盾纠纷化解工作体系。2021 年共接待群众 600 批 2500 多人次。

一、明确中心职能定位

《信访工作条例》第三条规定：“信访工作是党的群众工作的重要组成部分，是党和政府了解民情、集中民智、维护民利、凝聚民心的一项重要工作，是各级机关、单位及其领导干部、工作人员接受群众监督、改进工作作风的重要途径。”长期以来，社会普遍存在对信访制度误解甚至是歪曲的问题，认为信访就是上访、维稳、人治、谋利或维权抗争的关联词，这些妖魔化现象的产生源于人们对信访制度的本质认知不清、对信访制度的定位认识不足。[①] 有学者结合信访制度在新中国成立以来的发展历程指出，信访制度作为我国特有的机制曾经发挥过重要作用，在历次政治经济转型期和政策形成过程中，作为一种独特性的政策性纠纷解决方式，成为落实政策、解决各种实际问题的重要途径。[②] 的确，作为一种补充性的矛盾纠纷化解方式，信访制度在群众工作定性基础上还有着特殊的功能定位。同时，作为一种矛盾纠纷化解方式的信访制度，必须遵循相应的工作程序规

---

① 陈华平、侯泉永：《法治化背景下基层信访工作面临的困境及其破解路径》，载《天水行政学院学报》2021 年第 3 期，第 94 页。

② 范愉：《非诉讼纠纷解决机制研究》，中国人民大学出版社 2000 年版，第 565 页。

定。《信访工作条例》第十条明确规定：“各级政府贯彻落实上级党委和政府以及本级党委关于信访工作的部署要求，科学民主决策、依法履行职责，组织各方力量加强矛盾纠纷排查化解，及时妥善处理信访事项，研究解决政策性、群体性信访突出问题和疑难复杂信访问题。”

南海区群众信访诉求综合服务中心作为社会矛盾纠纷多元化解的中枢智慧平台以及党群服务的窗口，在区委、区政府的领导下开展工作，主要负责协助区委区政府组织、协调、督促、指导下辖部门、街道开展基层社会治理、维护社会稳定、服务群众、平安建设等工作。履行区委、区政府赋予中心的人民来访接待、矛盾纠纷联合调处、公共法律服务、社会组织培育孵化，以及社会稳定形势研判、突出社会矛盾纠纷协调指挥、事件流转派单、督查考评等职能。

南海区群众信访诉求综合服务中心内设多元化解平台和智慧信息平台，以“6931”架构设置，分别是：6个区域，即党建宣传区、庭院接访区、安全检查区、引导等候区、接谈调解区、速裁评议区；9个接谈调解室，即在接谈调解区设置5个半开放接谈室、4个独立调解室，为群众提供一门式服务；3个速裁室，即裁判评议室、劳动人事争议速裁室、法院速裁室；1个综合指挥枢纽，即群众信访诉求综合服务中心智慧信息平台。

其中，安全检查区设立警务工作室，配备人脸识别系统、X光安检机、安检门，由3个专业安检岗位负责安检工作，并按照省、市信访系统关于人民来访接待场所的建设规范，配备了储物柜等便民设施以及防爆桶等安全设备。

引导等候区按照人性化、科学化、合理化，以“六有”标准建设，即有专人引导、有候访休息场所、有特殊便民服务（如设置母婴室、无障碍设施等）、有便民物品保障、有制度流程公告、有温馨告知提示，并且安排2名接访业务骨干负责对群众进行答疑和分流，1名律师和1名社工协助开展导引工作，为群众提供法律意见，做好情绪疏导，为接谈调解区有序接访做好准备。

接谈调解区的5个半开放接谈室通过半开放设计旨在消除传统窗口式接访的隔离感，拉近工作人员与信访群众之间的距离，空间上的联通同时给人更宽阔的视觉感受。接谈调解室提供整洁干净、舒适温馨、指引清晰的接待环境，主要用于职能部门和第三方社会力量开展矛盾调处、联合接待、心理咨询服务、法律咨询服务等。综合窗口是工作人员整理录入资料的办公区域，也可以向群众提供打印文件等办事服务。

二、明确“四个一”建设思路

（一）实行“一站式接待”，让群众“最多跑一地”

建立区—镇—村三级的立体化矛盾受理体系，采取开门迎客方式，将信访服务中心建到群众家门口，方便群众“就近提诉求、只需提一次、最多跑一地”，使问题在信访服务中心内部获得解决，让群众在“信访超市”里满足所需。

（二）实行“一揽子调处”，提高社会治理效率

不同程度整合职能部门和第三方社会力量，如集合信访、公、检、法、司等单位，形成相互补位、相互监督、相互促进的矛盾纠纷多元化解平台，形成工作合力，避免“踢皮球”，提高调处效率。

（三）实行“一体化解决”，实现问题闭环运行管理

变“群众跑腿”为“数据跑腿”，打破信息壁垒，实现资源整合，构建上下联动的常态化机制。落实一网联通，织密一网共治，打造一体化信息平台，依托现代信息技术，将各级各部门日常管理和服务汇集到平台上，实行数字化流转、统计和智能分析，极大地提高治理效率。

（四）实行“一颗心服务”，带着情感服务群众

秉持平等、开放、温馨理念，重构信访服务中心功能板块，强化细节设计，打造开放式、人性化的温馨接谈环境，让调解员变为“服务员”，接谈处理问题从“面对面”到“肩并肩”，刷新体验一小步，暖心服务一大步。

三、开发建设智慧信息平台

为了变“群众跑腿”为“数据跑腿”，服务中心打破了信息壁垒、探索上下联动，将复杂留给政府，将方便交给群众，推动矛盾纠纷信息一网联通、一体化解决，信息通过数字化融通、流转、统计和智能分析，使问题在服务中心获得解决。为了不断推进基层治理的感知智能化、管理精准化、服务便捷化，南海区信访群众诉求综合服务中心开发建设的“智慧信息平台”，主要包含群众诉求小程序、业务协同系统、数据分析系统 3 个领域的多项智能应用。

(一)开发群众诉求小程序

为了及时掌握和了解群众的信访诉求，信访服务中心专门开了“群众诉求小程序”，可供群众通过预约现场走访、预约线上视频、现场提出诉求、在线提出诉求等方式反映其诉求，并且能够清楚在小程序上查询诉求解决进度，做出评价。也可供职能部门、第三方社会力量掌上办公，实现处理问题、结果反馈、调度指挥等。群众预约时，不仅能预约时间和方式，还可以选择接待的职能部门，真正实现“群众点名，部门报到”的精准接访模式。

(二)开发业务协同系统

业务协同系统有效整合和对接各部门现有应有业务系统，包括接访、诉讼、调解、劳动监察仲裁、行政复议和公共法律等，同步打破数据壁垒、行政职能壁垒，防止事项在部门系统之间空转，不断推进数据共享、业务协调。同时对矛盾纠纷实现便捷、高效处置、化解，不断提升在线矛盾纠纷多元化解的能力和水平，为实现群众反映问题“最多跑一地”提供信息化支撑。

(三)建设数据分析系统

数据分析系统以共治共享为思路，积极挖掘和运用大数据，用数据说话、用数据决策、用数据服务，通过系统互联，打通全区实现全域治理一张图指挥、调度、决策分析，实现社会治理多元化解从线下向线上扩展。系统分为三大板块，分别为区情简况、诉求分析、协调处置。其中区情简况涵盖南海区面积、地区生产总值、户籍人口数量、流动人口数量和公共交通、学校、医院等民生服务数据，实现了对宏观经济、人居环境、政务服务、社会治理和交通出行等重点领域概况的展示，深入掌握全区运行的全貌。诉求分析板块由信访工作数据图表和重点案件数据资源组成，大至国家、省、市区之间的数据对比，小至各行业、各领域、各渠道的细化分析，多维度、深层次地展示了南海区社会治理的工作情况，为社会治理分析研判提供信息支撑。协调处置设计将包括广东省一体化信访信息系统、区法院业务系统、区社会治理网格化平台、区公安视频监控系统、区物联网平台等涉及社会治理的工作平台进行了有机融合，实现全域治理一张图指挥、调度、决策、分析。

四、建立矛盾纠纷化解八项机制

无规矩不成方圆，制度建设是提高中心管理水平的基础性工作，为确保中心运行规范化和科学化，南海区信访局制定了一套比较完整的规章制度体系，为有效化解矛盾纠纷提供了保障。

（一）建立信访工作联席会议机制

充分发挥联席会议综合协调、组织推动、督导落实等职能作用，切实加强组织领导，定期开展信访形势分析研判，加大统筹协调力度确保中心规范、有序、高效运行，有效促进信访问题及时就地化解。

（二）建立分级分层立体化全覆盖信访化解矛盾纠纷机制

横向方面，全区建立“1+N+7”的立体化矛盾受理体系，“1”是指区信访服务中心；“N”是指分布在职能部门的矛盾受理中心，如区卫健局医调委、区法院诉前和解平台等已经运行、成效显著、群众认可的平台；“7”是辖区内的镇街实现全覆盖。纵向方面，做好镇（街道）、村（居）级信访服务中心，全区构建矛盾调处“村居首阵地、镇街主战场、区级终点站、分级分层协同”工作模式，努力实现矛盾不上交。

（三）建立党建引领多元化解矛盾纠纷的工作机制

坚持党建引领，实施“三亮一晒一立”活动，开展党员示范亮身份、亮职责、亮承诺、晒成效、立标杆等业务大比拼行动，锻造一支敢为群众办难事、善为群众办大事、能为群众办实事的信访业务铁军。

（四）建立真心贴近人民群众服务群众的工作机制

按照“导服—接谈—调处—反馈”的诉求服务链条，重构诉求服务大厅功能板块，强化板块协同、设置醒目标识、合理安排人员，实现精准分流、高效调处，同时引入信访社工、律师、志愿者等第三方专业、中立力量参与接访和调处工作，充分发挥第三方柔性工作手法。

（五）建立统筹全区力量有效整合资源的工作机制

充分整合责任部门和第三方社会力量，以常驻、轮驻、随驻等多种形式入驻信访服务中心。部门实现分批进驻信访服务中心办公，以构建矛盾化解完整链条和社会矛盾高发的部门为选择进驻标准，相应建立退出机制。

（六）建立一门受理、一门办理的“首问负责”工作机制

凡群众依照规定向信访服务中心提出的事项，全部进行规范、详细登记，实行有访必受理、必负责、必有复，做到“一门受理”“接诉即办”。建立健全与入驻部门（单位）业务协同对接机制，准确区分事项类型，分类流转导入办事程序。建立群众诉求快速响应机制，实行即时答复、受理和办理，依法及时就地解决问题，确保“民有所呼，我有所应”。

（七）建立中心调处化解矛盾纠纷管理闭环的工作机制

对属于驻厅职能部门承办的事项，由驻厅人员负责调处，对适用调解解决的事项，引导群众优先采取调解等方式化解矛盾纠纷，对不适宜调解、久调不结、调解不成的矛盾纠纷，引导当事人通过行政复议、仲裁、诉讼等其他适宜的途径化解纠纷。

（八）建立智能化业务协同推进的机制

开发建设“智慧信息平台”项目，形成群众诉求小程序、业务协同系统、数据分析系统3个领域的多项智能应用，不断推进基层治理的感知智能化、管理精准化、服务便捷化。

五、整合资源力量助力矛盾纠纷多元化解

深入了解民情，是筑牢信访工作的基础。在日常工作中整合资源引入社工力量，南海信访走在前列，为进一步畅通政府与人民群众的沟通桥梁、创新工作机制，区信访局自2012年起引入第三方力量，将“社工+心理”的服务模式应用在信访工作中，由信访社工以去行政化、中立化、专业化的服务理念，为群众提供访前引导、个案跟进，并链接其他社会资源，多元推进矛盾纠纷的化解。近十年来，南海信访社工以细心、耐心、关心的服务准则，对来访群众进行情绪疏导、救助帮扶，推动了案件化解进度及信访知识传播，为进一步深化南海区社会治理模式、协同打造共建共治共享的社会格局提供了重要支撑。

群众利益无小事，一枝一叶总关情。为做好来访群众前置接访的引导服务，南海区群众信访诉求综合服务中心专门设置了信访社工窗口。通过开展访前情绪疏导、法律政策宣导、信访流程引导等工作，帮助来访群众更理性、更有效地反映诉求。居民张女士来到区群众信访诉求综合服务中心，请求政府拆除违章建筑，情绪较为激动。信访社工立即开展访前疏导工作，为张女士做好来访登记，并了解事情缘由。信访社工发挥“知心人”的角色，主动关心张女士日常琐碎，倾听其诉求想法。经过深入了解，信访社工得知，张女士的邻居在重建房子时超越规定红线4厘米，加之此前与邻居有些许矛盾摩擦，内心积压已久的情绪瞬间爆发。信访社工发挥“同路人”的角色，引导张女士聚焦问题、理性表达，并为其分析邻里关系和睦的重要性，陪伴支持其在法律政策框架下寻找解决诉求的最佳方法。经过信访社工的开导，张女士郁结的心情得到舒缓，并表示愿意与邻居私

下协商、解决问题，该信访事项得到了完满解决。

除访前咨询服务外，个案服务也是信访社工工作的重要一项。信访社工以个案工作的手法跟进来访群众诉求，阶段性评估其思想和行动变化，并在信访案件处理过程中双向传递信息，促进信息对称，同时关注来访群众作为社会人的综合需求，助力群众诉求合理的解决问题到位、诉求无理的思想教育到位、生活困难的帮扶救助到位目标的实现。南海区信访社工阿巧曾处理的个案，让她至今难忘。初见上访市民罗姨时，阿巧就发现其情绪状态十分低落、无助，甚至有轻生念头。原来，罗姨养子的教育问题、丈夫的情绪问题，都让她长期处于高压环境中，并因此引发了身体问题。无奈之下，罗姨向相关部门反映情况，希望通过政策手段为其提供帮助。家家有本难念的经，阿巧深知要解决罗姨的问题，不能一蹴而就。在与罗姨交谈过程中，阿巧扮演着聆听者、陪伴者、支持者的角色，多次肯定罗姨对家庭的辛苦付出，与罗姨逐步建立起良好、信任的关系。经过多次谈心，罗姨对阿巧更加信任、更愿意敞开心扉。在了解罗姨的心理压力后，阿巧迅速向南海区妇联链接专业的心理咨询资源。通过心理疏导，罗姨的负面情绪得到了极大缓解，再无提及轻生。针对罗姨养子的情况，阿巧积极与南海区教育局沟通，并链接青苹果青少年辅导服务的驻校社工为养子提供上门服务。经过辅导，养子的叛逆情绪及学习态度得到了改善，并开始专注学业，罗姨对此感到十分欣慰。

习近平总书记曾对信访工作做出重要指示：要加强风险研判，加强源头治理，努力将矛盾纠纷化解在基层、化解在萌芽状态。为此，信访社工积极联动政府部门资源及基层社会力量，助力做好风险防范和源头治理的工作。一是及时链接相关部门。做好“代理人”“牵线人”角色，信访社工通过与来访群众的深度互动，了解其诉求背后的情绪需求、生活需求和发展需求等，积极向相关职能部门反馈，联合相关机构给予支持扶助。二是建立联席会议机制。社工定期与政府各部门代表、律师召开联席会议，形成部门协调、统筹兼顾、齐抓共管的工作格局，从政策、法律及社会帮扶等方面共同探讨群众诉求事项，切实依法及时就地解决群众合理诉求。三是开展宣传教育活动。为使信访工作取得更好效果，信访社工以法制宣传日、《信访条例》颁布日为契机，联合司法、信访等部门，深入基层社区、村(居)，开展形式灵活、丰富多样的政策宣传教育活动。同时，邀请已妥善结案的信访群众以身说法，增进人们对信访工作及信访社工项目的理解与支持，努力将矛盾纠纷化解在基层、化解在萌芽状态，防止小问题拖成大问题，避免一般性问题演变成信访突出问题。

信访社工是南海信访工作发挥新时代“枫桥经验”、积极推进社会治理创新、完善优化南海信访工作的创新之举。2021 年，南海区信访社工接访咨询 673 批 2424 人次，个案服务 30 个(其中长期个案服务 25 个)，成功化解 3 例信访老户案件，工作成效显著，切实减少了矛盾上行。未来，南海区信访社工将积极探索群众矛盾的风险防控和源头治理途径，使社工在工作职责内更大程度地了解本地信访案件的来源、结构构成，实现在社会工作视角的监测，在信访工作中以及宏观层面发挥更积极的作用。

六、始终坚持以人民为中心的信访工作理念

做好信访工作，是践行为民解难、为党分忧职责使命的重要举措。早在 2012 年，南海区就将“社工+心理”模式应用在信访工作中，为群众提供个性化服务跟进，多元推进矛盾纠纷的化解。信访接待是解决群众问题的“起点站”。为对来访群众做好前置服务、及早介入沟通，项目建立了“来访群众—信访社工—接访人员—受理平台”的协助服务模式，在区群众信访诉求综合服务中心设置信访社工窗口，为群众提供访前情绪疏导、法律政策宣导、信访流程引导等服务，提高接访办事效率。信访社工以“知心人”“同路人”的角色，主动走近来访群众，关心其日常琐细，接纳其不满愤懑，倾听其内心想法，与来访群众建立信任关系，循序渐进搭建群众与政府沟通的桥梁。对于情绪激动的来访群众，信访社工迅速启动“心悦工作室”，为其提供情绪疏导、正向心态引导的心理咨询服务，发挥“情绪隔

离带”作用，并引导其聚焦问题本质、理性表达诉求，陪伴其在遵循法律政策的基础上寻找解决诉求的最佳路径。信访社工的前置服务，是人民群众与政府部门交流的“缓冲带”与“润滑剂”，对信访工作，尤其是集体上访的现场冲突缓解发挥了重要作用，有力降低了群体性事件的处置风险。

心悦工作室是南海区信访社工团队成立的社会心理服务平台，专门为信访群众提供专业心理咨询、心理疏导及危机干预，帮助有心理困扰、心理矛盾的来访群众协商解决问题，使其更好地摆脱困境、适应社会。经过近十年的实践探索，南海区信访社工项目成效显著，为第三方参与打造共建共治共享的社会治理格局提供借鉴样板。

2021 年 3 月，为进一步拉近信访社工与群众的心理距离，打造更加温馨、舒适的“谈心”环境，区群众信访诉求综合服务中心正式揭牌运行。截至 2021 年 12 月，信访社工共协助接访群众 847 批 3207 人次。其中，心悦工作室疏导情绪激动的来访群众共 376 人次，并通过心理疏导，协助 344 人次恢复平静状态，情绪介入改善率为 91.6%。根据满意度调查显示，来访群众对综合服务中心的管理、信访社工的服务满意率达 100%。

“到底哪里才有我们的安身之所？请政府帮帮我们”！2021 年 3 月，关女士带着一封求助信来到南海区群众信访诉求综合服务中心，信中言辞恳切，写满了悲痛与无助。来访者关女士一家居住在南海区某镇某村。据她所述，早在她父母结婚之初，爷爷就将名下两间房屋口头分配给她的父亲。不料，还未来得及办理房屋转让手续，爷爷就于 2010 年车祸身亡，原本的许诺也落了空。关女士哭诉，父亲不久后就与母亲离了婚，关女士俩姐妹跟母亲因此遭受各类闲言碎语的折磨，日子过得十分坎坷。一波未平一波又起，伯父将爷爷名下宅基地进行公证，获得了使用权。如今，该村即将被征地拆迁，刚毕业的关女士即将身无分文、无家可归。由于母亲、姐姐已逐渐脱离家庭生活，这一维权重任都压在了关女士一人身上。

连日来，关女士奔波各处，却无法得到满意答复。面对他人的流言质疑，眼看家人即将流离失所，关女士含泪写下一封求助信，希望得到区群众信访诉求综合服务中心的支援帮助。面对这一棘手的矛盾纠纷，信访社工迅速介入服务。通过现场谈话与观察，信访社工发现，由于关女士在此前的求助过程中得不到充分支持，导致其对人心怀戒备、谈话有所保留。信访社工迅速化身聆听者、陪伴者、支持者，在用心聆听关女士生活经历、内心诉求的同时，更以同理心体会她的情绪和想法，肯定她的主张和付出，并为她提出合理建议。在持续接触中，关女士与信访社工建立了信任关系，对社工的建议也由防备转为接纳。

如何在有限时间内撤销公证书、获得应有的拆迁分配，孤身维权的关女士显得茫然无措。“能不能告诉我，下一步该怎么做?”在与信访社工交谈的过程中，她数度陷入忧愁、哽咽流泪。为尽快化解矛盾纠纷，信访社工与相关镇街调解团队、村委会形成联动，共同分析目前所遇的问题、研究可取的方案。同时，对接法律援助律师、司法公证部门，反复明晰关女士诉求的合法获取途径。经过多方沟通协作，公证部门明确建议关女士提出公证复核申请。在信访社工的协助下，村委会与关女士伯父进行了多次沟通，最终同意归还关女士父亲的居住土地。得知消息后，关女士十分激动：“真的很感谢你们的帮助，让我得到了很大的支持和力量!”为帮助关女士更好地回归正常生活，信访社工还指引其制订了重建房屋、借款归还等方面计划。收到求助信仅一个多月时间，这宗信访难案就得到了圆满化解。南海区信访社工以实际行动纾民怨、暖民心，为全区社会和谐稳定提供了坚实保障。

第七章

建立行业专业调解机构升华行业治理

南海区中小企业遍布，社区矛盾纠纷频发，为了应对行业和社区中复杂多样的矛盾纠纷，南海区积极贯彻落实党和国家市域社会治理现代化建设的重大决策部署，大力发展行业性、专业性调解组织，在化解矛盾纠纷方面取得了骄人的成果，形成以南海区行业调解为代表的矛盾纠纷多元化解品牌。自 2018 年 6 月南海区建立“147”矛盾纠纷多元化解工作机制以来，道路交通事故纠纷、物业纠纷、一般劳资纠纷、治安纠纷、邻里纠纷、医患纠纷等矛盾纠纷都可以通过专门的调解委员会调处解决，全区人民调解专业队伍不断壮大，业务水平不断提升，矛盾纠纷化解效率大幅提升。历经 3 年多持续探索，南海区“147”矛盾纠纷多元化解工作机制运转良好、成效显著，矛盾纠纷多元化解体系日益完善，矛盾纠纷化解工作越做越实，调解服务基本覆盖一线，矛盾源头防范得到深化，基层社会治理成效显著。

第一节　加强镇级调解力量建设

完善矛盾纠纷多元化解机制，是保障群众合法权益、促进社会公平正义的必然要求，是创新社会治理、深化平安建设的重要内容，是畅通群众诉求表达渠道、有效化解矛盾纠纷的有力抓手。近年来，南海区紧盯调解在基层社会治理中的重要意义，积极完善矛盾纠纷多元化解机制，推动基层成为矛盾风险的“终点站”，为加快推进社会治理现代化提供有益探索。

一、建立镇(街道)村(社区)两级调解组织

调解是矛盾纠纷多元化解机制中的核心，南海区高度重视调解组织建设，在建立大调解体系过程中，南海区不断加强社区、乡镇的调解力量，充分发挥基层人民调解组织的基础作用。南海区以镇(街道)司法所为主体，建立起完整的领导组织体系，设立矛盾纠纷多元化解工作领导小组，由镇党委副书记担任组长，司法所所长、镇综治信访维稳办主任担任副组长，各相关部门负责人，各村(社区)书记任成员，保证各相关职能部门可以按照自身职责配合开展调解工作。另外，还建立了镇村两级调解组织，镇矛盾纠纷调解中心一方面衔接南海区矛盾纠纷调解中心受理平台，领导全镇的矛盾纠纷化解工作的整体方向；另一方面与村(社区)调解组织实现无缝对接，密切群众基层，建立覆盖全镇的调解组织网络，及时化解各类矛盾纠纷。实践表明，镇(街道)村(社区)两级调解组织的建立不仅有利于群众遇到纠纷能及时找到调解组织，而且能够方便群众从快从优解决问题，将矛盾化解在基层。

在桂城街道，为做好新形势矛盾纠纷调处化解工作，践行“发展‘枫桥经验’，实现矛盾不上交”这一主线，桂城街道坚持调防结合、以防为主、原则性与灵活性相结合，积极创新工作方式方法，全力推进社会矛盾纠纷

多元化解机制，取得了显著成效。特别值得一提的是，桂城街道创建了“警调对接”的矛盾纠纷多元化解特色，建立了“1+8+N”的组织架构。其中，“1”是指成立的桂城街道治安纠纷人民调解委员会；“8”是指在桂城街道辖区内8个社区治安中队分别设立的8个治安纠纷调解室(灯湖社区民警中队治安调解室、叠滘社区民警中队治安调解室、雷岗社区民警中队治安调解室、平西社区民警中队治安调解室、平洲社区民警中队治安调解室、三山社区民警中队治安调解室、石东社区民警中队治安调解室、夏教社区民警中队治安调解室)；“N”是指公安民警中队联合治安调解员在治安纠纷案件高发地段设置的若干移动治安调解室。2020年至2021年第三季度，桂城街道各级人民调解会共受理调解案件2295件，调解成功2207件，调解成功率约为96.1%，签署书面协议1461份，涉案金额达4358.5多万元。桂城街道治安纠纷人民调解委员会从2018年7月成立至2021年6月，共接收案件1754宗，经调委会主持调解并达成协议案件1694宗，调解成功率为96.6%，案件涉及当事人共3993人，涉案金额约为2027万元。同时，治安调解员还为1918名社区群众提供了法律咨询。治安纠纷调解队伍的组建及成功运作，减轻了民警的工作压力，提高了社区民警中队的调解效率，有效指引人民群众通过合法途径解决纠纷，增强了群众法律意识和法治观念。

西樵镇结合本地实际设立了镇矛盾纠纷调解中心，衔接区矛盾纠纷调解中心受理平台，负责和指导全镇矛盾纠纷化解工作。各相关职能部门按照自身的职责，开展行政调解工作，形成矛盾纠纷“三调联动”的调处机制，对疑难复杂和重大矛盾纠纷召开联席会议专题研究，及时调处，以实现“小事不出村，大事不出镇，矛盾不上交”的工作目标。建立了覆盖镇村两级较为齐全的调解组织网络，包括镇级调委会、村调委会、社区调委会、企业调委会、物业纠纷调委会、镇婚姻家庭纠纷调委会、镇治安纠纷调委会、工业园区调委会、镇总商会调委会、其他调解组织等多类调委会。比如，在企业内部，西樵镇鼓励企业组建企业自己的调解委员会，目前西樵镇共建立了多家企业调解委员会，负责本企业职工之间、职工与企业之间、企业职工与企业外人员、企业与企业外团体和人员的矛盾纠纷。具体包括职工之间的日常生活纠纷、婚姻问题、债权债务问题和职工与企业之间的劳务合同和工伤等矛盾纠纷。此外，西樵镇积极探索通过政府购买服务引入民间调解协会，西樵民间纠纷调解协会接受镇司法所的业务指导，受理区政府各部门移送的矛盾纠纷调解案件，该组织是以社团性质注册登记的第三方独立人民调解组织，是人民调解领域的民间性自治组织，为社会提供公益性调解服务。调解员在专业组成上包括了以律师、教师、心理咨询师、医生、退休干部、村(社区)调解委员会主任、工联会主席、青年学生等为核心的调解力量，主要调解内容为婚姻、邻里、人损、家庭、债权债务等常见纠纷。从 2018 年 8 月起至 2021 年 10 月，西樵镇村两级调解组织开展纠纷排查 3847 次，调处各类矛盾纠纷 1265 件，调解成功 1244 件，成功调解率为 98. 34%，涉案金额 9237. 2 万元。

在丹灶镇，丹灶司法所牵头建立丹灶镇矛盾纠纷调解中心，以“一中心统筹+多部门联合+村居基层预防”的模式开展矛盾纠纷调解，派驻专职调解员到调解中心、人社局、法庭、社区民警中队、村居开展矛盾纠纷调解工作。在各职能部门实现调解案件的常态化跟进，强化现有人民调解服务体系，加强社区民警中队、村居矛盾纠纷案件的调处力量，定期排查村居矛盾纠纷和了解社情民意，分类干预和逐级反映，促进矛盾纠纷化解和预警。

在九江镇，自矛盾纠纷多元化解机制建立以来，九江镇通过加强排查化解力度、壮大人民调解队伍建设、加强总结经验把握规律、加强调解组织建设、加强调解业务培训、加强历史积案化解、加强人民调解宣传力度等措施，充分发挥司法行政部门在纠纷多元化解中的作用，在矛盾纠纷化解中积极与相关村(居)、部门形成合力，群策群力，突出集中力量办事的优势，有效化解了大量矛盾纠纷。从 2018 年到 2021 年间，九江镇司法所共排查发现矛盾纠纷 1890 宗，成功调处矛盾纠纷 1616 宗，成功率为

85.5%，达成书面协议 1440 份，涉及 4388 人、调解协议涉及金额约 7505.5 多万元，化解重大疑难(1 年以上积案或金额 50 万元以上)和群体性(20 人以上)纠纷 55 宗，需要重点跟踪历史积案 7 宗。

为抓好共建共治共享的社会矛盾纠纷多元化解工作的深入落实，夯实大沥镇人民调解工作体系的基础，大沥镇司法所 2019 年开始购买专业社工运营大沥镇人民调解服务项目，通过打造专业人民调解员团队，建立“一体三层”的调解工作沟通机制，即以大沥司法所为中心体，以各部门调解单位为辐射面，以村居调解点为据点，形成一个中心，多个层面的调解工作支持网络，从而建立大沥镇人民调解特色工作机制。

狮山镇司法所通过依托狮山镇综治信访维稳办平台，设立了狮山镇矛盾纠纷调解中心，在官窑、大圃、罗村、小塘四个社会管理处设立了矛盾纠纷调解分中心，同时积极开展多元化纠纷解决机制创新工作，通过设立访调对接工作室、派驻专职人民调解员、创立个人调解工作室、诉前调解工作室、行业性专业性调解委员会等举措落实社会矛盾多元化解机制。

二、积极建立个人调解工作室

针对不同社区的具体情况，南海区近年来以贯彻落实“枫桥经验”为契机，从化解矛盾纠纷的实际情况和当地群众的实际需要出发，充分发挥司法行政在基层治理中的优势，积极探索人民调解新方式，依托当地有能力有名望的个人作为调解员，充分发挥其人熟、地熟、情况熟的优势，建立个人调解工作室，着力打造个人特色调解品牌，实现了每个镇街都有 1 家以上个人调解工作室的目标。这些个人调解工作室致力于有效化解群众纠纷，降低基层治理压力，力促“小事不出村、大事不出镇、矛盾不上交”，努力实现就近解决矛盾纠纷，着力打造群众广泛知晓的调解品牌。

全区个人调解室的调解员，有讲师、退休警官、法律工作者、居委会委员等，业务技能广，调解领域宽，毋庸置疑是群众解决矛盾纠纷的好帮手。例如桂城街道苏志敏利用“熟人社区”和“楼长制”优势，调动群众参与社区治理，及时有效化解社区矛盾。丹灶镇谢苏开展一对一的专家“坐诊”，坚持事前了解，事后跟踪，以事实为依据，依法调解，以理服人，以法育人。丹灶镇冼童辉调解室加强与群众沟通联系，及时帮助群众协调解决存在的困难，赢得基层群众信任，促进调解工作有效开展。狮山镇袁刚调解室为当事人提供心理疏导和法律咨询，引导当事人通过合法途径解决矛盾纠纷，以求达到最佳社会治理效果。狮山镇邝柏友调解室发挥法律与道德的双重作用，加强普法宣传教育，引导当事人将矛盾化解在基层；里水镇蒲锦棠调解室秉承邻里纠纷无小事，及时化解是大事的工作理念，多次化解群体性的劳资纠纷、复杂的死亡赔偿纠纷，成为群众心中的“最公道的人”。西樵镇区文基调解室凭借丰富的调解经验和亲切的待人之道，专治调解工作中久调不解的“疑难杂症”案件。大沥镇周永雄调解室倡导“依法依规+街坊情怀”有机融合，主动协助化解社区邻里间的矛盾纠纷，促进社区邻里间的街坊融洽共处。大沥镇叶建华调解室是邻里群众熟悉和信任的“叶 Sir”，运用换位思维的方式来劝服当事人是其行之有效的调处方法。九江镇黄兆玲调解室充分发挥老党员的政治素质，以一颗为民解忧的初心，巧妙地将一件件纠纷大而化小、小而化无，以己之力守护好社会和谐稳定的第一道防线。

建立个人调解工作室是传统调解组织形式的创新发展，是基层调解组织触角的有效延伸，对于增强人民调解员的积极性、主动性，扩大人民调解工作的权威性、影响力，提升人民调解工作质量水平具有重要意义，有效实现了矛盾就地化解，不上交、不激化，对保障人民群众合法权益，促进社会公平正义，维护国家安全和社会和谐稳定做出了卓越贡献。

个人调解室有其独特的优势。第一，个人调解工作室根植基层，在最大程度上做到了深入广大人民群众生产生活的各个领域，一线调解员大都选拔自具有充分经验的基层工作者以及各片区内个人声望相当响亮的调解能手。这些人原本在当地就具有较强影响力，因此能够更快速地为广大市民所信任和接受，对调解工作的进一步开展和运行提供了极大的便利条件。而且个人调解工作室于人民群众而言，更能设身处地、心贴心地为百姓发声、为平民做事，自然能够带来更大的公平感和信任感。第二，由于基层矛盾纠纷数量繁重、类型多样，这就对调解工作的灵活性提出了更高要求，个人调解工作室在镇街范围内运作，对于各区域内居民的矛盾焦点以及性格特点的掌握相较而言更为充分，调解人员与片区人民联系较为紧密，能够更快速地发现问题冲突发生的本质原因，可根据不同纠纷的特殊性设计个性化的调解策略，有效避免了格式化工作带来的一系列不适配问题。调解员本身也都是充满热忱、具有奉献精神的模范先锋，他们在工作过程中更能做到摒弃高高在上的管理思维，切实践行“为人民服务”的优秀理念，使得广大群众从心底接受和认可调解服务，推动“有矛盾，找调解”意识的形成。第三，一些个人调解工作室还做到了充分吸收群众志愿者，鼓励片区居民也积极参与矛盾纠纷调解工作，为共建共治共享目标的实现提供了新途径。

例如，桂城街道苏志敏“创熟”调解工作室，自 2019 年 10 月成立以来，深入小区建设与治理一线，完善基层党建全领域统筹、多方面联动、各领域融合的治理格局，探索居民党组织领导下的协商机制、党员骨干示范带动机制、居民公约约束机制，提升居民对社区公共事务的知晓度、参与度和满意度，构建了包容互信、多元共治的治理模式，通过发动街坊志愿互助会、自治小组、楼长等治理和调解团队，协调处理邻里矛盾 1314 宗，解决小区卫生问题 1088 个，协助破解治安案件 173 起，成果卓越，贡献巨大。

又如，陈平功是当地赫赫有名的调解员，多年以来很多外来务工人员在遇到困难的时候总会第一时间想起他。陈平功说：“既然个人调解已经成为我生活的一部分，那不如再成立一个正式的个人调解工作室，这样才能够帮助更多的人。”2018 年 8 月 31 日，南海区狮山镇政府正式成立“陈平功个人调解工作室”。自调解室成立以来，陈平功充分利用其人熟、地熟、业务熟、情况熟的优势，主要化解以外来务工人员劳资纠纷为主的各类矛盾纠纷，赢得了当地群众的信任和认可。据统计，2020年陈平功共调解成功154宗案件，其中劳动争议类案件69宗，损害赔偿类案件48宗，债务纠纷类案件11宗，合同纠纷类案件5宗，婚姻家庭类案件3宗，其他类别案件18宗。

丹灶镇在有条件、有优势的社区设立个人品牌调解室，将具有热心公益事业、主动服务群众优良品质且退休的政法干部，吸纳到调解员队伍，将个人经验、技术的发挥与品牌调解室的广告效应结合起来，充分体现“组合拳”的优势，让群众切实感觉到调解解决矛盾纠纷的益处和长处，从而发自内心地理解、支持人民调解工作。2019年10月29日，丹灶镇依据《南海区个人调解工作室管理试行办法》，成立和记(孙汝和)调解工作室。调解员孙汝和在成为专职调解员前，曾从事社区民警工作十余年，经过历练，锻炼出较强的交际沟通能力，还总结出了“和记调解十三式”的调解心得，即“早排查、勤宣传、聚民力、知实况、查档案、稳情绪、摆事实、列标准、论理据、寻平衡、重回访、共复盘、齐反思”。同时，各职能部门也给予孙汝和各项力所能及的帮助和便利条件。在孙汝和的努力下，仅7个月，和记调解室共协助化解各类矛盾纠纷共58宗，调解成功率为97.3%，涉及标的金额为410多万元，成为丹灶镇调解员中及时把各种矛盾纠纷消除在基层的典型，“有矛盾，找和记”在丹灶镇深入人心。可以说，孙汝和的成功，既是其个人魅力、调解才能的反映，也是丹灶镇构建矛盾纠纷多元化解机制的最佳诠释。

三、建设行业性、专业性人民调解委员会

现代社会的发展使得社会分工不断细化，矛盾纠纷也呈现行业化、专业化的特点，这些纠纷的解决需要以专业知识背景为基础，行业性、专业性调解因此成为解决如上问题的首选方案。2011年，司法部发布了《关于加强行业性、专业性人民调解委员会建设的意见》，强调发展行业性、专业性调解的重要性。2014年，司法部发布了《关于进一步加强行业性、专

业性人民调解工作的意见》，指明了行业性、专业性人民调解的指导思想，推动行业性、专业性人民调解工作进一步发展。

调解制度的多元化发展，应当坚持专业化与社会化并重的原则。专业化是调解制度发展的一个重要趋向。随着经济、科技的发展和社会分工的日益细化，一些技术性、专业性的纠纷呈现增长趋势，如在医疗卫生、交通事故、环境保护、金融证券等行业和领域发生的纠纷，往往涉及复杂的专业知识，调处难度大。对这类纠纷的调处，鼓励专业人士介入是必然趋势。因而，我国调解工作的发展应采取精英调解与大众调解相结合、社区调解与专业调解相结合的方法。要鼓励专业人士从事调解工作，依托行业性、专业性机构建立新型调解组织，促进调解工作的专业化水平，适应社会纠纷种类日益多样化、法律关系日益复杂化的趋势。

南海区中小企业遍布，是全国最主要的陶瓷产地和铝合金门窗产地，同时还有中国产值最大的玉器市场和中国最大的缅甸翡翠玉石集散地。此外，南海区快速推进村改居工作，成立经济社和经济联合社，社区矛盾频发，加之还有大量工作在广州的候鸟人口，使得矛盾更加复杂化。为了应对行业和社区中复杂多样的特殊矛盾，南海区着力发展行业性、专业性调解组织，建立了具有本地特色的行业性、专业性调解组织体系。

由于行业纠纷经常涉及行政机关的相应职能，因而在探索行业调解的实践中普遍采取协同共建的方式，整合行政机关(包括人社、公安、国土、城建、卫计、质监、工商、水务、信访等)、人民调解委员会及社会力量，分别就劳动争议、人事争议、交通事故纠纷、治安纠纷、农村股权纠纷、承包地纠纷、医疗事故纠纷、产品质量纠纷、消费者权益保护纠纷、房地产纠纷、物业管理纠纷、拆迁纠纷以及涉及行业的重大、群体性纠纷组建专业性的调解队伍。其中，最具代表性的有道路交通事故调解委员会、医疗纠纷调解委员会、婚姻家庭纠纷调解委员会、劳资纠纷调解委员会、企业或商会纠纷调解委员会等。截至2021年6月，南海区共有473个调解组织(408个调解委员会以及65个调解工作室)，其中行业性、专业性调解组织有 121 个(74 个行业性、专业性调解委员会以及 47 个行业性、专业性调解工作室)，占比 25.6%。121 个行业性、专业性调解组织中，处理治安纠纷的调解组织有 31 个(7 个调解委员会以及 24 个调解工作室)，占比 25.6%。处理物业纠纷的调解组织有 25 个，占比 20.6%。处理劳动的调解组织有 17 个(5 个调解委员会以及 12 个调解工作室)，占比 14%。处理婚姻家庭纠纷的调解组织有 9 个(全部为调解委员会)，占比 6.6%；此外，行业性、专业性调解还覆盖了诉前、信访、医疗、商会、道路交通、金融行业、旅游行业、玉石行业、金属材料行业、门窗行业、机械装备行业、汽车行业、中小企业、涉军、校园、安全事故等领域。可以看到，治安纠纷领域是南海区行业性、专业性调解组织建构的重点，符合南海区现今村改居工作的关注焦点，能够应对大量的、复杂的社区纠纷。同时，南海区还着力打造了如玉石行业、金属材料行业、门窗行业、机械装备行业、汽车行业等具有当地特色的行业性、专业性调解组织，实现了对当地社会生活领域的全面覆盖。

例如，南海区平洲珠宝玉器协会以行业自律、诚信经营为切入点，针对玉器行业自身的特点先后制定了《平洲玉器市场交易行规》《玉石投标交易会条款》《平洲玉器市场珠宝产品检测争议处理办法》《平洲珠宝玉器行业劳资关系守则》《桂城街道玉石及制品网络直播营销活动管理规范》等规章制度，并与时俱进，不断在交易实践中修改完善，始终坚持依法调解、民主服人、制度管人，做到制度面前人人平等，切实保障商家和消费者的合法权益，不遗余力地维护着行业正常的生产交易活动，维护着行业的稳定与和谐。

为了提升矛盾纠纷化解效率，南海区积极培育专业力量介入矛盾纠纷化解工作，加大对社会组织开拓矛盾纠纷化解业务的扶持力度，鼓励在交通、医疗、食药品、劳动、物业、消费者维权等矛盾纠纷易发多发行业和领域建立健全专业调解组织，在更多的规模性产业行业建立专门的行业性调解组织，由条件成熟的第三方机构和社会热心专家建立民间调解组织、由更多的第三方调解组织打造成熟知名品牌，从而引导更多市场化、专业化的社会力量介入矛盾纠纷调处工作。南海区积极探索行业调解推进市域社会治理现代化建设的创新实践，这种建立矛盾纠纷专业化调解机构升华行业治理的做法在全国起到了很好的示范作用。

第二节　建设医患纠纷人民调解委员会

南海区泽辉医患纠纷人民调解委员会（以下简称“医调委”）自成立以来，一直坚持以弘扬法治、公正惠民、维护社会稳定、化解社会矛盾为宗旨，为专业化解医患纠纷服务，在南海区开展社会医患矛盾化解和社会治理创新的理论研究和实践，积极推动人民调解参与医患矛盾化解工作，为维护南海区平安稳定做出了重要贡献。

一、南海区泽辉医调委概况及其运行方式

南海区泽辉医调委是2018年9月8日正式挂牌成立的从事医患纠纷调解的第三方调解机构，遵照《中华人民共和国调解法》、广东省司法厅及广东省信访局《关于建立人民调解参与信访矛盾化解工作机制的实施意见》而成立，组建情况经由司法行政部门备案，前身为广东和谐医患纠纷人民调解委员会驻南海区工作站。

南海区泽辉医调委依附并共享广东和谐医调委，广东和谐医调委是由3000多名具有高级职称的资深医学专家及擅长处理医疗纠纷的资深执业律师组成的庞大专家库，并拥有12名具有医学、法律等专业知识和调解技能、热心调解事业的专职人民调解员队伍。医调委始终坚持以公平、公正原则处理医患纠纷，以公信力为赖以生存和发展的生命线，应用“调赔结合机制”，主动把纠纷调解的各个环节置于阳光之下，自觉接受医方、患方、保险公司、司法、卫生、保监部门和媒体的全方位监督。

医调委的运作经费完全通过市场机制解决，不给政府带来额外的财政负担。某保险经纪公司通过全国招投标组建保险共保体，其中的法律文书明确规定了医调委的运作经费来自这家保险经纪公司的部分服务佣金，而保险经纪公司的服务佣金来源于共保体系的市场营销费和服务费，这种公开、透明、合法的资金来源方式使得医调委的运作真正独立于卫生行政、司法部门之外，有力保障了其公平、公正、中立的特点。

二、医调委解决医患纠纷的机制

医调委在相关部门的指导下，充分发挥自身优势化解医患纠纷，特别是经过多年的探索与实践，开创了社会组织运用市场机制解决社会问题的新局面，并在总结过往调解机制的基础上，创新和完善了一套更适合、更有效解决医患纠纷的机制，即保、调、赔、防、管联合机制。

保、调、赔、防、管联合机制催生了纠纷化解的新理念——从对抗走向对话，从诉讼走向协商，从单一价值走向多元化，从胜负之争走向争取双赢的局面。这既保障了人民群众合法权益不受侵犯，解决信息不对称带来的矛盾，同时也通过医调委这一公平公正的平台，体现出政府宏观监管、社会组织具体化解矛盾的全新社会管理模式，以多元化的方式化解医患矛盾。具体内容如下：

第一，“保”是基础。医患之间因纠纷而引发的经济赔偿矛盾通过医疗责任险转化解决。医院在诊疗过程中可能发生的不可预测的风险通过医疗责任险进行转嫁处理。

广东省医院协会委托某保险经纪公司通过全国招投标，成立了由 9 家保险公司共同组成的共保体，承保医疗机构的医责险业务，解决了由单一保险公司承保可能导致的赔付力度不足的问题，分摊了赔偿风险，减轻保险公司单独承保的经营压力，保证保险赔付的能力。发生医疗责任赔案或纠纷后自动纳入广东医调委进行调解，及时分离医患双方的对立情绪。

医院通过医疗责任保险解决纠纷赔偿问题，促使医院客观看待自身的医疗过失、过错，主动积极承担相应医疗责任，重建医患双方和谐关系。由于医疗责任保险合同条款明确规定，经人民调解达成的调解协议金额由保险公司负责赔付，从而在制度上促进医院主动、自愿申请调解，进一步促进了人民调解工作的进程。

第二，“调”是核心。独立于卫生行政、司法部门之外的医调委聘请懂医疗、懂法律、懂调解、懂政策的专业人士在一线处理医疗纠纷，在医患之间搭建平等沟通、协商解决的平台。医调委组织第三方医学、法律专家，对医患纠纷案件进行定责、定性。赔不赔，赔多少，不是患者说了算，不是医院说了算，也不是医调委说了算，更不是由保险公司说了算，而是由法律、医疗专业人士组成的专家评鉴会来评定。专家是以个人名义应邀的医生、法官、律师，以及社会的监督人员等，涵盖了多个专业，权威性和可选择度有了充分保障。评鉴会由人民调解员主持，采取专家随机抽取和回避制度相结合，在为医患双方搭建的平台中，让医患双方充分陈述，参会专家对治疗过程中是否存在医疗过失以及医患纠纷发生的前因后果进行深入剖析，最后给出专业的评审意见，医调委据此开展调解，通过沟通、协商、疏导，力促达成调解协议。

对于医疗纠纷处理最棘手的医闹问题，医调委从来都是迎难而上，接到报案后第一时间到达医闹现场，及时疏导患方不良情绪，对死因存在质疑的，引导患方接受尸检，尽力劝阻违法违规行为，劝导患方遵循合法途径解决纠纷。如经调解员反复劝导，患方仍继续采取不法、过激行为的，医调委积极配合公安、政法部门依法处置，以保障医务人员的人身安全及医院的正常诊疗秩序。医闹平息后，医调委积极引导患方接受调解，政府部门回避调解过程，此举可规避医患双方对政府进行行政干预的质疑，同时也减轻了政府处置纠纷的压力，扭转目前社会普遍认为的大闹大赔、小闹小赔、不闹不赔的错误观念。

第三，“赔”是保障。医调委根据第三方专家评定意见，经调解后签订调解协议，保险公司据调解协议和专家意见书对医疗纠纷责任、赔偿情况进行认定，并按医责险合同赔偿，最终圆满解决纠纷。

第四，“防”是底线。医调委定时对医疗纠纷案件的发生、结案、赔付进行数据统计，掌握纠纷发生的风险与原因，及时向承保的保险公司和参保的医疗机构反馈信息，形成多方共同管控风险的合作方式。并通过医调委的医学、法律专家库，组成专家讲师团，结合医调委已处理的医疗纠纷案件，在各参保医院举行风险防范讲座，协助医院加强医疗质量管理，至今举行了超过3000多场次各种类型、各种形式的医疗质量安全与风险防范培训及交流研讨会。通过系列风险防范措施来提升医疗机构的抗风险能力，协助卫生行政部门建立医疗纠纷责任追究制度，从制度上减少医疗纠纷发生。同时，利用保险价格杠杆的激励约束作用，有利于促进医疗机构转变观念，提高医疗风险防范意识，提升服务质量和管理水平。

第五，“管”是平衡。医调委建立了第三方监督管理机制，由政府和社会媒体监督管理。对于社会影响大、争议大的纠纷案件，主动邀请新闻媒体参与全程报道，有效促进了医调委各项工作公开透明，保证纠纷处理公正、公平、公开。中央电视台焦点访谈曾主动采访广东医调委，剖析了医调委解决纠纷的全过程及社会各方反响。

医调委还建立医疗机构第三方评价体系，通过对医疗纠纷的处理、纠纷发生原因的剖析、医院风险管控能力的评估、社会民众就诊体验的反馈等多方因素综合考评，从第三方角度对医疗机构进行各级质量评定，为政府、社会提供真实、有效的评价数据。

医调委将坚持“四个满意”的工作要求，把政府满意、医疗机构满意、患者及其亲属满意、人民群众满意作为医患纠纷调解工作的追求目标，彰显医调委的社会责任，继续做好社会组织服务民生和解决社会问题、加强社会组织建设、创新社会管理服务体系等工作，为医疗事业发展、维护社会和谐稳定发挥强大的社会力量。

三、加强团队建设，不断提高医疗纠纷化解能力

在基层社会的矛盾化解与诉源治理中，涉及医患关系的医疗纠纷常常考验着基层社会的治理能力和治理体系的现代化建设。医疗问题与广大民众健康幸福息息相关，医患纠纷没有得到及时有效解决，不仅会加重司法机关负担，还会影响人们对美好生活的企盼与感受。针对易发多发的医疗纠纷问题，南海区于2020年11月挂牌成立医疗纠纷一体化处理中心，探索构建由人民法院、司法局、卫生健康局以及医患纠纷人民调解委员会协同共调的“四位一体”医调机制，促进了医疗纠纷治理在专业化、法治化和多元化基础上的一体化。在南海区有关政府职能部门与医调委联合制定的《关于建立医疗纠纷多元化解机制的实施意见》指导下，充分发挥人民调解、行业调解、行政调解和司法调解的优势，推进医疗纠纷诉调对接，不断拓宽医疗纠纷的化解渠道，为构建衔接顺畅、联动有序的医疗纠纷多元化解工作格局提供一个行之有效的平台。

在此过程中，南海区法院、司法局、卫生健康局以及南海区泽辉医患纠纷人民调解委员会联合成立的医疗纠纷多元化解机制工作小组，作为多元纠纷治理主体，负责南海区的医疗纠纷多元化解的部署、统筹、协调和监督工作，构建了南海区医疗矛盾纠纷的“一体化处理”新机制，整合了社会资源、行政资源和司法资源，聚力协同快速化解医疗纠纷，对预防和化解社会矛盾、维护可持续健康运转的社会关系具有积极作用。南海区医疗纠纷一体化处理中心在推动各方主体协同共治的同时，引入了市场化、专业化和职业化的调解员、行业专家介入医疗纠纷调处工作，吸纳一批具有法律、医学、心理等知识背景的人民调解员参加调解，同时建立医疗纠纷调解专家库，做实了医疗纠纷人民调解的专业化和组织规范化建设。

一般来说，医疗纠纷往往涉及医患关系中各方责任主体的责任划分问题，为了更好地完成医疗纠纷中关于定责定性的专业性问题，南海区医疗纠纷一体化处理中心目前邀请到2000多名来自广州市各大三甲医院具有五

年以上工作经验的在职医生和500多人的法律专家团队共同组成了医疗调解专家库，指导医疗调解工作，提供医患责任认定的专业意见，为医疗纠纷的调查、评估和调解提供法律咨询服务，同时注重引导与安抚患方情绪，加强医学和法学专家在调解中的作用，提高人民调解的公信力。

与此同时，具有相关专业背景的人民调解员还参加具体纠纷调解案件过程，与专家库形成纠纷化解合力，充分发挥专业优势，以通俗语言解释专业术语与专业鉴定意见，对于出现严重医疗损害或者赔偿存在严重分歧的个案，针对不同纠纷争议焦点，从医学、法律、心理等角度合理有效化解矛盾，提高纠纷调解工作效率，完善行业调解与人民调解协同工作的格局和信息共享机制。

第三节　建设道路交通事故损害赔偿一体化中心

为进一步提升交通事故矛盾纠纷处置水平，全面推动矛盾纠纷多元化解机制建设，佛山市公安局南海分局、南海区人民法院、南海区司法局、佛山市保险行业协会于2018年5月23日联合成立南海区交通事故损害赔偿纠纷一体化处理中心(以下简称为“一体化中心”)。一体化中心运用大数据构建人民法院、公安机关、调解组织、保险机构、鉴定机构之间的相互衔接和协调联动的工作格局，使交通事故矛盾纠纷得到化解。

一、设立调解点推动“一键理赔”

一体化处理中心共设立调解点6处，分别位于南海区公安分局交通警察大队事故处理中队、平洲交警中队、里水交警中队、大沥交警中队、小塘交警中队及西樵交警中队。由区司法局安排10名专职人民调解员派驻到一体化处理中心开展交通事故纠纷调解工作，全面推进道路交通事故损害赔偿纠纷一体化调解工作。目前，南海区处理中心服务点数量达到8家，逐步形成从点到面覆盖的局面。为快速缓解大沥、小塘服务点过载情况，新成立的盐步、官窑服务点由某保险公司派出理赔员进驻并参与调解。两个服务点的设置，将扩大线下调解服务覆盖范围，进一步织密南海区道路交通纠纷调解服务网，方便群众及时就地表达诉求、化解纠纷。

在交通事故处理过程中，往往由当事人单方委托鉴定，在后续赔偿阶段容易引发较多争议。一体化处理中心成立后，各部门充分整合资源，可为当事人提供集交通事故责任认定、理赔计算、调解、司法鉴定、法院诉讼、一键理赔、法律咨询等业务的信息共享及在线处理，避免交通事故审理周期长、及时理赔难、处理程序重复等难题。市民在遇到交通事故责任纠纷案件时，可直接到交警大队事故处理中队，找到“人民调解”窗口，通过多部门专业人员联动调解，进行“一键理赔”。如果双方始终未能达成一致意见，则直接由该平台进行立案，进一步简化流程。

二、科学建设一体化中心运行机制

一体化中心建立了全周期管理纠纷处理机制，通过事前防范、事中控制、事后追踪“三步走”策略，妥善处置了南海区绝大部分的交通事故矛盾纠纷。

（一）事前防范，增强预测预警能力

1. 建立工作联络机制。成员单位分别确定一个部门、一名人员作为日常工作联络部门与联络员负责相关联络工作，加强工作协调与信息共享，线上线下推送矛盾纠纷预警信息，并采取有针对性的预防措施。

2. 推动关口前置。一体化中心设在区交警大队，在镇（街道）交警中队设立了 8 个调解服务点，依托“中心—网格化”的分布模式，及时就地为群众提供法律咨询等服务，构建道路交通矛盾纠纷处理的“第一道防线”，实现源头治理。

3. 强化宣传。转变群众纠纷解决思维，一体化中心开通了电子邮箱、微信、小程序等渠道，为群众提供咨询服务。一体化中心以高效的办事流

程和方式，轻松解决群众的交通事故矛盾纠纷，节省当事人的时间、人力和物力成本，渐渐受群众接纳。

（二）事中控制，提升道路交通纠纷处置水平

1. 健全“一站式”化解机制，部门联动高效化解纠纷。四个成员单位明确职责，细化分工，确保一体化中心机制运转顺畅，及时提供高效、便民的调解服务。区法院提供业务指导，并配备 1 名法官驻点一体化中心，对需要申请司法确认的案件进行裁定；区司法局指导南海区道路交通事故纠纷人民调解委员会工作，并将调解员派驻到各个交通事故纠纷调解点。佛山市保险行业协会负责招聘，协调两家保险公司派遣 2 名理赔员参与调解工作。交警大队提供办公场所，免费解决调解人员的就餐问题。

2. 完善人员配备，组建专业队伍。佛山市保险行业协会按照区司法局购买调解服务的合同要求，组织制定运行模式、调解规则、调解员管理制度、调解工作经费管理办法、绩效奖励方案等 10 余项制度，配备专职调解人员 12 人，统一派驻各中队调解服务点。调解员经培训后，由区司法局颁发“人民调解员证”，持证上岗调解。

3. 完善多调联动机制。一体化中心深入推行一站式调解服务，完善人民调解、行政调解、司法调解联动工作机制，实现“人、案、事”集约集成。以 9 个调解服务点为基础，向全区辐射，优化立案、受理、办理等全流程服务，与南海区法院进行诉讼对接。对于调解不成功的案件，可以在所属辖区中队调解点提交诉讼材料，由调解点移交区法院进行立案，避免群众为同一件事来回奔跑。

4. 强化培训机制。一体化中心定期邀请人民法院、公安交警、人民调解专家、法医鉴定中心等对调解员进行培训，组织调解员旁听法院庭审，还积极派员参与区法院、区司法局组织的人民调解员培训会议，提高调解员的业务能力和实战水平。

（三）事后追踪，建立矛盾纠纷修复调解反馈机制

为了进一步巩固和深化矛盾调处成果，促进案结事了，一体化中心建立了对交通事故矛盾纠纷化解过程、成效的检测、评估、反馈，推行诉前和解制度，以电话、微信聊天等方式对调解协议履行情况进行跟踪回访，旨在推动人际关系修复，信任关系重建，社会秩序恢复。同时，成员单位原则上每季度通过联席会议的形式，对总体工作情况及具体案件进行总结提升。

三、一体化中心运行成效显著

作为佛山首个交通事故诉前调解服务试点，处理中心首创利用专业化、职业化的社会力量介入道路交通事故领域的社会矛盾纠纷调解模式。处理中心促进了交警部门交通事故调解与人民法院诉前调解的充分对接，为事故纠纷的当事人提供一站式的调解、立案咨询等服务，提高化解矛盾纠纷的效率。经司法部门专业培训的“人民调解员”承担起交通事故纠纷中除责任认定、审理纠纷外的大部分工作，既节省了人力投入，也有效简化了办事流程。

道路交通事故一体化处理中心及时有效地解决了交通事故类的赔偿纠纷，减轻了法官压力，释放了宝贵的司法资源。一体化中心的成立有效促进了共建共治共享的社会治理格局形成，在运行过程中涌现了不少新内容和新经验，值得其他地方借鉴和学习。这里举两个案例说明：

案例 1：2018 年 8 月 1 日，南海交调委收到市民邹某亲笔书写的感谢函一份，以感谢调解员为其化解了一起交通事故责任纠纷。

邹某的丈夫丁某在今年 5 月与何某发生了交通事故，事故造成丁某当场死亡，经交警对事故责任的认定，事故双方负同等责任。当时，丁某的女儿出生仅仅一个月，失去家庭经济支柱的邹某，茫然不知所措。邹某等死者家属在交警的指引下，找到了一体化处理中心的调解员，申请向何某和承保的保险公司索赔。调解员先安抚了邹某及家属们的情绪，了解基本情况，为他们解释了应得的赔偿项目与法定的赔偿标准，让邹某根据赔偿的项目准备所需材料。经过调解员对事故各方多次约谈后，最终达成一致意见。

案例 2：2018 年 8 月 3 日，黄某向一体化处理中心申请调解交通事故纠纷，区道路交通事故纠纷人民调解委员会迅速委派调解员联系。

经调解员初步联系，争议焦点主要在于保险公司不认同伤残等级，保险公司主张的赔偿金额与调解员出具的调解方案相差巨大。另车主赖某垫付金额达 8 万多元，该金额尚未核实清楚，调解工作俨然难以进行。此外，调解员了解到申请人黄某家庭生活困难，发生交通事故后该家庭陷入了经济难以支撑生活的局面，现急需这笔损害赔偿金来维持生活。为了更快速有效地进行调解，当天早上调解员与车主赖某视频核实发票金额，并与保险公司联系，让其当天委派代表前来一体化处理中心面谈协商。当天下午，各方当事人在一体化处理中心调解室会面，再次核对垫付金额后，由保险公司代表复勘伤情。对于保险公司代表提出的伤情疑点，调解员根据案情，列举类似案例。耐心解释后，原调解方案得到了保险公司代表的认可，当事人当场达成调解意向，由南海区道路交通事故纠纷人民调解委员会出具《人民调解协议书》，并向南海区人民法院申请司法确认。本起纠纷当天申请当天解决，高效专业解决了群众的问题。

南海区一体化处理中心成功运作，其工作成效得到了广东省高级人民法院、佛山市中级人民法院等相关部门的表扬和肯定，南海区实践“枫桥经验”取得了显著的成效。湖北省高级人民法院、广东省高级人民法院、广东省司法厅、广东省信访局、武汉市中级人民法院、茂名市中级人民法院、江门市中级人民法院、湛江市交警支队、四川省得荣县委政法委等单位先后到南海区一体化处理中心指导、参观、交流、学习。

第四节　建设劳动人事争议调裁审一体化中心

近年来，南海区用工单位和劳动者之间的劳动关系日趋复杂，劳动人事争议主体及利益诉求呈现多元化特点。针对劳动人事争议，为贯彻落实习近平总书记提出的坚持把非诉讼纠纷解决机制挺在前面工作要求，坚持和发展新时代“枫桥经验”，助力推动市域社会治理现代化，南海区联合多部门成立调裁审一体化中心，打造以调裁审对接为主，调解、监察、仲裁、审判“四位一体”的劳动人事争议多元化纠纷调解平台，形成相互协作配合的工作合力，有效化解劳动人事矛盾纠纷。

一、调裁审一体化中心的功能定位

由于经济社会高速发展，南海区落地企业较多，用工单位与劳动者之间的劳动争议也越来越多，且呈现出主体及利益诉求多元化甚至对抗激烈的特点。近年来，随着人们依法维权意识的增强，大量劳动人事争议涌向仲裁机构和司法机关寻求解决，南海区劳动争议案件因而不断增长且一直保持高位运行，这给当地劳动人事争议仲裁和司法审判工作带来了很大压力。以 2019 年为例，南海区仲裁机构受理劳动争议案件数量近 6000 件，人民法院审结此类案件 1534 件，2017 年审结 1439 件，增长超 6.6%。

为了应对这种局面，南海区坚持加大调解力度、促进裁审对接、实现多元化解的思路，一方面，在当事人自愿的前提下，实行调解前置，有序分流劳资纠纷案件；另一方面，不断探索和创建将调解与其他多元解纷方式对接的路径和机制。2020 年 6 月，为贯彻落实中央关于国家治理、基层治理和法治社会建设的决策部署及南海区政府《关于构建共建共治共享的社会矛盾纠纷多元化解工作机制的意见》等相关要求，南海区人民法院、区人社局、区司法局三机关发布了《佛山市南海区关于劳动人事争议调裁审一体化工作机制建设的意见》，提出联合组建南海区劳动人事争议调裁审一体化中心，意在统一南海区劳动人事争议矛盾纠纷调裁审标准，使得更多的劳动人事争议案件可以通过调解得以解决，进而减少劳动人事争议仲裁案件以及对劳动仲裁裁决不服诉至法院的案件。2020 年 6 月 10 日，佛山市首家劳动人事争议调裁审一体化中心在南海区人民法院挂牌成立，同日，丹灶、大沥镇劳动人事争议调裁审一体化中心也揭牌运行。

业务分工方面，区人民法院负责统筹各镇(街)调裁审中心建设工作，进行调解业务指导，促进调裁审标准统一。区人力资源和社会保障局负责统筹各人社分局劳动争议调解中心，承担镇(街)调裁审中心的日常管理，加强队伍建设，保障调裁审中心硬件设施到位，依法指导开展劳动人事争议矛盾纠纷处置化解工作。区司法局负责指导与组织全区劳资调解员业务培训，引入社会力量开展调解服务，在人员、资源整合方面支持调裁审中心建设。以镇(街)人社分局劳动人事争议调解中心作为综合平台，在辖区内搭建调解组织网络，指导和推动辖区内村(居)、园区、商(协)会、已建立工会的企业等用人单位建立健全劳动争议调解组织，设立调解联络员，完善劳动争议预警机制。劳动人事争议矛盾纠纷按照应入尽入原则，统一导入各镇(街)调裁审中心，坚持预防为主、基层为主、调解为主的方针开展工作，建立健全调解受理登记、台账管理、调解处理、告知引导、回访反馈、统计报告、档案管理、工作考评等制度，规范调解业务行为。

在具体工作中，调裁审中心围绕成功调解劳动争议案件的目标导向，做细做实调解化解工作，在受理之日起 15 日内组织劳资双方进行调解，做好调解记录，建立调解凭证，并指引双方做好身份信息、送达地址确认等辅助工作。调解成功的，指导双方签订和解协议，并即时指引双方共同申请仲裁审查确认或司法确认；调解不成的，应做出书面《劳动争议调解意见书》，明确处理意见和法律救济渠道，按分类处理原则即时引导当事人依法进入仲裁、诉讼程序或向劳动监察机构投诉。人社部门的信访及监察机构根据调裁审中心的意见，依据信访、监察有关规定进行处理。仲裁机构根据调裁审中心的意见，依据《劳动人事争议仲裁办案规则》《广东省劳动人事争议处理办法》的相关规定，以及优先立案、优先开庭、优先审结和快立、快调、快审、快结的“三优”“四快”原则进行处理。当事人不服仲裁裁决提起诉讼的，原则上导入区诉前和解中心，对案件进行诉前调解、送达工作，并对进入速裁的案件快速审结。依托调裁审中心加强信息共享、数据对接，实现对仲裁阶段双方当事人无异议事实、当事人列举的证据及质证意见等的资源共享。

二、调裁审一体化中心的运行机制

一是打造多部门联动合力攻坚格局。调裁审一体化中心建设，首先是明确区法院、区人社局、区司法局和镇街人社分局、司法所等部门职责分工；其次是构建多部门联动形成合力解决劳动人事争议的机制；此外，为了保证高效公正，还确立了资源信息在多部门之间共享的制度。如调裁审一体化中心确立了人民法院、人社局与工会等单位的联席会议制度，定期通报一体化中心运营情况。在职责分工方面，区法院负责统筹各镇街调裁审中心建设工作，进行调解业务指导，促进调裁审标准统一。区人社局负责统筹各人社分局承托镇(街)调裁审中心的日常管理，加强队伍建设，保障调裁审中心硬件设施到位，依法指导开展劳动人事争议矛盾纠纷处置化解工作。区司法局负责指导与组织全区劳资调解员业务培训，引入社会力量开展调解服务，在人员、资源整合方面支持调裁审中心建设。镇街人社分局负责承托辖区调裁审中心的日常运作，开展劳动人事争议矛盾纠纷多元化解调解工作。与此同时，规定各成员单位原则上对本单位参与项目的相关工作人员进行管理，派驻至非本单位工作机构开展工作的工作人员，应同时服从工作地点单位的相关工作制度。调裁审中心按年度对机构设置、人员配备、经费保障、调解工作人员进行评核，以期完善相关项目并将结果抄送各成员单位。

二是注重调解，保障执行。首先，按照预防为主、基层为主、调解为主的思路，南海区以镇(街)劳动人事争议调解中心为综合平台，指导和推动辖区内搭建调解组织网络，完善劳动争议预警机制。其次，按照应入尽入的原则，南海区将劳动人事争议统一导入各镇街调裁审一体化中心。以成功调解劳动人事争议案件为目标导向，调裁审一体化中心做细做实调解化解工作，对调解成功的，引导双方共同申请仲裁审查确认或司法确认，强化调解协议的执行力，对调解不成的引导双方通过仲裁、诉讼法律程序或劳动监察投诉等渠道进行法律救济。再次，加强规范化、专业化调解队伍建设。区人民法院指派专业法官参与调裁审一体化中心各驻点的调解工作，区人社局负责统筹协调镇街人社分局设置专职调解员及辅助工作人员参与调裁审一体化中心工作，区司法局通过政府购买服务，配置调解员参与劳动人事争议调解工作。如从 2019 年开始，大沥镇司法所通过购买第三方服务的形式，向佛山市精诚社会工作服务中心购买具有法律等专业知识背景的人民调解员的调解服务。基层司法所也会负责协助指导各镇街调裁审一体化中心的调解工作，根据工作需要安排法援律师协助做好劳动争议调解工作。

三是明确机制定位与导向。调裁审一体化中心建设是以劳动人事争议矛盾纠纷多元化解处理为问题导向，打造以调裁审对接为主，调解、监察、仲裁、审判“四位一体”的劳动人事争议多元化解平台。南海区镇两级调裁审一体化中心以双方协商、政策引导、调解为主、审慎立案为目标导向，以调解成功为结果导向，通过统一的组织架构、人员队伍、工作流程做深做实做细劳动人事争议多元化解工作，尤其重视和强化用调解方式快速有效解决劳动人事争议矛盾纠纷。为有效推进矛盾纠纷化解，建立了成员单位联席会议制度。会议定期通报调裁审中心运营情况，及时总结交流经验做法，形成同类型案件的统一处理意见，研判劳资关系动向，共同探索完善调裁审中心工作机制。通过这一创新工作机制，努力实现南海区劳动人事争议矛盾纠纷调裁审标准一致，提高劳动人事争议矛盾纠纷调解成功率，将更多的劳动人事争议矛盾纠纷通过调解方式及时化解，进而减少劳动人事争议仲裁案件数量，以及减少因劳动人事争议仲裁纠纷到法院的诉讼案件数量，有效缩短维权时间，促进劳动关系稳定和谐。

四是实现调裁审标准的统一。调裁审一体化中心的工作包括调解、仲裁、监察、诉讼等程序和环节，由专(兼)职调解员、专职仲裁员、专业法官组成工作团队开展业务工作。在这个过程中，实现调解、仲裁及审判的标准统一，对于消除当事人的顾虑、高效化解劳动人事争议矛盾纠纷非常重要。为此，调裁审一体化中心部门联席会议制度及时总结、交流经验做法，形成统一处理意见，以提升工作人员的业务能力，保证法律法规的正确使用。南海区法院还及时出台办案相关的指引性文件，如编制典型案例、以案释法，还定期将司法审判的观点及方向提供给调解、仲裁两个业务环节，就适用仲裁前调解的案件类型、案件在仲裁前如何应对等问题进行指导。

三、调裁审一体化中心的建设特色

第一，坚持基层治理的问题导向。党的十九届四中全会提出，推进社会治理体系建设、构建社会治理新格局，需要坚持以问题为导向。为了解决不同地区特有的问题，适应该地区发展需要，基层治理模式应当具有当地特色并不断创新完善。要以本地区社会矛盾中最突出的问题作为着力点，有重点、有缓急、分层次地制定解决机制。就南海区而言，经济相比其他同级地区更为发达，劳动人事争议是当前社会矛盾纠纷中最多发的领域。基于这种局面，南海区在佛山市成立首家调裁审一体化中心，以劳动人事争议问题为导向，以解决问题为重点，建立起了一套既高效科学，又富有南海特色的调裁审一体化机制。

第二，坚持多元预防调处化解矛盾纠纷。习近平总书记在浙江省考察时强调，“要完善社会矛盾纠纷多元预防化解综合机制，把群众矛盾纠纷调处化解工作规范起来，让老百姓遇到问题能有地方‘找个说法’，切实把矛盾解决在萌芽状态，化解在基层”。南海区在原有的传统平台基础上，新组建区、镇两级调裁审一体化平台，将原有的仲裁调解、监察调解、信访调解中部分职能纳入调裁审一体化中心，打造调解、监察、仲裁、审判“四位一体”的劳动人事争议多元化纠纷调解平台，提高矛盾预防化解的时效性和成功率。

第三，注重高效化解矛盾纠纷。调裁审一体化中心成立以来，南海区法院积极开展与仲裁委、人社局等部门的沟通协调，优化调裁审一体化工作机制运行。对调解不成申请仲裁的劳资纠纷，在仲裁前的调解环节，仲裁委通过调裁审一体化机制，直联南海法院民五庭协助，由法院和仲裁委一并主持调解。法院主动介入仲裁前调解环节进行指导与协助的工作机制，促进了劳资纠纷多元集约高效化解，减少了劳资双方的对立冲突。此外，当事人不服仲裁裁决提起诉讼的案件，符合条件的，在诉前先导入南海区法院诉前和解中心进行调解。即使调解不成，由于法院在诉前阶段提前对案件进行送达、鉴定等工作，使得案件通过诉前调解和专业化审判的对接渠道，能够及时导向专业化审判团队速裁审结。

调裁审一体化中心的成立和运作，为解决劳资诉求和矛盾纠纷多元化解提供了快捷通道，既及时化解了劳动人事争议，又缩短了维权时间，促进了劳动关系的和谐稳定，形成了劳动人事争议调裁审一体化机制建设的南海经验。以大沥、丹灶示范点为例，2020 年 6 月至 12 月，大沥、丹灶示范点分别收案 768 件、442 件，调解成功 562 件、368 件，调解成功率达 73. 27%、83. 82%。2021 年 1 月至 5 月分别合计收案 480 件、200 件，调解成功 287 件、176 件，调解成功率达 61. 72%、86. 70%。从调解成功后执行力度上看，绝大部分调解成功的案件可以当场履行完毕，不存在不能执行的问题。但也要指出的是，尽管调裁审一体化中心在运行中取得了一定成效，但是仍要面对诸多问题和挑战，如劳动监察与仲裁之间有效衔接的机制建设还需加强，在聚焦劳资纠纷领域矛盾化解的同时对社保领域纠纷是否纳入调裁审一体化中心还需进一步探讨，调解和司法确认的衔接还需优化流程，等等。

第五节　建设诉前和解与速裁中心

南海区法院以诉前和解中心建设为契机，推动多元解纷机制实体化运作，得到南海区委、区政府以及区委政法委的大力支持。2020 年 8 月，南海区社会矛盾纠纷多元化解工作领导小组制定《关于深化矛盾纠纷多元化解工作机制建设的工作意见》，明确把诉前和解中心作为全区多元解纷体系的重要一环，承担与区、镇街调解资源互动、培养特色调解员队伍、加大司法确认力度等 7 项工作任务。同时，诉前和解中心作为南海区矛盾纠纷调解工作体系的有机组成部分，其工作被纳入区委区政府专项督导事项和南海区创建维稳示范点的建设内容，由区政府每年拨付专项资金支持运作。

一、建立“1+5+N”诉前多元解纷工作体系

南海区人民法院进一步推进现代化诉讼服务体系的建设，增强解决纠纷和服务群众的能力水平，根据《最高人民法院关于建设一站式多元解纷机制一站式诉讼服务中心的意见》和《广东省高级人民法院关于加快推进一站式诉讼服务体系建设的实施意见》，打造了“1+5+N”多元解纷工作体系。其中“1”是南海区诉前和解中心，“5”是 5 个诉前和解工作室，“N”则是 N 个解纷一体化中心，如南海区交通事故损害赔偿纠纷一体化处理中心、南海区劳动人事争议调裁审一体化中心、南海区金融纠纷一体化中心、南海区医疗纠纷一体化处理中心、南海区消费纠纷一体化处理中心等。以南海区医疗纠纷一体化处理中心为例，该中心由南海区人民法院、南海区司法局、南海区卫生健康局、南海区泽辉医患纠纷人民调解委员会联合设立。医调委负责安排办公地点和专职人员，开展医疗纠纷一体化处理中心的日常调解工作，推进医疗矛盾纠纷多元化解机制的实施，其工作在司法局、

法院、卫生健康局的指导管理下开展。司法局负责指导与组织中心调解员业务培训，引入社会力量开展调解服务，加强队伍建设，在人员、经费方面支持医疗纠纷一体化处理中心建设；法院负责医疗纠纷一体化处理中心调解业务指导，促进调解与审判标准统一，进行司法确认及指导诉前鉴定工作；卫生健康局负责履行行政监督职责，加强对辖区内医疗机构及相关行业企业的监管，发挥医疗纠纷行政调解职能，建立和完善医疗纠纷源头化解机制，加强对医调委调解工作的支持和指导。与此相似，南海区其他行业性、专业性调解组织同样是在主管部门的指导管理下开展工作，协调各部门有效发挥专长化解纠纷。

二、推进“分调裁审”机制改革重塑审判工作模式

(一)深化类案专办机制建设

一是机关设置专业化庭室。以内设机构改革为契机，在机关设立5个民商事案件专业化审判庭，负责对金融纠纷、不动产纠纷、破产纠纷、劳动争议、道交纠纷、民间借贷纠纷等6类案件进行集中审理。

二是法庭实行专业化分工。狮山法庭、大沥法庭专门负责办理审判案件，桂城法庭、罗村法庭、里水法庭专门负责办理执行案件，西樵法庭、丹灶法庭、九江法庭则兼顾办理审判案件和执行案件。

三是灵活组建专业化团队。组建一批专业化审判团队，负责审理相对固定的类型案件，在机关成立民商事案件综合审判庭，负责指导人民法庭审判工作，形成条块结合、分工互补的专业化审判体系，较好地适应法官队伍年轻化的特点，促进裁判标准统一。全院民事一审服判息诉率从2017年的75.8%上升到2020年的86%，一审判决案件发改率从2017年的4.6%下降到2020年的2.3%。

(二)深化繁简分流机制建设

南海区法院抓住分流标准和分流节点这两个关键因素，积极推动案件繁简分流，轻重分离，快慢分道。在民商事审判中，以能否找到被告作为

案件繁简分流的依据，从较为宏观的层面解决了民商事案件繁简分流标准的问题，较好地满足了实际办案需要。2021 年上半年共办结速裁案件 6690 件，占全院民商事案件结案总数的 41.09%。从 2020 年 6 月全面铺开速裁工作至 2020 年年底，全院简易程序案件的平均结案周期为 66 天，其中非速裁案件的平均结案周期为 94 天，速裁案件的平均结案周期仅为 29 天。尽管受到疫情因素的影响，全院民商事案件的平均结案周期仍从 2019 年的 105 天下降到 2020 年的 100 天，2021 年上半年进一步下降至 85 天。

（三）深化调裁一体机制建设

一是组建一体化调裁团队。把 34 名员额法官、58 名书记员和 22 名人民调解员编成 10 个调解速裁团队，由同一个团队负责开展诉前调解、速裁立案审查、速裁审理等工作，打破诉前和解和速裁的边界，提升矛盾纠纷在诉与非诉之间的切换效率。

二是实行一体化事务管理。推动庭前准备工作向诉前和解阶段延伸，调裁团队在开展诉前调解工作的同时，完成送达地址确认、无争议事实固化、诉前送达、诉前鉴定等庭前准备工作，为纠纷可能进入诉讼程序打好基础。如果在 30 日的诉前调解期限内无法达成和解，则及时终结诉前调解程序，并在 1 个工作日内完成立案登记和分案工作，把简易案件分流对接速裁机制办理，复杂案件分流对接专业化审判机制办理。

三是建立一体化调裁标准。把调解速裁团队分别配置在机关民商事审判部门和负责民商事审判的人民法庭，由所在部门负责指导调解速裁团队业务，发挥专业化审判在促进调解标准和速裁标准统一方面的积极作用。在审判工作新模式的有力推动下，全院民事一审服判息诉率从 2017 年的 75.8%上升到 2020 年的 86%，一审判决案件发改率从 2017 年的 4.6%下降到 2020 年的 2.3%，案访比从 2017 年的 108∶1 下降到 2020 年的 245∶1。

三、诉前和解中心建设成效显著

南海区人民法院依靠诉前和解平台层级建设，组建的“调裁一体化”团队大力开展调解工作，充分发挥专业化审判在促进调解标准和裁判标准统一方面的积极作用，有力推动了矛盾纠纷的诉前化解，诉源治理格局建设取得新成效。2019 年 1 月至 9 月，区和解中心共新收民诉前调案 1.5 万余件，占同期民事收案的七成以上，其中 8 月调解成功率达 61.55%，导入案件占比达 96.3%。2021 年 1 月至 4 月，诉前和解中心新收案件 10918 件，调解成功 3974 件，调解成功率 34.6%，3301 件纠纷不需要立案就得以解决。

2019 年 9 月，西樵、九江、丹灶、狮山、大沥 5 个派出人民法庭诉前和解中心工作室挂牌成立，积极融入非诉讼纠纷解决机制的创新，实现了纠纷在家门口化解。比如，2019 年 9 月 17 日，南海区诉前和解中心丹灶人民法庭工作室正式挂牌成立，该工作室整合了人民法庭、有关行政单位、人民调解以及其他社会力量，能够更便捷地为人民群众提供服务主体多元、解决方式多元的矛盾纠纷化解服务，形成区、镇两级联动的工作格局。2020 年 6 月 1 日，丹灶诉前和解和速裁团队正式运作。诉前和解与速裁中心共 7 人，分别包括 2 名法官、2 名书记员及 3 名人民调解员。

诉前和解中心工作室的工作亮点包含了“全”“多”“快”“省”“强”等五个方面：

一是全平台。推动全镇构建起主体全参与、功能全配备、纠纷全覆盖、服务全时空的矛盾纠纷多元化解工作体系，努力将矛盾纠纷化解在发生地、源头地、聚集地以及萌芽状态。

二是多解纷。依托区司法局大调解指挥中心，推动诉前和解中心与丹灶镇人民调解工作的深度对接，对人民调解、第三方社会调解达成的调解协议的执行给予高度重视和落实，通过常态化开展司法确认工作，对调解协议的执行提供强有力的司法保障。

三是快化解。依托矛盾纠纷多元化解机制以及法援、仲裁、公证、鉴定等公共法律服务措施，当事人通过诉前和解程序最快在半个月内即可调解成功，相较于 6 个月的普通程序审理期限，诉前和解用时不到十分之一。

四是省成本。丹灶法庭诉前和解中心独创“速裁案件信息发送”工作方法，使当事人第一时间收到调解信息，也避免了司法资源在信息传达过程中不必要的耗费。经诉前和解中心诉前调解成功，当事人申请司法确认的，人民法院依法不收取诉讼费用，申请人民法院出具调解书的，可依法申请缓减免诉讼费，对当事人达成和解协议申请撤诉的，免收案件受理费。

五是强素质。丹灶诉前和解和速裁中心建立法官与专职调解员“一对一”业务指导机制，加强调解技巧的沟通交流，促进诉前调解标准的统一。加强业务分类指导，推动类型纠纷由相对固定的专职调解员负责跟进，提升调解工作专业化水平。进一步细化诉前调解工作流程指引，梳理专职调解员职责清单，明确专职调解员诉前调解工作主要完成事项。加强在线调解工作指引，帮助专职调解员熟悉线上调解平台的操作。建立岗前培训制度，由人民法庭安排新入职专职调解员旁听法官调解案件，通过案例教学学习提升调解技巧。

以上五种做法在矛盾纠纷有效化解中作用明显，2019 年 9 月至 12 月，丹灶诉前和解和速裁中心共收案 235 件，结案 235 件，其中调解成功 20 件、撤诉 40 件，调撤率达 25. 5%。2020 年 1 月至 7 月，中心共收案 519 件，结案 440 件，其中调解成功 35 件、撤诉 85 件，调撤率达 27. 3%。在受理的案件中，买卖合同纠纷、离婚纠纷、继承纠纷、物业服务合同纠纷等类型案件调撤成功率较高，为司法机关切实减轻了压力，也进一步提升了人民群众的获得感和满意度。

2020 年 9 月，人民法院报以《三个“+”激发溯源治理新动能——广东佛山南海法院一站式多元解纷工作见闻》为题，报道了南海法院以诉前和解中心为抓手，通过“单兵+结对”“平台+体系”“整合+延伸”，助力纠纷专业化、实质化和一体化，并获得“全国两个一站式先进单位”称号。可以说南海区法院在矛盾纠纷多元化解方面做出了自己的探索，具有一定的借鉴和参考意义。

第八章
规范专业调解队伍建设提高调解能力

南海区加强组织领导，统筹各种力量，着力构建司法部门引领、各职能部门负责、人民团体支持、社会力量广泛参与的多向互动矛盾纠纷多元化解组织架构，充分发挥调解、仲裁、诉讼、信访、协商和解、社会救助等多种纠纷解决方式的综合功能。在调解力量建设方面，除了依靠居委会、村委会干部、退休老教师、老干部、老法官、德高望重的社区长者等传统力量外，还应注意吸收律师、社会工作者、医生、心理咨询师及相关社会组织的介入，努力培育专业志愿调解队伍，不断推进调解力量的社会化、专业化。近年来，南海区高度重视专业调解队伍建设，通过组建人民调解专家库、加强人民调解员业务培训、完善调解员待遇保障等措施，打造出一批高质量的调解队伍，为矛盾纠纷多元化解机制的有效运行提供了重要保障。

第一节　积极组建人民调解专家库

矛盾要化解，关键看调解。有一支高质量的矛盾调解队伍，就能大幅提升调解成功率，有效防止民转刑、刑转命案件的发生。南海区极为重视调解队伍建设，建立了区、镇(街道)、村(居)三级互通互用的矛盾纠纷多元化解资源库，为复杂疑难矛盾纠纷化解提供专业性、技术性支撑。镇(街道)发展调解志愿者队伍，积极邀请“两代表一委员”(党代表、人大代表、政协委员)、“五老人员”(老党员、老干部、老教师、老知识分子、老政法干警)、专家学者、专业技术人员、城乡社区工作者、“大学生村官”等参与矛盾纠纷化解。发挥村(居)参理事会作用，做实、做强、做亮志愿者服务等公益品牌，打造“熟人社区”，促进社会和谐。鼓励律师所设立调解工作室，参与矛盾纠纷调解，鼓励设立以调解员名字命名的个人调解工作室，加强调解品牌建设，提高调解能手在调解行业的地位和影响力，加强社会治理体系建设理论研究，建立与高等院校、专业研究机构的课题合作关系。通过组建调解专家库的形式，集聚了一批专业素养高、调解能力强的调解队伍。

一、组建区级调解专家库

2018 年 8 月 8 日，由区司法局牵头组建，南海区在全市率先设立了调解专家库，广泛吸纳各行各业具有专门知识或特定经验的专家人才。具体而言，调解专家库由法律、经济、医疗、婚姻、劳动、农村管理等方面专家组成。同时，明确了调解专家的基本条件：(1)具有较高的政治思想素质和良好的职业道德；(2)从事过相关领域的调解工作，具有相应的理论知识和实践经验；(3)热爱社会公益事业，热心矛盾纠纷化解工作，熟悉矛盾纠纷多发领域相关法律法规和政策，胜任调解工作；(4)年龄在 70 岁以下，身体健康，能够参加调解工作；(5)个人征信记录良好。首批聘请了 57 位来自各领域的业务骨干、法律专业人士、专家学者和部门及镇(街道)领导作为南海区调解专家，助力基层治理矛盾纠纷化解工作。

二、各镇组建镇级调解专家库

7 个镇(街道)依托镇矛盾纠纷调解中心成立调解专家库，组建镇级调解专家库，聘请300多名调解专家助力基层重点、难点矛盾纠纷调处，建立涵盖法律、经济、医疗、婚姻、劳动、农村管理等多个领域的专家名录。比如，西樵镇司法所从党政机关、村(社区)退休干部、律师、行业专家、医院、心理社会工作师、老党员、老模范等人中筛选人员，建立镇级矛盾纠纷多元化解资源库(专家库)，以为调解组织或个人提供调解意见的形式参与人民调解，应对复杂疑难矛盾纠纷。

实践中，对于调解专家库的构建，坚持择优原则、公示原则以及动态调整原则，由区司法局从符合条件的候选人中择优选录，确定南海区人民调解专家名录，并向社会公布调解专家名录，每两年更新一次，保障了多元主体协同参与的科学性和有效性。同时，借助专业律师、志愿者等调解力量，邀请本地区政治坚定、德高望重、经验丰富、办事公道、热心调解工作的社会人士和退休的法官、检察官、警官以及“大学生村官”充实到基层调解组织中，壮大基层调解力量。广泛吸纳各行各业具有专门知识或特定经验的专家人才，建立南海区调解专家库。调解专家库覆盖领域广泛，涉及法律、经济、医疗、婚姻、劳动、农村管理等领域，达到调解领域全覆盖，强化调解工作专业性程度。

对于那些传统类型的民间纠纷，如一般的邻里纠纷、家庭纠纷等，涉及的法律关系并不复杂，社区内的普通调解员完全可以胜任调解工作，他们与纠纷当事人身处同一社区，对当事人的有关情况、纠纷的原因等比较了解，自己在社区中有一定的威望和影响力，在调解工作的开展中往往得心应手，能取得较好的效果。在治安纠纷调解工作室建设上，西樵镇民乐社区民警中队和联新社区民警中队设立治安纠纷调解工作室，通过购买律师所服务的方式推进治安纠纷调解工作。

为有效应对日益增多的物业纠纷，南海区积极探索建立专门处理物业公司与业主之间纠纷的物业调解委员会、调解专家库、志愿调解员、专职调解员、治安纠纷调解工作室等调解力量。其中志愿调解员从事调解的具体工作或其他日常事务，专职调解员则以政府委托民间调解协会的形式招募。专职调解员要求具备两年及以上工作经历和本科及以上学历，涵盖法学、文学、管理学等专业门类。民间调解协会负责专职调解员的人事问题，政府不参与专职调解员的人事关系和日常管理。专职调解员不仅为调解协会工作，还派往镇矛盾纠纷调解中心、人力资源和社会保障局开展调解工作以及分片区开展村(社区)矛盾纠纷化解工作。

为了进一步推进社会管理创新，适应新形势下化解社会矛盾纠纷的需要，规范调解员队伍的建设和管理，造就一支政治坚定、业务精通、作风过硬、素质优良的调解员队伍，激发广大调解人员调处和化解各类社会矛盾的积极性和创造性，不断提高社会矛盾纠纷调处工作水平，促进调解员队伍专业化、职业化建设，南海区参照《中华人民共和国人民调解法》和《广东省实施〈中华人民共和国人民调解法〉办法》等精神，结合工作实际，制定了《南海区调解员和调解专家管理办法(试行)》，严格了调解员的选聘要求。要求调解员应具备以下基本条件：(1)遵守宪法和法律；(2)公道正派、热心人民调解工作；(3)具有初中以上文化和掌握一定的法律知识，其中镇(街道)和行业性、专业性人民调解委员会的委员应当分别具备高中、大专以上学历，行业性、专业性人民调解委员会的调解员一般应具有相关行业、专业知识和工作经验；(4)具有完全民事行为能力，健康状况良好；(5)个人征信记录良好。并且明确了调解员的工作职责、执业规范和纪律。

目前，全区的专职调解员专业以法学为主，并涵盖了心理学、社会工作学、行政管理学等。同时，充分调动街道辖区政府公职人员、法官、检察官、警官、司法行政等行业退休人员的积极性，逐步把一些懂法律、有专长、为人公道正派、热心人民调解工作的人员吸收到人民调解队伍中。此外，广泛吸收符合条件的法律工作者等志愿者加入人民调解员队伍，提高人民调解员队伍的专业性和稳定性。截至2021年6月，全区行业性、专业性调解组织现有调解员489名，专职调解员共152名，兼职调解员337名，专职调解员占比31%。为有效发挥调解员的矛盾纠纷化解作用，区司法局统筹派驻调解社工至区住建水利局、人社局、教育局、农业农村局、退役军人事务局、国资局、市自然资源局南海分局、市生态环境局南海分局、区公安分局交警大队等矛盾多发部门，积极配合各单位做好相关工作。

第二节　注重优秀人民调解员示范引领作用

党的十八大以来，习近平总书记多次对人民调解工作做出重要指示，对完善人民调解、行政调解、司法调解联动工作体系，加强行业性、专业性人民调解组织建设，发展人民调解员队伍等提出明确要求，为做好新时代人民调解工作指明了方向，提供了根本遵循。2018 年 3 月 28 日，中央全面深化改革委员会第一次会议审议通过了《关于加强人民调解员队伍建设的意见》，这充分体现了以习近平同志为核心的党中央对人民调解工作的高度重视，对人民调解员队伍的亲切关怀。加强规范专业的人民调解员队伍建设，对于维护人民群众合法权益、维护社会和谐稳定、服务经济社会发展具有重要意义。

人民调解作为矛盾纠纷多元化解的一部分，调解主体多元是多元化解矛盾纠纷的应有之义。以西樵镇为例，近年来，西樵镇结合基层矛盾纠纷实际，以人民调解为突破口学习和借鉴“枫桥经验”，将人民调解这一化解矛盾方法引入本辖区矛盾纠纷的多元化解工作，并在进行理念创新和学习借鉴的同时注重人民调解工作的制度建设，疏通体制上的障碍，努力拓宽人民调解渠道，在实践过程中丰富人民调解主体。与此同时，重视人民调解员队伍建设，涌现出了以“基叔”为代表的优秀人民调解员，有效化解了大量矛盾纠纷。

区某退休前在西樵司法所从事调解工作，退休后成为一名专业调解员，因为调解经验丰富、业务能力强，加之待人亲切厚道，在群众中威信很高，被人们亲切地称为“基叔”。在很多调解案件中，当事人得知“基叔”出面便觉求得公道，顿时气消一半，自愿各退一步。自 2012 年加入西樵镇民间纠纷调解协会以来，“基叔”积极参加维稳信访与纠纷化解工作。七年间“基叔”收到群众调解案件 400 多宗。调解成功、记录在档的案件年均 60 余宗。身边工作人员提起熟悉的“基叔”，个个竖起大拇指，大伙儿叫他“老中医”，专治调解工作中久调不解的“疑难杂症”案件。

面对调解工作，“基叔”的身份由专职工作者变成民间志愿者，但他对工作的初心、耐心、爱心丝毫未减。他表示很开心能继续参与调解工作，特别当经过调解的双方当事人握手言和时，心中的满足感多少钱都换不来。基层社会的矛盾纠纷多是情感瓜葛、家庭琐事、邻里纠纷、劳资工伤等，但在“基叔”眼里，看起来微不足道的小事，都是关乎群众切身利益的大事。只有把老百姓的小事当成自己的大事，多站在群众的角度思考问题才能化解矛盾。正是因为“基叔”将人民群众利益放在心上，老百姓平日里谁家有事解决不下去，便会去敲“基叔”的门。“有事找基叔”也成为当地群众遇到矛盾纠纷需要调解时的口头禅。

这里分享一个“基叔”成功调解的案例。2017 年 10 月份，南海区西樵镇某建筑工地的员工周某，在外面喝酒回宿舍后突发疾病倒地，经抢救无效死亡，家属与涉事建筑公司就赔偿问题产生纠纷。受害者家属认为，人死在工地宿舍内，保安没有及时将死者送到医院抢救，属于工伤，并要求赔偿 120 万元。而公司坚持认为，死者死亡时间并非工作时间，不属于因工死亡范畴，只能按照非因工死亡的标准进行赔偿。村调委多次调解未果，双方当事人均坚持己见，互不相让。鉴于此，村调委寻求当地民间调解协会的帮助，西樵镇民间调解纠纷协会决定由经验丰富的“基叔”参与调解工作。来到调解现场，“基叔”先劝退调解室内无关人员，只留下死者的直系亲属，说明调解会场的秩序和纪律后站在当事人角度跟双方耐心交流。调解过程中，受害者家属错以为使用过激手段会让企业迫于压力妥协就范，便聚集了一群人到企业门口堵门、拉横幅干扰企业正常生产秩序，使事态扩大、矛盾升级。接到企业报案后，公安干警及时介入驱散围堵人员。受害者家属见此情势，决定越级上访。“基叔”了解情况后，亲自赴受害者家里进行劝导，动之以情，晓之以理，指出这样做非但不利于自身权益的维护，而且会受到法律的惩罚。受害者家属有感于“基叔”的认真倾听、细致关怀和耐心劝说，特别是对他们情感的照顾，对“基叔”产生了好感与信任。于是决定寻求合法途径解决问题。在安抚受害者家属后，“基叔”又跟涉事企业进行沟通，从维护企业正常管理运营和根本化解矛盾的好处等角度晓以利害，希望该企业可以在非因工的赔偿标准上再多给点补偿，以宽慰受害者家属的心绪，彻底化解纠纷。经过“基叔”多次周旋，双方就赔偿方案最终达成一致意见，矛盾冲突得以化解。

“基叔”凭借过硬的法律素养、高超的调解技巧、丰富的调解经验、一心为人民服务的工作态度，化解了大量婚姻、家庭、邻里、损害赔偿等纠纷。年逾七十的“基叔”本应过着闲适悠然的日子，但他却选择了在调解一线继续站岗服务，这一站已近十年。“基叔”杰出的工作成绩得到了党委政府和群众的认可，先后获得“2012 年南海区人民调解先进个人”“2016 年南海区‘六五’普法先进工作者”“2016—2017 年十佳人民调解员”等荣誉称号，2018 年，司法部公众号专门推文对他的事迹进行了宣传报道，2019 年获“佛山市优秀人民调解员”荣誉称号。

南海区在构建多元协同的矛盾纠纷化解体系时，充分发挥党员调解员先锋模范作用，在群众信访诉求综合服务中心设立党员调解室，通过吸纳具有党员身份的老干部、老律师、老教师等群体，壮大调解员队伍的“红色力量”。随着明星调解员和“南海聆聆”“苏志敏创熟调解工作室”等明星调解团队的不断涌现，为南海区矛盾纠纷多元化解提供了重要的示范引领作用。

第三节　加强人民调解员业务培训

南海区重视制度建设，以规范调解员队伍的建设和管理，并致力于打造一支政治坚定、业务精通、作风过硬、素质优良的调解员队伍，激发广大调解人员调处和化解各类社会矛盾的积极性和创造性，不断提高社会矛盾纠纷调处工作水平，促进调解员队伍专业化、职业化建设。南海区明确和限定调解员的准入门槛，并从职业操守与道德要求、法律素养与行业知识、专业能力等多个方面，细化调解参与主体的资质，并明确考核要求和考核标准。为支持、鼓励法律服务工作者、优秀人民调解能手等，南海区通过提供经费补贴、政策支持和行政服务等方式，激发社会力量参与调解工作的积极性，制定《南海区个人调解工作室管理试行办法》《南海区扶持社会第三方力量调解组织发展实行办法》《调解员和调解专家管理办法》等，为社会力量参与人民调解工作提供制度支持和政策引导。

打造专业化调解队伍，不仅要严把选拔关，而且要加强教育培训，定期对专职人民调解员进行业务培训。各镇大力建设村（社区）人民调解委员会并由其负责本辖区矛盾纠纷的化解工作，排查矛盾纠纷。调解委员会在性质上属群众自治性组织，接受司法所的指导，在矛盾当事人自愿的前提下对纠纷案件进行调处。其人员组成为驻村（社区）律师、参理事会、乡贤、有威望公道正派人士等，在司法所的主持下定时对调解员开展年度培训。

根据要求，调解员培训可采取以会代训、集中授课、观看视频、经验交流、现场观摩、法庭旁听和知识测试等多种形式。培训内容方面，应注重针对性和实用性，内容应当包括理论政策、法律知识、调解技巧、案例分析等，注重培训效果。在调解员培训过程中，南海区采用丰富的培训内容和灵活的教学方法，深化培训效果。吸纳心理学、社会学、文化学等非法律专业人才，将心理学、特定行业或者专业知识和技能纳入调解培训体系。定期对专职人民调解员开展业务培训，举办调解案例研讨会，邀请资深调解主任、专业律师等为专职调解员剖析疑难案件、以案释法。还采取以会代训、集中授课、观看视频、经验交流、现场观摩、法庭旁听和知识测试等多种形式，切实提高专职调解员的业务水平和法律能力。

为进一步规范调解员的行为，南海区司法局建立了调解员奖惩考核制度，重点考核以下内容：(1)提供矛盾纠纷排查信息的数量和质量；(2)调解纠纷的数量和调解成功率；(3)预防、制止民间纠纷激化升级情况；(4)开展法制宣传和公民道德教育情况；(5)参加学习培训情况；(6)调解文书案卷制作、管理情况；(7)其他需要考核的情况。对成绩显著、贡献突出的调解员，由区司法局按照有关规定给予表彰奖励。

同时规定，如果调解员在调解工作中有下列行为之一的，由其所在单位或者调解组织给予批评教育、责令改正，情节严重的，由推选或者聘任单位予以罢免或者解聘：(1)偏袒一方当事人的；(2)侮辱当事人的；(3)索取、收受当事人财物或者牟取其他不正当利益的；(4)泄露当事人的个人隐私、商业秘密的；(5)违反国家法律、法规和国家政策进行调解或个人诚信列入失信黑名单。

在丹灶镇，丹灶镇司法所主动作为，先后制定了一套规范人民调解的管理制度，包括人员管理制度、人民调解工作统计分析制度、人民调解工作纠纷受理登记制度、人民调解档案管理制度等，完整覆盖人民调解的受理、运行、档案管理、队伍建设等各个方面，为矛盾纠纷多元化解机制的构建、发展与完善提供了有力的制度支撑。2019 年至 2021 年 10 月，调解中心共参与调解案件总数 3502 件，涉及当事人 7495 人，涉及金额 2.9 亿元，调解成功 2837 件，成功率为 81%，防止群体性上访 45 件。

第四节 建立“以奖代补、以案定补”机制

人民调解是依靠人民群众的智慧自我化解矛盾、自我管理、自我约束，以达到“小事不出村、大事不出镇、矛盾不上交”的和谐状态。人民调解工作的重要方法是发挥乡贤、士绅以及其他有公道、有威望群体的公益服务热情，以乡音、乡俗、乡情为纽带，凭借老乡之间信任度高、容易沟通的独特优势和讲道理、明情理、话法律的情理联系，从而化解社会矛盾。因此完善人民调解补贴、奖励机制，以科学、合理的薪酬待遇调动调解志愿者的积极性，对充分发挥人民调解人员的服务热情非常重要。对此，南海区规定，调解员从事调解工作，司法行政部门应当协调相关部门和单位按照有关规定给予适当的补贴。调解员因调解工作致伤致残、生活困难的，司法行政部门应当报请当地人民政府予以必要的医疗、生活救助。在调解工作岗位上牺牲的调解员，其配偶、子女按国家规定享受抚恤和优待。调解员的补贴，已纳入“以案定补”范围的，由财政资金解决；未纳入“以案定补”范围的，由各类调解组织负责。为此，南海区专门制定了《南海区调解化解矛盾纠纷“以奖代补、以案定补”实施办法》，设立专项资金，列入区、镇两级财政预算，并随经济社会发展逐年增加。其中，“以奖代补”是指对依法设立的调解组织、政府承认的调解团队及其成员开展矛盾纠纷化解工作以奖励的形式给予补贴。“以案定补”是指依据纠纷性质、难易程度、社会影响、工作质量，逐案确定奖补等级和标准。具体发放对象为专职调解员、纠纷排查人员和纠纷调解人员。

调解化解矛盾纠纷“以奖代补、以案定补”分为一般个案补助、重大个案奖励、表彰奖励 3 种形式。(1) 一般个案补助：按人民调解以案定补办法进行，所需经费由镇(街道)财政承担。(2) 重大个案奖励：对调解化解的重大矛盾纠纷，根据案件的性质、难易程度、影响大小、工作质量，按

不同标准给予奖励。所需经费由区财政承担。(3)表彰奖励：对年终考核评比中，被评为先进人民调解委员会、人民调解员、调解能手以及被评选为优秀人民调解案例给予的奖励。所需经费由区财政承担。一般个案补助由镇街道司法所负责经费申请和审核发放，重大个案奖励由区综治信访维稳中心负责经费申请和审核发放，表彰奖励由区司法局负责经费申请和审核发放。

南海区还明确了不同形式的补助、奖励标准：

一般个案补助标准。分为简易纠纷、一般纠纷、较复杂纠纷3个补助等级。(1)简易纠纷：每件补助不少于100元。要求填写《人民调解受理登记表》《人民调解口头协议登记表》，且各项要素齐全。认定标准：无需调查取证，经当场调解即可化解的简单纠纷。(2)一般纠纷：每件补助不少于200元。要求双方订立书面调解或和解协议，使用规范文书格式，制作人民调解案卷要素齐全。(3)较复杂纠纷：每件补助不少于800元。要求双方订立书面调解或和解协议，使用规范文书格式，制作人民调解案卷要素齐全。且认定标准需具备以下条件之一：①纠纷人数5人以上，且涉及金额10万元以上、100万元以下；②纠纷人数在30人(含30人)以上，在矛盾纠纷发生地有较大影响的群体纠纷；③省级(含省级)以上督办案件；④有“民转刑”暴力倾向的纠纷案件；⑤涉及两个以上镇(街道)、村(社区)的矛盾纠纷。上述一般个案补助的具体标准由各镇(街道)按本办法对人民调解“以案定补”实施办法进行修订时予以明确。

重大个案奖励标准。(1)久调不结的积案，或者当事人权利义务关系复杂，对社会和谐稳定有重大影响的案件，每宗奖励5000元。(2)涉案人数超过50人(含50人)以上、100人以下的案件，每宗奖励5000元。(3)涉案人数超过100人(含100人)以上、200人以下的案件，每宗奖励10000元。(4)涉案人数超过200人以上的案件，每宗奖励20000元。(5)涉案标的金额(以最终达成的金额协议或法院判决执行金额为准)超过20万元(含100万元)以上、50万元以下的案件，每宗奖励5000元。(6)涉案标的金额 50 万元(含 50 万元)以上、100 万元以下的案件，每宗奖励 5000 元。(7)涉案标的金额 100 万元(含 100 万元)以上、500 万元以下的案件，每宗奖励 10000 元。(8)涉案标的金额 500 万元以上的案件，每宗奖励 20000 元。

表彰奖励标准。区级评选的优秀人民调解委员会、人民调解员(调解能手)和优秀人民调解案例，每年度分别评出前 10 名，分别按 3000 元、2000 元、1000 元进行奖励。

第九章
南海区矛盾纠纷多元化解的实践特点

南海区坚持以习近平新时代中国特色社会主义思想为指导，认真落实党中央关于加强和创新社会治理的系列决策部署，坚持党的领导，深入贯彻以人民为中心的发展思想，以切实增强人民群众的获得感、幸福感、安全感为出发点，以依法及时就地解决群众合理诉求为核心，以建立健全有机衔接、协调联动、高效便捷的社会矛盾纠纷多元化解工作机制为思路，突出问题导向，主动作为，开拓创新，积极探索南海区基层社会治理之路，以“钉钉子”精神全力营造共建共治共享的社会治理新格局，以社会治理现代化夯实“中国之治”的基石，为南海区实现共同富裕奠定坚实基础，其做法也呈现鲜明特色。

第一节 明确健全矛盾纠纷多元化解机制原则遵循

为打造共建共治共享的基层社会治理格局，实现“治未病”的良法善治局面，构建富有活力和效率的新型基层社会治理体系，南海区委区政府牢牢抓住主要矛盾的主要方面，全面贯彻党的十九大会议精神和习近平总书记系列重要讲话精神，认真落实中央对社会治理改革的一系列决策部署，根据广东省委、佛山市委关于进一步加强基层治理工作的要求，南海区委坚持以人民为中心，坚持和发展“枫桥经验”，明确健全矛盾纠纷多元化解机制的原则遵循，推动矛盾纠纷多元化解机制的健全和完善。

一、坚持党的领导

党委领导、政府负责、民主协商、社会协同、公众参与、法治保障、科技支撑的社会治理体制，是中国特色社会主义国家治理体系的重要组成部分，是我国社会治理的基本体制，要在实践中不断完善。社会治理要充分发挥党总揽全局协调各方的领导核心作用，牢牢把握党对社会治理的领导权。

党的十九大以来，南海区基于共建共治共享的社会治理要求，坚持党建引领，积极构建社会矛盾纠纷多元化解体系和机制，要求各级党委(组)对预防化解本地区本领域矛盾纠纷要切实负起领导责任，要把该项工作纳入年度核心工作进行谋划，统筹本地、本部门开展相关工作，定期研讨总结和完善矛盾纠纷多元化解工作机制。在此过程中，南海区司法局党委强化责任担当，加强党建引领，在持续做好扫黑除恶专项斗争的同时，跟进落实矛盾纠纷多元化解机制，创新开展法治宣传，提高法律服务专业水平，为南海区推进依法行政，促进法治社会，创建法治政府示范区提供有力保障。为更加高效地处理解决纠纷，将纠纷解决在基层，南海区紧紧围绕推进社会治理体系和治理能力现代化的目标，加强党建引领，主动适应新形势新变化。

实践中，南海区强调加强党组织建设，强化党组织统筹力度，充分发挥各职能部门作用，充分发挥区、镇(街道)、村居(社区)、群团组织等各级的党组织在基层矛盾纠纷化解中的领导核心作用，引导社会各方面力量积极主动参与矛盾纠纷化解。

二、坚持问题导向

在改革进入攻坚期和深水区的背景下，我国基层社会治理现代化的步伐加速，基于生产生活和经济原因导致的跨区域人员流动更加频繁，“熟人社会”渐行渐远，后乡土社会、陌生人社会成为普遍的基层社会形态。与之相伴的是，社会阶层与社会分工不断细化，社会利益关系日渐复杂，民众的法律意识和维权观念日益增强，以婚姻、继承、合同、侵权、邻里关系为代表的传统纠纷与民间借贷、知识产权、交通事故、医疗赔偿、物业纠纷、劳资纠纷等新型纠纷交织迸发。司法机关持续面临案件激增、案多人少的压力，各级政府和执法部门所接触的新旧治理难题也有增无减。人民日益增长的美好生活需要和不平衡不充分的发展之间的矛盾具体到诉讼领域，就体现为民众维护合法权益、实现公平正义的追求与耗费更多时间、精力和经济成本之间的矛盾。尤其是种类多样、层出不穷的民事纠纷，经过一场旷日持久的官司，不仅严重消释民众的维权热情，也加剧了司法资源的紧张程度和原被告双方的各项负担。因此，在保障公平的前提下，以最便捷、最快速、最小成本的方式化解矛盾纠纷，成为民众共同的心理需求。

基层社会治理的特点是直接面对群众，事务琐碎复杂甚至艰巨繁重。现实中，矛盾纠纷化解通常有三道防线。人民调解是第一道防线，仲裁、行政裁决、行政复议等方式是第二道防线，司法是最后一道防线。从第一道防线起，纠纷由多到少、由简单到复杂逐级递进，使各类纠纷都能找到最佳解决途径。将前端治理交给基层自治、人民调解等组织，司法机关一方面通过司法审查、司法确认等方式为前端治理提供坚强后盾；另一方面，将更多的精力投入解决重大疑难复杂案件、树立规则导向，强化法律在化解矛盾中的权威地位。只有这样，才能更好地让诉讼与非诉讼纠纷解决机制各司其职、相得益彰，才能更好地从源头化解矛盾纠纷。所以，南海区在化解矛盾纠纷时，强调认真对待群众反映的诉求问题，及时回应，妥善解决，并梳理出事关群众切身利益的普遍性问题，坚持围绕问题出政策、提对策、推措施，进一步优化制度设计，创新体制机制，推动各镇（街道）各部门从制度上、政策上和根源上预防和解决矛盾纠纷。

自南海区委区政府印发《关于构建共建共治共享的社会矛盾纠纷多元化解工作机制的意见》（南发〔2018〕7 号）以来，各镇（街道）、各部门狠抓工作落实，全区矛盾纠纷多元化解机制建设取得阶段性成效。目前，南海区矛盾纠纷易发领域均已建立了调解组织，行业性专业性人民调解委员会、个人调解工作室建设取得较大成效，专职调解员队伍得到进一步扩大，基本建立起纵向到底、横向到边的矛盾纠纷多元化解体系，有效化解了大量的矛盾纠纷。2020 年 7 月，南海区矛盾纠纷多元化解工作机制获评“2020 年全国创新社会治理典型案例”十佳案例。在南海区全力推进市域社会治理现代化、创建省城乡融合发展改革创新实验区以及省社会矛盾纠纷调处化解中心试点地区的新形势下，矛盾纠纷多元化解机制建设工作更具重要意义。

三、坚持源头防范

矛盾纠纷源头治理是社会治理的重要方面，旨在从根源上防范风险、化解矛盾，通过凝聚和发挥基层智慧，在第一时间用最小成本解决问题，构筑起预防化解矛盾纠纷、遏制重大刑事案件和社会问题发生的第一道防线。因此，矛盾纠纷源头治理不仅是建设更高水平的平安中国、法治中国的必然要求，更是实现良法善治、推进国家治理体系和治理能力现代化题中应有之义。

坚持把非诉讼纠纷解决机制挺在前面，是新时期基层社会治理工作的基本要求。深层次挖掘其中价值追求，会发现这一论断是立足于预防层面的，强调通过强化源头治理，最大限度减少和避免矛盾纠纷的发生，使纠纷止于未发、止于萌芽。事实上，将预防矛盾纠纷贯穿于重大决策、行政执法、司法诉讼等全过程，可以从源头上减少矛盾纠纷的产生。南海区结合现代社会特点，运用大数据加强矛盾纠纷的排查梳理整治，提升矛盾纠纷排查调处的科学性、有效性，定期梳理发现各领域存在的普遍性问题以及规律性矛盾，有针对性地调整和优化政府管理、社会治理政策，增强工作前瞻性、主动性及针对性。

四、坚持依法及时就地解决问题

习近平总书记指出："矛盾处理是一个国家、社会长治久安的基础性工作。"党的十九届四中全会通过的《决定》明确提出完善人民调解、行政调解、司法调解联动工作体系，完善社会矛盾纠纷多元预防调处化解综合机制，充分体现了党中央对人民调解工作的高度重视，为进一步做好新时代人民调解工作指明了方向。在完善矛盾纠纷多元化解机制过程中，南海区将行业调解、司法调解、第三方调解组织融入人民调解组织体系，不断完善调解的内容和形式，形成了"多调联动"的矛盾纠纷解决机制，明确各自的调解领域，夯实社会治理责任，使各部门既可独立发挥作用，又能相互衔接，保障群众的利益，满足人民群众的需要。建立起以行业协会为主体的行业调解机制，特别是纠纷多、案件多的行业，充分发挥行业规范和行业自治组织的作用，建立相关行业调解委员会，不断完善行业调解的规范性和专业性。把劳动争议、交通事故纠纷赔偿、物业管理、医疗卫生、环境保护、金融等领域的矛盾纠纷作为矛盾纠纷解决的重点，依法、依规、及时、妥善解决出现的各类问题。针对不同行业制定不同的政策，努力实现化解矛盾纠纷的领域全覆盖，解决矛盾纠纷的路径多元化。

总体而言，南海区推动工作重心下移、关口前置，注重运用法治思维和法治方式化解各类矛盾纠纷，依法及时解决好各自职权范围内的矛盾纠纷。注意分析和掌握群众的思想动向，认真做好说服教育和思想政治工作，严防矛盾激化。对排查发现的苗头隐患问题，各镇（街道）各部门提前介入、及时化解，努力把问题防范在萌芽状态、解决在初始阶段、化解在事发当地。对于大量与群众生产生活密切相关的日常纠纷，应充分依靠人民调解组织来化解，使其解决在基层、消灭在萌芽阶段。

五、坚持属地管理、分级负责，谁主管、谁负责

在当前的基层社会治理中，综合治理和依法治理并行不悖，前者强调协同之治，后者重视规则之治。二者并非现代社会所独有，皆为源自中国古代并在当代得到创造性转化与创新性发展，且为实践所证明的行之有效的治理方式。西周时期，周公从治国理政的顶层设计出发，提出了“明德慎罚”的综合治理之道。后世逐渐丰富了这一认识，形成了德主刑辅、明刑弼教的治理方略，德法的关系在《唐律疏议》的表述也很精辟：“德礼为政教之本，刑罚为政教之用。”此外，礼乐政刑，综合为治，亦是中国传统一直提倡和奉行的治理观念。四种方式各有侧重，在分别施策的基础上又形成合力，共同服务于裨益世道民心、维护社稷安稳的需要，“礼以道其志，乐以和其声，政以一其行，刑以防其奸。礼乐刑政，其极一也，所以同民心而出治道也”。依法治理同样源流久远，春秋战国时期，法家主张以法治国、以吏为师，国家法律直接向基层渗透，此后，历代虽以儒为尊，但基层长期保持着强化内心引导的道德治理与偏重行为评价的法律治理相统一，以家训族规、乡规民约为代表的民间法与以律例典章为核心的国家法相融合的基本样态。

南海区重视建立激励约束机制，充分调动各方积极性，推动进一步做好属地工作，进一步注重从源头上预防问题发生，进一步推动解决矛盾存量，尽快形成全区上下各司其职、各尽其责的矛盾纠纷多元化解的工作局面。确保群众诉求合理的解决问题到位、诉求无理的思想教育到位、生活困难的帮扶救助到位、行为违法的依法处理到位。

六、坚持以人为本

法治是人的目的性活动，维护人的尊严，是法治的终极价值追求。大调解作为一项社会工程，首先面临着价值选择、协调和维护的问题。早在

《尚书》中，就出现了“民惟邦本，本固邦宁”的著名论断，由此形成了一系列重民、爱民、富民、以人为本的主张，构成绵延数千年之久的中国传统治理文化中最富有理性的精神内核。近现代的红色革命文化以及当代的社会主义先进文化均坚持全心全意为人民服务，把人放在首位，在促进人的幸福和发展的基础上实现民族解放、国家富强。“枫桥经验”是传统治理文化与新中国社会发展现实所结合的产物，其中的大调解亦秉持了民惟邦本的传统观念与新时代“以人民为中心”的法治核心价值。在“枫桥经验”的大调解实践中，群众路线得到完整贯彻，充分依靠人民群众化解矛盾纠纷、认真对待和保障群众的正当权利，注重从程序和实体两方面维护群众的合法权益，不因强调稳定和秩序而冲击人本的最高价值、不因减少诉讼量和一味追求效率而强制调解，始终是其一以贯之的基本做法。实现人的充分发展、寻求高效的矛盾化解、维持和谐健康的社会秩序，恰恰是构建法治社会和基层社会治理创新的一致追求。

基层社会既为人们生产生活提供地域空间，也为社会治理提供基础单元，人们的衣食住行、生老病死、文化娱乐等都发生在这里。随着城镇化和市场化深入推进，以党政机关和各类企事业单位为主导的社会治理模式很难适应社会发展的要求，城乡基层自然成为人们居家生活、公共服务的最基础平台，成为社会交往、利益关联的最前沿阵地，成为社会问题和社会矛盾预防化解的最源头防线。正如习近平总书记所指出的，“经济社会发展和民生最突出的矛盾和问题也在基层，必须把抓基层打基础作为长远之计和固本之策，丝毫不能放松”。因而，化解矛盾纠纷，必须把就地化解、高效便民、群众满意作为出发点和落脚点，积极推进工作机制和方式创新，探索推进矛盾纠纷多元化解的经验做法，努力为群众提供多元、便捷的矛盾纠纷解决方式。

第二节　健全矛盾纠纷多元化解机制的实践侧重

在完善矛盾纠纷多元化解机制过程中，推动矛盾纠纷的源头治理、共同治理，是社会治理体系和治理能力现代化的重要内容，也是满足人民群众司法需求的重要举措。南海区顺应中国社会和法治发展实际需要，坚持和发展新时代“枫桥经验”，不断健全完善矛盾纠纷多元化解机制，切实将多元解纷的制度优势转化为基层社会治理效能，积极探索构建南海模式的矛盾纠纷多元化解体系，注重党建引领矛盾纠纷化解机制建设，注重矛盾纠纷的源头治理，注重发挥非诉讼纠纷解决机制的作用，注重发挥矛盾纠纷化解的社会协同作用，注重科技创新与矛盾纠纷多元化解机制相结合，为打造共建共治共享的基层社会治理格局贡献了经验和方案，具有鲜明的特色。

一、注重党建引领矛盾纠纷化解机制建设

习近平总书记强调：“加强和创新社会治理，关键在体制创新，核心是人，只有人与人和谐相处，社会才会安定有序。”社会治理的重心必须落到城乡社区，落到基层社会治理上，要在城乡社区加强党建引领作用，运用网络大数据实现基层社会治理智能化、专业化。

在完善矛盾纠纷多元化解机制过程中，南海区压实基层党组织书记在矛盾纠纷多元化解中的主体责任，明确各社区党组织书记是化解各类矛盾纠纷的第一责任人，要求其在履行社区调解委员会主任职责的同时，发挥党组织书记工作优势，进一步整合党建资源力量与人民调解资源力量，实现党建工作有抓手，人民调解工作有作为。根据哪里有矛盾，哪里就有调解组织和调解工作的要求，桂城街道在 45 个社区均设立人民调解委员会。调解会主任由社区书记兼任，农村社区的调解力量也由村委会、村民小组

的骨干代表两级组成，夯实社区基层党委调解核心力量。同时，积极发展培育调解志愿队伍，培育社区的退休老干部、老教师、老军人、老模范、老党员加入调解队伍，壮大调解力量，从而达到群众自治，实现“小事不出村，大事不出镇，矛盾不上交”的目标。

基层党组织建设是领导基层治理、团结动员群众、推动改革发展的坚强战斗堡垒。为应对个人原子化、社会碎片化、居民需求多样化的社区治理挑战，桂城街道以促进同城融入，推动社区营造、提升治理水平，增强居民的参与感、获得感、幸福感、安全感为核心目的，于2011年8月提出了“创熟”的工作思路。十年来，桂城街道以塑造邻里情怀，创新社会治理为目标，坚持党建引领创新服务，“创熟”推动基层善治的治理思路，构建多元共治的社区治理模式，完善基层党建全领域统筹、多方面联动、各领域融合的治理格局，积极弘扬中华民族优良传统美德，鼓励邻里之间相互支持和帮助，把社区党建工作下沉到小区，将服务管理阵地延伸至城市基层每个角落，为居民提供精准化、精细化服务，推进社区共同体建设，有效提升了居民的社区治理主体意识，培育了居民的公共精神，建立了良好的社会信任关系，增进了邻里之间的情感，并且成立了各种形式的居民自治组织，吸引了越来越多的居民群众参与社区建设，形成了情系邻里、关爱善治的社区治理体系，并在夯实党建基础、凝聚共治力量、促进社区融合、提升服务质量方面取得了良好的成效，破解了诸多社区治理难题，为南海区社会稳定和经济健康发展奠定了重要基础，有效提高了社区治理能力和水平，积累了宝贵的社区治理经验。

在桂城的“创熟”经验中，桂城街道紧紧围绕党建引领、创新服务的治理主线，发挥社区党委和党员的“火车头”作用，带领各方实现共建共治共享的治理目标。以党员调动人民群众参与治理的方法有着先天的优势，选举出来的党员有群众基础，秉持着从群众中来到群众中去的理念，能够密切联系群众，直面群众诉求，破解治理中“无组织、无抓手”等治理困境的难题，在多元化解纠纷机制中自然能发挥重要的作用。桂城街道的“创熟”

致力于将党建深入群众，努力把党员发展成“创熟”人员，把社区党委变成最大的社会机构来发展社会工作，以党员带动居民的形式培育公共意识和志愿服务精神。在尖东社区，党员芳姐结合自身法律知识，与居民畅谈，分享日常防范诈骗的经验和技巧；在桂南社区，在职党员劝导居民开电动车出入要戴头盔；江南明居社区在职党员和楼长清理社区内滞留的共享单车；翠颐社区近300名党员推进“爱国卫生运动，共建文明健康社区”活动等事例不胜枚举。据统计，在4名专职人员中有3名是党员，23名“创熟”专干全部为党员，51名“创熟”助理中有19名是党员，25名创熟智库成员中有9名党员。这些人员为党建引领社区治理打下坚实的基础。

总体来说，桂城街道创建熟人社区课题组组长苏志敏同志带领社区创熟团队，坚持党建引领创新服务，“创熟”推动基层善治的治理思路，运用“助人自助”和“适切服务”的“创熟”手法，把社区基层党委(党组织)作为引领核心，以用心作为、主动作为和敢于作为的工作态度，完善基层党建全领域统筹、多方面联动、各领域融合的治理格局，探索居民区党组织领导下的协商机制、党员骨干示范带动机制、居民公约约束机制，提升居民对社区公共事务的知晓度、参与度和满意度，构建了包容互信、多元共治的治理模式。近十年来，社区“创熟”团队深入社区，以治理和调解工作项目化为支撑不断探索完善党建引领、公众参与和协商共治的小区治理发动体系，健全党组织领导为核心、街坊志愿互助会为骨干力量的协商议事机制，共同将社会风险防控及矛盾化解工作深入至小区。

二、注重矛盾纠纷的源头治理

南海区在创新基层社会治理过程中，统筹城乡协调发展，既重视和谐稳定的社区环境营造和乡村文化建设，又格外重视诉源治理。

首先，强调源头治理，要营造和谐稳定的社区环境。著名学者费孝通先生在《乡土中国》中讲道：“中国是一个熟人社会，每个人都处于波纹的中心。”建立在农耕文明上有着稳定地缘血缘的熟人社会是中国的传统，也是镌刻在中国人文化基因里的印象。在近代化的浪潮中，随着工商业的兴起与人口流动的频繁，撕开口子的熟人社会，随着城市居住环境的改变而改变。新中国成立以后，国家经济社会全面发展，城市化进程不断加快，乡村日益演化成学者贺雪峰提到的“半熟人社会”。城市水泥框架下的家庭被切割成一个个独立的单元格，人与人之间熟悉的地缘关系被打破，邻里守望相助、社区熟悉温良的氛围成为一种向往。

人与人之间由陌生到成熟符合人际交往的情感需要和社会规律。城市居住的人们身处陌生关系里，心灵归宿于熟人社会。在这种背景下，南海区提出创建“熟人社区”的建设思路，将工作的重心放在建立与邻为善、以邻为伴的新型社区关系方面，倡导注重分享、鼓励参与、强调自助、发展互助的社区建设理念，调动各类社会组织和居民群众参与共治的积极性，增进邻里之间的互相信任与关照，为矛盾纠纷多元化解创造和谐稳定的社会环境。

为了使创建“熟人社区”的工作思路获得街坊们的认可，桂城街道在工作中率先选择从一些显而易见的地方着手，重点解决居民群众关心的车位划分、电梯加装、治安维护、垃圾清理、文明养宠等问题，让街坊们可以第一时间感觉到“创熟”给小区带来的变化。比如，在人们普遍关心的养狗问题上，桂城街道花苑社区专门围绕“文明养宠我参与”的主题，通过游戏、摊位宣传等形式传递文明理念，共同建造宠物便纸屋，使宠物主在短短的时间内都学到了许多文明养宠的知识。大新社区团支部发动群众进行彩绘沙井盖主题活动，通过有趣好玩的创意绘画活动让社区居民意识到了文明养宠对创建和谐社区的重要性，营造整洁有序、安全和谐的社区氛围，提高居民群众的文明素养，规范社区居民群众依法养犬、文明养犬。这些灵活多样的活动不仅很好地维护了社区居民养宠的自由，也引导广大居民群众合法、文明、科学养宠。

其次，强调源头治理，应当重视乡村文化建设。基层社会治理不仅要关注城市社区治理，还要重视乡村治理。而且，推进乡村振兴战略离不开健全的乡村治理体系。乡村治理的深层次问题是文化治理，所以要注重挖掘乡村文化资源。

儒溪村是南海区乡村振兴精品示范村，是西樵农村综合试点示范核心区。在推动乡村建设和振兴过程中，该村在保护乡村文化古迹基础上，积极打造各种线上线下乡村文化品牌，创办了《儒风溪韵》村报，积极引导村民崇德向善、见贤思齐。格外重视传统文化中的仁、义、礼、智、信以及温、良、恭、俭、让的价值引领作用，将天人合一观念融入人居环境整治工作，将仁爱观念融入志愿服务工作。众所周知，在我国传统乡村治理中，村规民约、家规家训对维护秩序、化解纠纷、促进乡风、教化乡民、推动有效治理发挥了重要作用，儒溪村积极倡导发挥好家规家训的规范引导作用。此外，儒溪村积极培植乡贤文化的凝心聚力作用，获得了村民的广泛认可。

再次，强调源头治理，应当重视诉源治理。习近平总书记指出："要善于把党的领导和我国社会主义制度优势转化为社会治理效能，打造共建共治共享的社会治理格局，构建富有活力和效率的新型基层社会治理体系。"从源头上减少诉讼增量是诉源治理的基础，也是人民法院在诉源治理中发挥职能作用的总目标。近年来，南海区人民法院坚持把非诉讼纠纷解决机制挺在前面，在基层党委、政府的统一领导下，立足新时代新要求，践行以人民为中心的发展思想，坚持系统治理、依法治理、综合治理、源头治理，推动社会治理重心向基层下移，推动建立共建共治机制，搭建矛盾纠纷预防化解的一站式平台，有力地维护了和谐稳定，服务和保障了经济社会发展。

2019 年 6 月，南海区人民法院启动"调裁一体化"工作机制，组建了 10 个专业化调解速裁团队均开展"一对一"指导调解工作，做到每一个诉前调解案件均由速裁法官指导调解员调解工作。专门建立了人民调解员岗前培训制度，除指定法官一对一指导外，还安排专职调解员旁听案件，感受现场调解氛围，并且不定时实行现场案例教学，调解员全程观摩法官如何在现实中灵活运用面对面、背靠背、对症下药、求同存异的调解方法，通过案例教学切实提升调解员的调解技能，培养了一批“调解之星”。

三、注重发挥非诉讼纠纷解决机制的作用

2021 年 2 月，中央全面深化改革委员会第十八次会议审议通过了《关于加强诉源治理推动矛盾纠纷源头化解的意见》，要求坚持和发展新时代“枫桥经验”，把非诉讼纠纷解决机制挺在前面，推动更多法治力量向引导和疏导端用力，加强矛盾纠纷源头预防、前端化解、关口把控，完善预防性法律制度，从源头上减少诉讼增量。这要求我们必须高度重视非诉讼纠纷解决机制在矛盾纠纷化解体系中的作用。

坚持把非诉讼纠纷解决机制挺在前面，要求在矛盾纠纷源头治理的过程中重视发挥调解的制度价值，并建立和完善相应的矛盾纠纷化解体系，充分依靠人民调解组织来化解大量与群众生产生活密切相关的日常纠纷，使其解决在基层、消灭在萌芽阶段，这也是新时期基层社会治理的重要要求。在实践中，一方面，需要积极搭建矛盾纠纷多元化解综合服务平台，支持各类非诉解纷主体进驻，发挥多元解纷平台的指挥分流作用，鼓励和引导当事人合理选择纠纷解决方式，努力形成“非诉机制挺前、司法诉讼断后”的解纷流程。另一方面，需要积极鼓励和引导当事人优先选择成本较低、对抗性较弱、有利于修复关系的途径化解纠纷。

调解作为具有中国特色的非诉讼矛盾纠纷解决方式，是化解纷争、维护社会稳定和谐的一种重要方式。近年来，南海区不断推动基层社会治理理念、手段、方法、机制创新，积极推进矛盾纠纷多元化解机制建设，通过发挥区、镇(街)、村三级联动作用，形成矛盾纠纷化解纵向贯通局面。通过将人民调解、司法调解和行政调解有机衔接，形成矛盾纠纷横向覆盖网络，通过动员多方社会力量，构筑和谐互助的社会氛围，助力基层社会治理，发挥人民调解作用。南海区委区政府高度重视，始终坚持党的领导，注重系统思维和顶层设计，着力建立健全有机衔接、协调联动、高效

便捷的社会矛盾纠纷多元化解工作机制，创造了人民调解嵌入矛盾纠纷多元化解机制的“嵌入式”推动模式。

在“广佛全域同城化”不断推进的过程中，经济不断发展，人民生活水平日益提高，群众维权意识日益增强，人民调解的范围从传统的邻里矛盾纠纷逐渐拓展到合同纠纷、物业纠纷、知识产权纠纷、医疗纠纷、道交纠纷等领域。为了回应人民期待，在政府的引导下，南海区不断涌现出新型行业调解组织，在矛盾纠纷多元化解机制中发挥重要作用。

在传统的熟人社会中，街道、社区往往通过投票制度表达个人意愿，有损人与人之间的互谅互让，不能有效解决社区面临的问题。桂城街道所创建的“熟人社区”转变了一种思路，建立了多方联席会议机制，让各方力量有规则地议事，使社区基础治理变为从对抗到合作，从监督到同路，从意见到建议。譬如，桂城街道某园区一项目经常深夜施工，与工地仅一路之隔的住宅小区800多户业主深受噪声影响。施工方与业主之间的矛盾一触即发。为防止矛盾进一步激发，社区在经过前期摸底调查之后，不断与施工方接触和沟通，为矛盾双方建立沟通平台，引导业主和施工方良性沟通，使业主与施工方紧张关系得到缓解，有效地解决了双方的矛盾。搭建议事平台，通过提出问题、商讨问题、解决问题、反馈意见，让矛盾双方能够有效地表达诉求，形成南海社区治理的良性环境。

南海区通过行业调解、个人调解工作室、诉前和解中心以及熟人社区的构建，实现矛盾综合治理、依法治理、源头治理，为坚持将非诉纠纷解决机制挺在前面提供了基础保障。

注重发挥非诉讼纠纷解决机制的作用，还必须重视司法确认制度在调解中的重要意义。应当看到，司法确认制度为非诉调解提供了有力的司法保障。大沥司法所为确保调解结果得到落实，建立了与大沥人民法庭的联络机制，强化诉调对接，拓宽申请司法确认的调解协议范围。对于调解成功的案件，经当事人申请，大沥人民法庭会在第一时间对调解协议进行审查确认，高效的司法确认工作也促使当事人在发生矛盾纠纷时选择非诉调解。

四、注重发挥矛盾纠纷化解的社会协同作用

城乡社区是基层社会治理的落脚点，各级党委政府、辖区机关及企事业单位、物业公司、社会组织、居民群众都是城乡社区治理的重要主体。城乡社区治理以实现广大居民群众的自我发展和自我治理为根本目的，多元的城乡社区治理主体是建立社会信任关系的关键力量。不同的社区治理主体在社区治理过程中的角色和定位各不相同，要促进社区治理体系和治理能力现代化，首先要构建多元主体共同参与的新型社区治理格局，从传统的政府包揽一切转变为政府指导、社会共同治理，鼓励和支持多方社会力量各方面参与，实现政府治理与社会自我调节、居民自治良性互动。这就要求，在完善矛盾纠纷多元化解体系时就必须要考虑机制的整体联动性，即要求各种解纷机制互相支持与配合，形成联动的整体，各种解纷手段需要综合运用。必须看到，法院不是万能的，对于人民的内部矛盾的解决，需要激发群众的智慧，形成社会合力，依靠群众自己去解决。

近年来，南海区通过各部门、各机构多元联动，将矛盾纠纷类型化，明确矛盾焦点，精准分流化简，提高调解效率，达到高效便民、化解矛盾纠纷的目标。比如，南海区公安机关吸收借鉴“红枫义警”“福田模式”，充分发挥人民调解和公安机关行政调解的不同优势，将人民调解与公安行政调解相结合，创设“警调对接”机制，创建治安纠纷人民调解委员会。以关口前移、有机衔接作为警调对接机制的独特手段方式，实现警调对接机制及时高效、就地解决矛盾纠纷的内在价值。形成《“警调衔接”操作规程》《警调对接工作图》《治安纠纷人民调解流程图》《调委会业务范围》《纠纷当事人权利义务》以及《人民调解协议书的法律效力》等一系列工作制度，将警调对接机制规范化、制度化，确保治安纠纷人民调解委员会平稳健康运行。又如，信访局作为维护社会稳定的重要组织机构，南海区信访局整合房地产、农业农村、劳资纠纷、涉法涉诉等社会矛盾多发领域的责任部门

和第三方社会力量，创设群众信访诉求综合服务中心，统筹人民调解、行政调解、司法调解等调解资源，打通“访—疏—调—裁—议”矛盾化解全过程的链条，构建有序、有效、有力的矛盾化解新格局。再如，南海区致力于推动劳动人事争议“调裁审一体化”机制，落实加大调解力度、促进裁审对接、实现多元化解的工作思路，坚持双方协商、政策引导、调解为主、审慎立案的处理原则，推动调解、仲裁、监察、审判高效协作，打造劳动人事争议“调裁审一体化”中心，积极化解劳资矛盾纠纷。实行前台受理工作措施、完善调裁审工作规程、细化业务流程，同时配备专业团队以及相关硬件设施，实现调解与仲裁、调解与诉讼的有效畅顺衔接。

多元治理主体共同参与，是基层社会治理的基本理念，同时也是基层诉源治理和矛盾纠纷化解的有力手段。南海区人民法院注重与司法局、妇联等部门和群众自治组织的沟通与协作，与基层解纷力量积极沟通形成联动合力。一是建立常态化联动机制。建立“一门式办理”“一站式服务”等综合服务平台，建立了人民调解、行业调解、司法调解相结合的纠纷调处模式，健全调解、仲裁、诉讼有机衔接、相互协调的纠纷解决机制，不断完善基层法律服务体系，形成法治社会建设的合力。狮山法庭积极争取属地党委政府的支持，并建立起与镇司法所等部门的工作联系，及时召开联席会议，先后拟订了《诉前和解暨人民调解工作流程图》《关于诉前调解及人民调解后续衔接程序说明》等文件，对诉前和解、基层人民调解与人民法庭诉讼工作衔接、司法确认的开展所涉及的运行框架、工作流程、案件范围、纠纷分类、注意事项、沟通机制、培训模式、人员管理等进行了详细的规划，目的在于形成长效合作机制、逐步扩大合作覆盖面，与司法所及相关基层职能部门、人民调解组织建立起更顺畅、更有效、更快捷的协作机制，核心是充分发挥镇驻法庭调解员以及镇驻村居人民调解员的过滤缓冲、培训辐射作用，真正使诉前和解工作在狮山辖区发挥实效。二是优化解纷资源。南海区人民法院在最大限度汇聚起解纷合力的同时，充分发挥各机构力量优势，比如，由司法局选聘专职调解员，针对特定行业矛盾纠纷化解进行专业化培训。工会、妇联等组织的行业调解员进驻和解中心，保险、金融等解纷力量也进驻一体化中心，退休法官、高校教师等特邀调解员分流部分特定案件，镇街调解资源纳入和解中心，一系列举措打通了调解资源配置和功能设置上的难点堵点，推进纠纷解决驶上了“快车道”。三是完善预防性制度。加强矛盾纠纷源头预防、前端化解、关口把控，努力将法治力量向引导和疏导端用力，2019 年，南海区法院针对调解和审判工作中发现的行业管理漏洞、社会治理问题等发出司法建议 29 份，向公安机关移送虚假诉讼犯罪线索 18 条。

五、注重科技创新与矛盾纠纷多元化解机制相结合

习近平总书记指出：“人工智能是新一轮科技革命和产业革命的重要驱动力量，加快发展新一代人工智能是事关我国能否抓住新一轮科技革命和产业变革机遇的战略问题。”这要求，矛盾纠纷多元化解机制的健全和完善势必要结合大数据信息技术的，以努力满足人民群众多元化的司法需求。在完善矛盾纠纷多元化解机制的过程中，南海区极为重视现代信息科技在矛盾纠纷化解领域的应用，充分利用现代科技优势，回应人民诉求，以技术换人力，充分发挥互联网和大数据的积极作用，取得了优异的成绩。

在南海区人民法院，为实现法院解纷水平迭代升级，法院以信息化、智能化为杠杆，积极推进现代科技与法院工作深度融合。具体而言，南海区人民法院借助大数据与信息技术，深化全链条信息查询机制，与全区 43 个部门和单位建立起系统化、制度化的协同联动机制，建立起南海区人民法院执行大数据应用系统，实现财产、身份、行踪等信息的全面对接，建立起信息共享、措施联动、反应迅捷的执行联动体系。这个大数据应用系统可在最大范围内收集全国各个行政区域中的个人信息，精准定位，查找到被执行人，南海区人民法院依托统一的执行大数据平台，可以准确地查找到被执行人的行踪，从而为下一步执行工作做好准备。

在南海区法院第23场“海啸”行动中，申请人广东某集团股份有限公司与被执行人广州市某建设有限公司于2015年签订协议，共同开发南海桂城一块土地。在协议履行的过程中，申请人发现，被执行人违反约定，要求解除协议。经审理，南海法院于2018年2月8日做出判决，要求被执行人在判决发生法律效力之日起十日内退出并交回施工工地，但被执行人对判决置之不理，多次联系无果，于是就有了这次的强制清退行动。在这次的强制清退行动中，桂城街道办的协助显示出信息共享、多调联动的优势。在强制清退过程中，桂城街道办组织多名治安队员予以协助，并协调相应的村(居)对法庭执行予以支持。南海区法院得以在最短的时间内获知被执行人员的行动信息，快速找到被执行人，从而顺利开展执行活动。

南海区执行工作信息化的另一个亮点，便是结合信息化时代人们接受信息渠道的多样化来公布失信人信息，实现多级联动。南海区人民法院与今日头条、中国移动失信彩铃业务以及佛山人保分众平台合作，全方位公布失信人员的信息，解决找人难的问题。值得注意的是，南海区运用今日头条公布失信人员的做法紧紧抓住了信息时代社会生活的特点。以这种方式公布失信人员的信息，大大节省了执行中查找人的时间。此外，短视频因为操作简单、与诸多第三方合作的特征，降低了使用门槛，广大受众在扮演信息接受者的同时，也扮演着信息传播者的角色，因此，二次传播、三次传播，甚至多次传播的过程中，失信人员信息的传播范围进一步扩大，更进一步减少查找人员的时间，提高工作效率。

南海区一年大概有10万多案件，面对如此庞大的案件量，传统做法在解决问题上显示出巨大的劣势，南海区人民法院2019年开始就设立了电子政务数据集成中心，通过专门的外包服务将在案件审理中形成的纸质版的材料，经过电子系统进行扫描，形成电子卷宗，由综合电子系统对卷宗进行编目。在随后的执行系统中，根据电子系统的分门别类，再将其转入相应的执行部门，这种做法无疑是对传统纸质版案卷办案的革新。电子卷宗的推行能够使得需要材料的不同部门在同一时间，不同的工作环节使用材料，提高了办案效率，也能使得法官最大程度地从繁琐的案卷材料整理、收集等辅助性工作中解放出来，专注于案件的审理。当前，以审判为中心是整个司法改革的任务之一。以审判为中心要求庭审实质化，控辩双方在庭审过程中进行充分的辩论，法官应当注重庭审过程中对案件事实的调查。南海区法院运用信息技术，将法官从繁忙的执行工作中解放出来，从而全身心地投入案件审判工作，以实现司法公正。可见，这种做法也积极响应了司法改革的核心要求。

更重要的是，南海区人民法院推行执行工作信息化也极大地提高了执行工作的效率。2020 年，南海区人民法院共办结执行案件 39166 件，已结案执行到位金额 23 亿元。具体来说，普执案件结案平均用时 120 天，速执案件结案平均用时 46 天，执行案件的结案率和用时都有实质性的发展。信息技术极大地方便了人们生活的同时，也给司法工作提供了一种全新的工作方法。南海区人民法院在突破“执行难”工作中顺应了社会发展的趋势，将最先进的信息技术引进、运用于执行工作中，并取得了优异成绩，给其他地区人民法院提供了一个可资借鉴的样本。

第三节　适应经济持续发展的矛盾纠纷多元化解要求

2016 年 10 月，习近平总书记就加强和创新社会治理做出重要指示：“提高社会治理社会化、法治化、智能化、专业化水平。”2017 年，习近平总书记在党的十九大再次强调：“打造共建共治共享的社会治理格局。加强社会治理制度建设，完善党委领导、政府负责、社会协同、公众参与、法治保障的社会治理体制，提高社会治理社会化、法治化、智能化、专业化水平。”这对经济持续发展的矛盾纠纷多元化解工作也提出了新的方向和要求。也要看到，南海区的健全矛盾纠纷多元化解机制的创新实践距离提高社会治理社会化、法治化、智能化、专业化的理想预期之间还有一定差距。

一、推动基层社会治理社会化

从行政化到社会化，是社会治理的现代转向。所谓的基层社会治理社会化，是指将基层社会治理主体、制度、资源、技术等社会性要素嵌入基层社会治理全过程，实现多种基层社会治理社会性要素协同共生的过程。当前，我国基层社会建设是在中国共产党领导下，政府、社会组织和社会成员共同参与和协调互动中展开的。从社会建设实践的角度看，基层党组织、政府行政机构、社区组织、社区居民都是基层社会治理的重要主体。其中，基层党组织是基层社会治理的领导主体，政府行政机构是基层社会治理的推动主体，社会组织是基层社会治理的自治主体，广大居民群众是基层社会治理的根本主体。随着我国经济社会的发展转型，政府和社会的关系以及社会管理体制发生了深刻变化，人民群众利益需求日益分化和多元化，要求社会服务更加注重民生，保障居民人身财产安全，最大限度确保公共利益实现。这就要求矛盾纠纷多元化解工作要重视整合各类社会治理的人力、财力和物力资源，广泛吸纳社会力量和社会资金参与基层社会治理，充分发挥基层社会党组织、行政机构、社区居委会、业主委员会、社区物业管理公司、社区社会组织、辖区单位、公益组织、慈善组织、居民群众等多方主体的治理合力。

完善矛盾纠纷多元化解机制，必须增强矛盾纠纷多元化解主体之间的联动性。但是在南海区的实践中，有些部门可能基于工作太多，出现了对接人员经常变动的现象，导致矛盾纠纷化解合力不足，未能形成效能突出、相互策应的局面。为了提高基层社会治理社会化水平，必须通过制度性安排调动矛盾纠纷多元化解主体参与的积极性。这就要求在健全完善矛盾纠纷化解机制过程中，应当将基层治理作为巩固基层政权建设的重大工程，继续结合本地实际，在党的领导下优化本土性和融通性的社会治理顶层设计，深入群众、发动群众、依靠群众，通过党建引领，引导社区党员、志愿者、楼长等参加调解的宣传、化解工作室，培育、壮大社区调解力量，实现社区自治。同时，以国家治理体系和治理能力现代化为目标，在党委领导下对基层社会治理进行统筹谋划，持续深化矛盾纠纷多元化解机制建设，完善与其他机构的合作机制，拓展合作内容，融合治理手段，不断拓展行业性、专业性调解组织的参与面，健全调解、仲裁、复议、诉讼等衔接联动的纠纷解决体系，推动矛盾纠纷及时高效化解。同时，充分发挥法院在乡村治理中的引领、推动、保障作用，建立诉讼和非诉纠纷解决机制的无缝对接，促进矛盾纠纷多元化解。

二、推动基层社会治理法治化

基层社会治理所要解决的都是和居民群众切身利益相关的问题，是整个社会治理的最前沿。伴随着城镇化快速发展，越来越多的城市社区呈现出“陌生人社会”的特点，不仅使社区治理面临的挑战增多，而且增加了社区治理的难度。依法治国是我国治国理政的一项基本方略，法律在包括社区治理在内的社会治理中扮演着重要的角色，具有其他社会规范无法比拟的显著优势。因此，加强和创新社会治理，必须聚焦基层社会治理中的突出矛盾与问题，将基层社会各项事务纳入法治轨道，实现规范化运行，进而提升基层社会治理法治化水平。所谓基层社会治理法治化，是指将相关法律规范作为基层社会治理的主要手段，确保城乡社区治理参与者严格以法律法规和行政规章为准，积极有序参与社区治理，实现城乡社区治理的规范化、科学化、精细化、组织化。① 面对基层社会治理中法治氛围差、居民群众法治意识淡薄、参与社会治理积极性不高等不符合依法治国要求的突出问题，必须加强法治的引导作用。提高基层社会治理法治化水平，能够为多元化基层社会治理主体参与基层社会治理提供平台保障，为推进基层社会治理现代化提供制度保障，为有效防范和应对基层社会治理风险

① 张春照：《新时代城乡社区治理法治化》，载《重庆社会科学》2018 年第 6 期，第 90 页。

以及避免出现更大不和谐因素提供矫正机制。

以大调解为代表的矛盾纠纷多元化解机制是我国社会治理中矛盾纠纷预防和化解的重要机制，而这一机制无论是构建、实施和改进，主要依据的是中央公布的各项政策性文件，如2019年7月中共中央办公厅、国务院办公厅印发的《关于加快推进公共法律服务体系建设的意见》中提出：完善人民调解、行政调解、司法调解联动工作体系，推动构建大调解工作格局。在中央政策的推动下，各省、市、区县均出台了相应的工作意见和方案。推动构建大调解工作格局，固然需要结合各地的治理实际因事施策，然而通过对目前坚持和发展"枫桥经验"较为出色的诸暨、延安、南海等地的分析可见，各地大调解的建设方案不仅不尽相同，而且各地的人员配置、经费支持、场地保障、部门协作以及各种调解组织、调解方式的联动情况也千差万别。这就导致各地的制度建设经验带有强烈的地域性的经济、文化、社会等烙印，虽然在价值层面和治理理念上具有一定的相似性，但从中总结并提炼出可供复制和推广的能够上升到跨区域乃至全国的具体经验，存在较大困难。

健全完善矛盾纠纷多元化解机制离不开法律层面的制度保障。但是，目前在法律法规层面，虽然2011年实施的《人民调解法》对人民调解委员会的性质与组建、人民调解员的选任与培训、调解程序的开展与当事人在调解中的权利义务、调解协议的达成和司法确认等事项予以了明确，但是其中并未对大调解制度如何构建或者矛盾纠纷多元化解机制之间如何衔接加以规定，而且，《人民调解法》的制定距今已经过去了十年时间，在这十年的经济社会发展过程中，矛盾纠纷化解的理念和方式都发生了很大变化，这在一定程度上使得现有的法律规定与现实的需要之间产生了一定的滞后。而且，修改后的《立法法》明确赋予设区的市拥有城乡建设与管理、环境保护、历史文化保护等方面的地方立法权，在这样的情况下，各地在完善矛盾纠纷多元化解机制和构建大调解体系方面的国家立法和地方立法都显得极为不足。毋庸置疑的是，以"枫桥经验"为代表的矛盾纠纷化解经验在实现矛盾纠纷化解资源优势互补、有机衔接、协调联动的工作机制方面所体现出的制度价值越来越重要。矛盾纠纷多元化解机制建设在基层社会治理中具有独特的功能和地位，目前法律法规供给不足严重制约着大调解体系和矛盾纠纷多元化解机制的发展和完善。因此，大调解与矛盾纠纷化解的相关立法考验着中央和地方两个立法积极性的发挥，也影响着基层社会的依法治理和更加具有系统性和可操作性的矛盾纠纷多元化解机制的法治化、规范化、制度化运行。

在矛盾纠纷多元化解体系中，人民调解除了援引法律法规，更大程度上依靠的是乡规民约和居民公约。乡规民约和居民公约虽然缺乏功能公权力的保障，但同样是化解矛盾纠纷的重要依据，也是体现基层民主自治的重要内容，又是与以法律法规为代表的国家规范相对应的凝聚民间治理智慧的社会规范的核心组成部分。“枫桥经验”所提倡和追求的小事不出村、大事不出镇、矛盾不上交，正是得益于乡规民约和居民公约作用的发挥。然而，在当前的矛盾纠纷多元化解实践中，各地乡规民约和居民公约的发展水平快慢不一，制定程序、修订程序和监督程序均存在明显短板，民众对乡规民约和居民公约的了解程度和利用其维护自身合法权益的自觉性也各有差异。这些情况严重制约着乡规民约和居民公约的发展，也影响着社会规范供给机制的稳定运行。

值得关注的是，虽然现有的《人民调解法》规定的人民调解制度在有效化解矛盾纠纷方面发挥了重要作用，但是伴随着矛盾纠纷多元化解机制的不断完善，我们越来越多地体会到人民调解与访调对接、诉调对接、警调对接以及其他创新性的矛盾纠纷解决方式之间的衔接在法律层面的规定还有欠缺，那么要想通过完善矛盾纠纷多元化解机制提升基层社会治理法治化水平，就需要及时针对《人民调解法》的滞后性进行完善，从法律层面为多方联调机制建设提供依据，从而为矛盾纠纷多元化解机制的完善提供法律层面的制度保障，充分发挥矛盾纠纷多元化解机制在营商环境建设中的积极作用。

三、推动基层社会治理智能化

面对城乡社区居民群众各不相同的需求，基层社会治理必须精细化，“互联网+”、大数据、人工智能等现代科技的普遍应用，为基层社会治理精细化发展提供了智能依托，社区治理智能化也因此成为现代社区治理区别于传统社区治理的一大鲜明特点。基层社会治理智能化即运用现代科技手段充分调动多元主体自觉积极参与基层社会社区治理，促进基层社会治理手段和水平升级，实现基层社会治理精细化。智能化重在运用现代科技手段打通各个基层社会治理主体面临的信息鸿沟，实现数据信息共享，有效降低治理成本，并且依托现代科技精准识别社区居民的个性化诉求，为社区居民提供有针对性的公共服务。而且，智能化具有数据量大、类型多、更新速度快等特点，具有数据、信息、图像等即时互动功能，有利于提升基层社会治理决策的科学化水平，有利于强化对基层社会治理精细化的监督。① 提高基层社会治理智能化水平，前提是必须推动基层社会治理平台与“互联网+”、大数据、人工智能等现代科技的深度融合，在确保信息数据安全的基础上促进数据信息的开放与共享。

以信息技术作为发展引擎积极推进社区治理多元化、智能化，是促进基层社会治理能力现代化的重要要求。基层社会矛盾的多样性、复杂性需要运用互联网思维整合多方力量参与矛盾纠纷的解决，需要借力信息化技术打造新型纠纷解决模式。为了适应信息化、智能化的社会发展趋势，南海区人民法院充分利用信息技术，在智慧办案破解执行难问题方面进行了许多有益探索，取得了积极的治理长效。例如九江镇在基层社会治理过程中，全面开展“智感安防”小区规划和建设工作，探索引入 3D 建模、一键报警、立体化社会管理平台的技防手段，全力打造乡村振兴点亮工程等，联合高新技术手段和网格化管理全面提高基层社会治理的精准度，形成深

① 张锋：《以智能化助推城市社区治理精细化研究——基于上海杨浦区控江路街道的实证分析》，载《城市发展研究》2019 年第 3 期，第 6 页。

度和广度、横向和纵向协同的治理全覆盖，为矛盾纠纷多元化解提供了科技支撑。充分发挥现代科技在矛盾纠纷多元化解机制中的积极作用，需要深入拓展“互联网+”和大数据技术在矛盾纠纷多元化解机制中的深度应用，利用信息技术重塑基层治理运行的模式，形成多功能、智能化、集成性、线上与线下融合的服务模式，实现多个平台互联互通，整合多方力量实现矛盾纠纷的多元化解，实现解纷资源跨时间、跨空间、跨部门的优化配置，实现互联网化、在线化、数据化，实现信息大联动、平台大集群、流程大互通、跨界大协同，建立健全调解数据库，建立纠纷解决大数据应用中心，通过云计算对社区村居发生的各类纠纷及其解决情况进行深度分析，研判纠纷发展态势，预测纠纷发展方向，为决策提供参考，推动社会治理、司法运行、公共服务等工作机制创新。

四、推动基层社会治理专业化

随着经济社会发展，群众权利意识日益增强，服务需求日益呈现出多层次、多方面、个性化的特征，因此迫切要求加快城乡社区治理专业化发展步伐，以专业社区治理理念引领群众广泛参与、以社区治理专业技能回应群众各项诉求、以专业的社区服务增进群众的福祉。一方面，明确城乡社区治理的标准，以标准化建设助推基层社会治理专业化。具体而言，就是结合城乡社区治理的现状与需求，加快推进基层社会治理领域相关标准的制定和修订工作，构建全面配套、层次分明、功能完备、科学合理的社区服务体系。围绕社区公共安全、社区治安、社区矫正、纠纷调解等社区管理领域，以及劳动就业、救助福利、卫生计生、科普教育、文化体育、环境保护、公共法律服务等基本公共服务领域，推进相关基础通用标准、管理服务标准和设施设备配置标准的制定和修订，推进各项管理服务规范化，逐步满足社区居民多层次多样化服务需求。另一方面，以基层社会治理专业人才队伍建设助推社区专业化。基层社会治理现代化需要大量既掌握管理、科技、经济等专业知识，又具有信息技术专业和法治思维的人才。加强基层社会治理专业人才队伍建设，必须拓宽治理人才来源渠道、改善队伍结构，加强培养锻炼、提高能力素质，严格管理监督、促进履职尽责，强化激励保障、激发队伍活力，培养造就一支数量充足、结构合理、素质优良、作风扎实、精干高效的人才队伍，同时将社区工作者纳入基层社会治理人才发展规划，制定社区工作者队伍管理办法，建立健全社区各类专业人才的发现和使用机制，选优配强社区“两委”班子成员，聘好社区专职工作人员，支持社区工作者参加社会工作教育培训，建立健全社区工作者职业序列和薪酬体系，完善社区工作者社会保障政策，逐步建立一支素质优良的专业化社区工作者队伍。

有效发挥矛盾纠纷多元化解机制在基层社会治理中积极作用的关键在于有一支专业、稳定的调解队伍。南海区始终坚持群众路线，以人为本，不断从人民群众中汲取优势人才资源，培养专业的调解团队，不断拓展创新化解矛盾纠纷的方式。坚持实事求是，因地制宜，注重化解矛盾纠纷的时效，是南海区人民调解的基本工作方式。从当地群众的实际需要出发，积极探索调解新方式，借助专业的力量，培养专业调解人才，推动创建个人品牌调解工作室，这是南海区人民调解的特色和工作方式创新。但是，在南海区的矛盾纠纷多元化解实践中，还一定程度地存在调解员队伍的专业性和稳定性欠缺，以及调解力量分散、调解经费保障不足等问题。

比如，调解员长期处于负压状态，心理问题频发。随着诉调对接的有序开展和各地调解与速裁中心的建立，大量适用简易程序或者普通程序的民事案件分流至调解程序，调解员的办案压力急剧增加，虽有法官的一对一指导，仍经常处于案多人少、力不从心的境地。而调解员经办案件时大都面临双方当事人的唇枪舌剑、语言刺激和情绪干扰，既要有足够的耐心、高超的方法，还要有足够强大的心理。许多调解员特别是年轻调解员长时间处于矛盾双方的负面情绪之中，还要面对经费问题的掣肘，自身也要协调好工作与家庭的关系，因此往往滋生心理疾病。

又如，随着时代的发展，调解员面临的纠纷类型和化解平台日渐多样，专业技能的短板愈加凸显。在大数据时代，以在线受理、在线调解、在线化解矛盾为主干的线上调解平台日渐成为大调解中不可或缺的组成部分。线上平台的运行，既促进了部门、行业、群众、专业咨询机构、调解员之间的互动，也提升了矛盾纠纷化解的效率。但是，大多数德高望重的调解员都是退休的党员干部，普遍存在年龄偏大且不善于运用新技术手段，导致传统的面对面就地化解矛盾无法及时有效地与“陌生”的线上调处相衔接，而这些高龄调解员又是调解队伍中的宝贵财富。如何推动高龄调解员适应智慧化的线上调解，仍需从制度层面进行探索。

再如，调解员缺乏资格评定、等级认定等晋升和发展制度保障。当前，拥有心理学、社会学、法学、管理学等学科背景的年轻人不断涌入调解员队伍，调解员队伍的年龄结构、知识结构都发生了积极的变化。但由于资格评定、等级认定等立法空白，众多优秀的人才无法从非职业化的调解队伍中获得社会认同，极大地影响了调解员队伍的人心稳定和持续发展。在南海区，一些高等院校毕业的毕业生会在毕业初期加入调解员队伍，但是随着他们通过参加司法考试或者考取公务员等，许多便会主动离开调解员队伍，由此产生了人民调解队伍人才流失严重的现象。

为了提高矛盾纠纷化解的专业化水平，需要我们在完善矛盾纠纷多元化解机制的实践中加强调解经费保障，依托区级和镇级调解中心，积极拓宽调解员行业范围，统筹所有调解力量研发本地特色的调解培训体系。加强专职调解员的业务培训学习，打通发展渠道，提高调解队伍综合素质，让专职调解员在处理各类型调解案件中能够有足够的知识储备应对不同的矛盾纠纷，加大矛盾纠纷排查力度，及时发现和就地化解矛盾纠纷。

第十章
南海区矛盾纠纷多元化解的经验启示

率先富裕起来的南海区通过健全完善矛盾纠纷多元化解机制，大力开展矛盾纠纷多元化解工作，伴随着非诉讼纠纷解决机制的普遍运用以及分层递进、衔接配套的纠纷解决体系的构建，源头治理、系统治理、综合治理、依法治理有了实实在在的抓手，“治未病”的良法善治局面逐渐形成，有效地破解了一系列基层社会治理的难题。因而，完善矛盾纠纷多元化解机制切实成为有效化解矛盾纠纷、创新基层社会治理的重点。南海区也通过自身的实践对共同富裕的基层社会治理提供了重要的借鉴样本。鉴于此，完全可以将完善矛盾纠纷多元化解机制作为重要的解释变量，以南海区构建矛盾纠纷多元化解机制的探索为经验材料，通过实证的观察视角考察矛盾纠纷多元化解机制的完善路径，进而揭示创新基层社会治理的核心，并提出富有针对性的完善路径，努力为实现共同富裕后的基层社会治理提供有益的镜鉴。

第一节　推动综合治理加强基层基础建设

基层基础建设是社会建设的重中之重，党的十八大报告对推进中国特色社会主义事业做出了“五位一体”总体布局，当前我们国家正在大力推进经济建设、政治建设、文化建设、社会建设、生态文明建设，其中，社会建设既是五大建设的重点，也是难点所在。这主要是因为我们的社会建设起步较晚，起点较低，需要做的工作还很多，比如社会政策的完善，社会管理的加强，矛盾纠纷的化解，安全稳定的维护等，都是社会建设的重要内容。① 南海区在创新基层社会治理过程中高度重视基层基础建设，坚持综合治理的思路，通过创建“熟人社区”、发展乡村传统文化、搭建矛盾纠纷多元化解平台、创新调解形式等一系列手段，有效保障了南海区社会秩序和谐稳定，为南海区繁荣发展奠定了良好的社会基础。和谐稳定的社会环境是实现基层社会治理现代化的前提和基础，南海区的推动基层社会综合治理的创新实践启示我们在推进基层社会治理现代化的过程中，应当将加强基层基础建设放在首要的位置。

一、加强基层党组织建设

党的工作最坚实的力量支撑在基层，经济社会发展和民生最突出的矛盾和问题也在基层。创新基层社会治理，加强基层党组织和基层政权建设，事关党的长期执政和国家长治久安，事关“四个全面”战略布局的实践。实践表明，无论什么时候，无论什么事情，只有坚持党的正确领导，社会主义革命和现代化事业才能取得成功，什么时候偏离或者背弃了党的正确领导，社会主义革命和现代化事业就会遭遇挫折，所以，当前中国基

① 于丽娜、聂成涛：《社区矛盾纠纷化解机制》，中国社会出版社2010年版，序，第1页。

层社会矛盾纠纷多元化解的健全完善，不能也离不开中国共产党的正确领导。[①] 南海区司法局高度重视预防和化解社会矛盾纠纷工作，切实负起统筹领导责任，在健全完善矛盾纠纷多元化解机制过程中，明确提出充分发挥各级党组织在基层矛盾纠纷化解中的领导核心作用，特别强调加强基层党组织建设，加强党组织统筹力度。正是如此，南海区各镇(街道)党委政府将构建矛盾纠纷多元化解机制纳入年度核心工作进行谋划，为构建矛盾纠纷多元化解工作体系和推进基层社会综合治理奠定了坚实的基础。

强化基层社会综合治理，必须高度重视基层基础工作，始终坚持强化基层党组织的领导核心地位，筑牢基层堡垒。当前，全国各地始终坚持落实各级党委在加强基层基础工作中的主体责任，始终坚持践行党的群众路线，始终坚持和发展新时代“枫桥经验”，始终坚持法治德治自治相统一，强化基层社会综合治理，推动形成一级带一级、层层抓落实的良好格局，着力打通服务群众“最后一公里”，为全国改革发展稳定提供了有力保证。但还要清醒地看到，各地基层基础工作还存在不少薄弱环节和突出问题。比如说，一些基层党组织政治功能和领导核心作用发挥不够，乡镇(街道)职能与权力不对称，基层工作资源整合不够，村(社区)治理体系不够完善，基层干部队伍素质有待提高，基层基础保障有待加强，等等。群众事情无小事，在加强基层基础建设过程中，坚持做好矛盾纠纷化解工作，必须坚持党的领导，充分发挥矛盾纠纷多元化解主体的合力，把问题消化在基层，解决在萌芽状态。面对这些问题，必须引起各级党组织的高度重视，各级党组织和广大党员干部也要切实增强基层社会治理的政治意识、政权意识、阵地意识，把抓基层打基础作为党的长远之计和固本之策，丝毫不能放松，要以高度的政治责任感和历史使命感，着力提高基层社会综合治理水平，全面加强基层基础建设。

---

① 刘建明、史献芝：《当代中国社会矛盾化解机制研究》，人民出版社 2014 年版，第 160 页。

加强基层基础建设推动综合治理，必须充分发挥基层党组织的领导核心地位，这就要求党建工作要同基层社会治理的中心工作有机结合起来。因而在推动基层社会综合治理过程中，要突出基层党组织的政治责任和政治属性，切实强化政治引领功能，提升服务能力和水平，加强对基层各类组织的统一领导和对群众的教育引导，引领推动“四个全面”战略布局在基层落实，既要加强乡镇(街道)党(工)委建设，完善议事规则和决策程序，增强统筹协调能力，还要加强乡村(社区)党组织建设，强化乡村(社区)党组织的战斗堡垒作用，加强乡村(社区)党组织对乡村(社区)级组织机构和事务的领导，支持和保证乡村(社区)其他组织机构依法依规行使职权，推动参与式治理、共享式治理、服务式治理。

二、完善乡镇(街道)工作机制

基层治理是国家治理的基石，统筹推进乡镇(街道)和城乡社区治理，是实现国家治理体系和治理能力现代化的基础工程。乡镇(街道)是国家治理的基础单元，其治理现代化程度直接影响国家治理现代化水平。南海区为建设矛盾纠纷多元化解长效机制，明确要求各镇(街道)坚持属地管理、分级负责，谁主管、谁负责的原则，建立激励约束机制，将各项工作目标任务细化分解到责任单位(部门)、责任领导和工作人员，做到小事不出村，大事不出镇(街道)。各地推动综合治理加强基层基础建设，破解基层社会治理难题，打通服务人民群众“最后一公里”，实现社会治理体系和治理能力现代化，必须直面基层社会治理中的矛盾和难题，推动乡镇(街道)工作体制改革，完善矛盾纠纷多元化解机制，充分激发基层社会治理活力，推动基层社会治理更加顺畅高效。

推动乡镇(街道)矛盾纠纷多元化解工作机制改革，要抓住四个重点：第一，要优化矛盾纠纷多元化解组织架构，健全职能体系。注重从源头上预防和化解矛盾纠纷，主动对接政府综治中心(城乡综合治理网格化管理系统)，逐级推动搭建横向到边、纵向到底的综合治理网格纠纷解决平台。

第二，完善村(社区)矛盾纠纷化解体系，激发基层社会活力。坚持和发展新时代“枫桥经验”，充分发挥人民调解、行政调解、公证、行政裁决、行政复议、仲裁等职能，合理配置非诉讼化解资源。第三，深化网格化管理，增强基层综合服务管理效能。充分发挥网格优势，以区级、区镇、村(社区)、基层网格“四级联动”，公调、交调、诉调、检调、访调“多调对接”为基本构架，深入推进矛盾纠纷调解体系建设，化解矛盾纠纷在第一线。第四，推进信息化建设，提升基层治理信息支撑水平。坚持线上线下协同一体，切实向智能化要效率，给予基层工作更多理解关怀，让基层干部有更多时间和精力为群众干实事、解难事。

推动综合治理加强基层基础建设，需要充分发挥基层治理共同体的合力。2021 年 4 月 28 日，中共中央、国务院联合出台《关于加强基层治理体系和治理能力现代化建设的意见》，明确提出建设人人有责、人人尽责、人人享有的基层治理共同体，表明了党和政府对基层社会治理的高度重视。从目前来看，我国基层治理共同体建设还存在一些问题和不足，比如农村少数村级党支部软弱涣散的问题还没有彻底消除和根治，城市基层党建中还存在街道社区党建的局限，在城市新区域、新领域、新行业、新群体还不能做到完全覆盖，工作中还存在空白点。建设基层治理共同体，就要着力抓好基层力量、基础工作、基本能力等重点难点问题，尤其是要对当前困扰基层治理实践中的坚持党的全面领导要求和基层治理组织力不足之间的矛盾、基层政权社会治理责任重大和治理能力不足之间的矛盾、基层社会治理问题复杂和多元主体参与动力不足之间的矛盾、社会治理智能化趋势和基层智慧治理能力建设滞后之间的矛盾等“四对矛盾”进行着力破解，[①] 这也是完善乡镇(街道)工作体制机制的重点任务。

三、注重治理实效，解决突出问题

当前，我国进入战略机遇期与矛盾凸显期并存的发展阶段，更加复杂

① 苗贵安：《推动基层治理共同体建设》，载《学习时报》2021 年 10 月 20 日，第 7 版。

的社会利益结构体系和社会矛盾纠纷类型相继出现，不同地区的社会矛盾解决机制也呈现截然不同的状况和效果。诸如南海、诸暨等地积极为社会矛盾纠纷解决赋予了更多的治理内蕴，在资源配置、利益分配、发展目标等层面表现出共建共治的新特征。① 推动综合治理加强基层基础建设，应积极学习借鉴“枫桥经验”，不断创新社会管理方式，把矛盾化解在基层，解决涉及群众切身利益的矛盾和问题。其中，必须将关系人民群众切身利益的矛盾纠纷化解好，如若不然，一些矛盾纠纷反复流转得不到及时有效化解，甚至“小事拖大、大事拖炸”。② 由此可见，健全完善矛盾纠纷多元化解机制是推动基层社会综合治理的重要举措，核心是突出实用实效，可以通过人员进驻、业务联动、信息互通等方式，尽可能集成调解、法律咨询、困难帮扶、心理疏导等功能，为群众提供全方位纠纷化解服务，努力将矛盾纠纷全部化解在基层，确保整个基层社会秩序稳定和人民群众安居乐业，不断提升群众的安全感、满意度、获得感和幸福感。

中国特色社会主义进入新时代，党中央明确提出将有效预防和化解社会矛盾纠纷作为创新社会治理方式的重要内容，并且明确了推进社会治理精细化，构建全民共建共享的社会治理格局的目标方向，为社会矛盾纠纷解决提供了创新思路，要求在加强基层基础建设过程中，必须要注重治理实效，着力解决好基层社会治理所面临的社会矛盾纠纷。面对人口构成复杂化、利益需求多元化与风险应对常态化等基层社会治理难题，为了能够形成基层社会治理合力，在第一时间发现和解决问题，政府与社会必须充分发挥好各自的优势，促使二者关系架构逐渐步入分工、合作、监督、制约的轨道。特别是在开展矛盾纠纷化解工作中，要坚持在党委统一领导下，发挥党委政法委(政法委员)牵头协调作用，整合各类资源，健全矛盾

① 颜慧娟、陈荣卓：《国家治理现代化进程中的社会矛盾解决机制建构》，载《江汉论坛》2017 年第 1 期，第 49 页。

② 陈一新：《聚焦“八个字”攻坚“新难点”提升基层社会治理新水平》，https：//baijiahao.baidu.com/s? id=1711657456571383803&wfr=spider&for=pc，访问时间：2021 年 11 月 15 日。

纠纷一站式、多元化解决机制，建立矛盾排查调解例会制度，在镇街、乡村(社区)定期组织大摸排工作，深入基层了解群众真正所需、所求，收集群众好的意见和建议，及时进行矛盾纠纷排查分析，全面掌握、有效调处镇村存在的各种矛盾纠纷和不稳定因素，进行研判协调处理，重点抓好信访突出问题和群体性事件隐患可能引发矛盾纠纷的排查调处，着力解决影响镇村稳定的热点与难点问题，确保把矛盾问题解决在基层、化解在萌芽。

四、加强基层文化建设

习近平总书记强调："文化是一个国家、一个民族的灵魂。文化兴则国运兴，文化强则民族强。没有高度的文化自信，没有文化的繁荣昌盛，就没有中华民族伟大复兴。"加强基层文化建设，有利于在人与人之间建立良好的信任关系，从而为推动综合治理加强基层基础建设提供良好的社会氛围。社会信任危机是指一定社会或群体的道德原则和规范不被人们所遵守，人与人之间缺乏一种道德的联系和约束，彼此都无法相信对方的真诚和忠诚，因此不敢对对方委以重任的现象。当前中国的社会结构中，信任问题日益社会化、资本化，然而囿于信任生成机制的滞后，适应现代社会转型需要的社会信任体制尚不健全，这使得除了人与人之间、政府与民众之间、各个市场利益主体之间、不同的社会阶层之间，到处都充斥着社会信任危机。必须看到，无论何种类型的社会信任危机都会对社会治理造成严重的损害，日益严重的社会信任危机不仅增加了社会交往的成本和社会治理的难度，而且严重威胁我国经济发展、社会安定乃至国家安全，对整个社会治理都带来了严峻的挑战。因而，推动综合治理加强基层基础建设，必须要重视基层文化建设，基层文化是社会主义文化的重要组成部分，加强基层文化建设对推动乡村经济发展，促进乡村文明和谐，实现乡村战略振兴具有重大的现实意义。

为应对个人原子化、社会碎片化、居民需求多样化的社区治理挑战，南海区桂城街道以促进同城融入，推动社区营造、提升治理水平，增强居民的参与感、获得感、幸福感、安全感为目的，于2011年8月创新性地提出了“创熟”的工作思路。十年来，桂城街道以塑造邻里情怀，创新社会治理为目标，坚持党建引领创新服务，“创熟”推动基层善治的治理思路，构建“多元共治”的社区治理模式，完善基层党建全领域统筹、多方面联动、各领域融合的治理格局，积极弘扬中华民族优良传统美德，鼓励邻里之间相互支持和帮助，把社区党建工作下沉到小区，将服务管理阵地延伸至城市基层每个角落，为居民提供精准化、精细化服务，推进社区共同体建设，有效提升了居民的社区治理主体意识，培育了居民的公共精神，建立了良好的社会信任关系，增进了邻里之间的情感，并且成立了各种形式的居民自治组织，吸引了越来越多的居民群众参与到社区建设中，形成了“情系邻里、关爱善治”的社区治理文化，并在夯实党建基础、凝聚共治力量、促进社区融合、提升服务质量方面取得了良好的成效，破解了诸多社区治理难题，为南海区社会稳定和经济健康发展奠定了重要基础。

目前，全国各地基层文化建设普遍存在思想和行动上不够重视基层文化建设、基层文化基础设施建设还需进一步加强和完善、基层文化阵地使用率不高、基层文化队伍人才匮乏、基层文化创造力不足等方面的不足和问题。为有效加强基层基础建设，为推动基层社会综合治理营造良好的社会氛围，各级党委、政府和职能部门既要重视抓经济、脱贫攻坚等中心工作，也要分出精力把基层文化建设作为工作的重要组成部分来通盘考虑，协调发展，切实把基层文化建设摆在与其他中心工作同等重要位置，鼓励创新，推动公共文化服务体系健全完善。

第二节　践行基层群众自治制度强化末梢端治理

“枫桥经验”之所以历久弥新，是因为它形成于解决社会矛盾过程中，而且是有效化解基层社会矛盾纠纷的好经验，并在基层社会治理实践中不断创新和发展、延伸至基层社会治理各个领域形成的一整套行之有效的基层社会治理方案，是中国特色基层社会治理的典范。“枫桥经验”重视发挥基层群众自治的作用，坚持把基层事务决策权、管理权、监督权交给群众，不断完善以群众自治组织为主体、社会各方广泛参与的治理体系，群众主体的自治和广泛的社会参与，推动民事民议、民事民办、民事民管，把党的政策主张变成群众的自觉行动，避免了社会治理变成政府独角戏，实现了政府治理同社会调节、居民自治的良性互动。基层群众自治制度包括社区自治和行业自治两个方面，通过社区实现村民、居民自我管理、自我监督、自我服务和自我完善，是基层群众自治制度的必然要求。同样，行业治理中需要充分发挥行业组织、行业协会在行业规划、行业标准、职业伦理规范等制定及维护中的作用，完善治理体系。南海区在完善矛盾纠纷多元化解机制过程中，坚持和发展新时代“枫桥经验”，以健全完善人民调解制度为抓手践行基层群众自治制度，在深化拓展矛盾纠纷化解服务形式过程中充分发挥了基层群众自治制度的效能。

一、充分发挥基层群众自治制度效能

一般情况下，在发生矛盾纠纷时人们最常见的解决方式是协商谈判，也有学者称之为协商和解、自力救济。协商谈判是成本最小的纠纷解决方式，鼓励通过谈判协商化解矛盾纠纷，是理性、平和化解矛盾纠纷的体现。实践中，在发生矛盾纠纷时，往往由本人或者委托人就特定事项或者问题进行磋商、讨论，寻求解决方案。解决纠纷的方式具有开放性，双方面对面沟通、交流，寻求解决方案，由于是直接协商，能够实现双方利益最大化。鼓励协商谈判解决纠纷，是司法领域意思自治、公法领域社会自治、当事人主体性的体现，鼓励权利人及时、直接主张权利，保护权利人行使权利，是权利保护的主要渠道。源头治理需要首先发挥基层群众的作用，基层群众自治制度是中国特色社会主义制度的有机组成部分，体现源头治理的预防性法律制度的提出，为基层群众自治制度的实施提供了广阔的空间。

首先，矛盾纠纷多元化解机制建设的逻辑基础是基层群众自治制度。基层群众自治制度是伴随着新中国发展历程而生长起来的一项基本政治制度，指的是基层群众依照宪法和法律，实行自我管理、自我教育、自我服务和自我监督，是人民当家做主最有效、最广泛的途径。从制度设计角度看，这有利于不同类型和层次的民主制度发挥各自优势，有利于它们之间的衔接与互动，有利于进一步彰显社会主义国家人民当家做主的制度本质，使我国的政治制度更好地成为亿万人民群众参与并惠及亿万人民群众的制度。[①] 实践证明，基层群众自治制度在我国的政治制度体系中具有十分重要的作用。第一，有利于全面展现中国特色社会主义民主的广泛性和真实性。我国是社会主义国家，国家的一切权力都属于人民，在基层社会治理过程中，人民群众按照民主集中制原则，自己依法决定要办什么事、不办什么事，这是最广泛和最真实的民主实践。第二，有利于提升基层社会治理的实效性。我国幅员辽阔，基层群众需求多种多样，实现基层社会治理现代化，必须充分满足人民群众对美好生活的需求，在此过程中，如果不能充分发挥基层人民群众参与社会治理的积极性和主动性，一味地通过加重政府负担自上而下的方式去解决问题的话，不仅可能无益于目标的实现，还有可能起到适得其反的效果。[②] 第三，有利于促进和维护基层社会的和谐稳定。基层社会稳定与否，直接关系到整个国家的稳定，伴随着改革开放的深入推进，我国城乡的经济体制、社会结构、利益格局发生了巨大变化，在这样的情况下，如果广大群众无法通过制度化的方式表达利益诉求、维护自身权益，就可能造成社会不稳定，在基层社会治理的实践中，许多地方通过发挥村规民约、村民自治章程、市民公约等自治规范的

---

① 李学举：《我国基层群众自治制度地位的重大提升》，载《求是》2008 年第 3 期，第 18 页。

② 詹成付：《健全充满活力的基层群众自治制度》，《经济日报》2019 年 12 月 6 日，第 11 版。

作用，将大量矛盾和问题妥善地解决在基层，有力维护了社会和谐稳定。①当然，在肯定基层群众自治制度取得成绩的同时也要看到，全国人大常委会 1998 年通过的《村民委员会组织法》规定：村民委员会是村民自我管理、自我教育、自我服务的基层群众性自治组织，实行民主选举、民主决策、民主管理、民主监督。但是在基层群众自治制度实施过程中，对于民主选举，在民主决策、民主管理和民主监督方面的关注较少，就此而论，我国基层自治的制度供给是不足的，这就可能导致无法实现高质量、高水平的自治。②《中华人民共和国宪法》规定：基层群众参与公共和社会事务管理的基本形式是村民委员会、居民委员会等基层群众自治组织，具体包括村民(居民)委员会、监督委员会、调解委员会、治安保卫委员会、医疗卫生委员会等。要提高基层社会治理能力和水平，必须以坚持基层群众自治制度基础为逻辑起点，积极引导基层群众参与公共和社会事务管理，通过构建矛盾纠纷多元化解机制，为基层群众有效化解矛盾纠纷提供坚强制度保障。其中，人民调解委员会就是基层群众自我解决矛盾纠纷的有效实践形式，是基层群众主人翁精神的体现。

其次，矛盾纠纷多元化解机制是尊重当事人选择权的制度设计方式。意思自治原理的核心是当事人的自治，指的是私权利主体在不违反法律规定的前提下，有权根据自己的意愿实施相应的私法行为，他人不得干预。有学者指出，根据意思自治原理，民法制度设计的偏好是：个人自由应是最大化的，越多越好，多到仅以不干扰私域共存为前提；私域共存作为条件性约束，应是尽可能少的，越少越好，少到仅以满足私域共存为必要。③进一步分析可见，意思自治原则在私法当中地位的确立与市民社会之间有

① 龙钰、冯颜利：《我国基层群众自治制度的历史进程、现实状况与未来走向》，载《求实》2014 年第 7 期，第 80 页。

② 张清：《基层自治制度的理论阐述与路径选择》，载《法律科学》2020 年第 2 期，第 49 页。

③ 侯佳儒：《民法基本原则解释：意思自治原理及其展开》，载《环球法律评论》2013 年第 4 期，第 87 页。

着密切的关系。市民社会观念强调国家应当严格限定其权力范围和界限，需要充分发挥个体的积极性和主观能动性，从而实现社会的公平正义和社会效益最大化。对于市民社会这一社会系统而言，其基本结构是以契约关系为核心组合而成的，从某种意义上讲，现代社会是发展日益成熟的契约社会，人类的生活离不开契约，契约社会成为现代社会生活不可分离之命脉，其构成了人与人之间的自由、平等交流的基础，使得社会秩序井然而有序。① 意思自治强调人格独立和平等，正是联结契约当事人的中间纽带，是市民社会能够得以发展和人类文明进步的原动力。在矛盾纠纷化解机制设计方面，充分考虑当事人意思自治原则，有助于我们把本该由私权利主体自主约定之事项从国家强制性法律规范中解放出来，既可以为当事人选择矛盾纠纷化解方式提供方便，又可以节约有限的司法资源，确保更好地解决私权利主体之间的争议，从而更好地体现以人民为中心的制度设计理念。在基于尊重当事人选择权的矛盾纠纷多元化解机制中，充分发挥当事人的积极性和主动性，基于尊重意思自治原则尊重当事人的选择权，将谈判和解作为首选方式，正是自力救济的重要途径。矛盾纠纷多元化解机制尊重矛盾纠纷化解的成本、效益原则，以最小的成本实现最大化效益。在矛盾纠纷多元化解机制中，尊重当事人的选择权，引导当事人和平、理性选择矛盾纠纷的最佳化解方式，实现自身利益最大化。

最后，矛盾纠纷多元化解机制的实施需要重视社会规范建设，发挥预防性法律制度的作用，实现源头治理要求。人类社会生活结构是复杂的，源头治理是社会治理有效性的基础和前提，有效维护社会稳定与发展，实现源头治理极其关键。其中，社会规范形成于人们的生产生活活动，直接调整人与人之间的社会关系，既是人类社会自身发展的需要，也是社会运转的一种自行调节机制，是维持社会秩序的基本手段，社会要稳定有序地发展，就必须通过一定的社会群体和组织，依照一定的社会规范形式约束

---

① 徐伟功：《法律选择中的意思自治原则在我国的运用》，载《法学》2013 年第 9 期，第 28 页。

人们的行为，及时处理各种社会问题，有效维护人们生活的秩序。[①] 在社会规范系统中，既有制度、法律、纪律等具有强制性的约束力量，也有风俗、道德、信仰、宗教等无形的约束力量。正如有学者指出，中国要建设法治国家和法治社会，既要充分发挥来自国家政治权力层面的诸如国家法律、党内法规、党的政策、国家政策等的规范类型体系的作用，也要高度重视发挥来自于社会自身以及各种社会组织所产生的社会规范的作用。[②] 实现基层社会治理体系和治理能力现代化，必须重视预防性法律制度的构建，将大量的矛盾纠纷化解在基层。在此过程中，只有重视民事习惯、组织章程、社区公约、村规民约的供给，解决好矛盾纠纷多元化解机制和单一治理规范的张力，才能充分发挥民间组织的作用，激发社会活力，解放生产力，推动社会治理创新。只有充分发挥地方立法机关作用、社会组织在制度供给中的作用，解决好治理规范供给不足的问题，才能在多元的治理主体之间，凝聚治理的共识，建立合作共赢的机制，形成治理的合力。

二、提升基层群众的自治能力和水平

坚持走群众路线一直是我们党的优良传统。从群众中来，到群众中去，指的不仅是为人民服务的根本宗旨，而且强调依靠群众自我治理，提升基层社会治理水平。新形势下，进一步加强和改进基层群众自治，对于提高党对基层工作的领导水平，推动基层科学发展，巩固党在基层的政治基础、组织基础和群众基础，具有重要意义。为夯实基层社会治理基础，必须提升基层群众自治能力，特别是要提高社区干部工作能力和水平，将工作重点放在整合基层治理资源、加强基础群众自治、提高服务水平等方面，切实增强广大人民群众做好基层群众自治工作的责任感和使命感。

---

① 夏玉珍：《社会规范是维持社会秩序的基本手段》，载《理论月刊》2002 年第 2 期，第 48 页。

② 刘作翔：《当代中国的规范体系：理论与制度结构》，载《中国社会科学》2019 年第 7 期，第 102 页。

第一，充分发挥城乡社区党委和党员的“火车头”作用。“火车跑得快，全靠车头带”，推进基层群众自治，尤需进一步强化基层党组织的政治功能和组织力，坚持党建统领，推进自治、德治、法治三者的有机结合，激活群众自治活力。南海区桂城街道在创建“熟人社区”过程中，紧紧围绕党建引领、创新服务的治理主线，发挥社区党委和党员的“火车头”作用，带领各方实现共建共治共享的治理目标。以党员调动人民群众参与治理的方法有着先天的优势，选举出来的党员有群众基础，秉持从群众中来到群众中去的理念，能够密切联系群众，直面群众诉求，破解治理中“无组织、无抓手”等治理困境的难题。在桂城的“创熟”经验中，创新社会治理不是简单维护社会秩序，而是要把党的领导植根于基层，扎根于人民群众之中，夯实党的执政根基。社区治理仅靠党员干部还不够，最重要的是党群合力，把人民群众从一个受益者变成一个参与者。桂城街道以“楼长”“巷长”“街长”的形式带领大家一起参与公共文化活动、增强集体意识、增进邻里之间的感情。广泛地发动人民群众，拓展他们参与社区治理的途径，培育他们参与社区治理的能力。

第二，建立公众参与机制，拓宽群众参与渠道。打造共建共治共享的基层社会治理格局，既要充分发挥群众主体作用和首创精神，真正让专业人士干专业的事，有效提升社会组织在基层社会治理中的参与度和贡献率；又要创新群众参与社会治理的组织形式，不断拓宽群众参与社会治理的制度化渠道，更好地广纳民智、广聚民力，做到过程让群众参与、成效让群众评判、成果让群众共享，形成新时代群众路线的新路径。在传统的熟人社会中，街道、社区往往通过投票制度表达个人意愿，有损人与人之间的互谅互让，不能有效解决社区面临的问题。桂城街道所构建的“熟人社区”转变了一种思路，建立了多方联席会议机制，让各方力量有规则地议事，使社区基础治理变为从对抗到合作，从监督到同路，从意见到建议。

第三，重点解决广大人民群众关心的基层治理难题。当前，我国社会正处于高质量发展的重要转型期，各种不稳定不确定因素使基层社会治理面临的形势极为严峻复杂，特别是存在着一系列诸如矛盾纠纷不易化解、安全防范压力不断加大、提供服务能力相对不足、基层干部队伍建设难度加大等突出问题，让基层社会治理呈现出碎片化、分散化、矛盾化的特点。在推进基层社会治理现代化的过程中，必须看到，基层社会治理的一切工作都是为了人民，因此在具体的实践中一定要认真践行以人民为中心的发展思想，对群众反映强烈、期待迫切的问题，有条件的要抓紧解决，把好事办好；一时难以解决的，要努力创造条件逐步加以解决。[①] 南海区桂城街道为了让群众可以第一时间感觉到公共环境的变化，提高居民对"熟人社区"的认可度，首先从与人民利益密切相关的方面开展具体工作，经过多年的实践，社区重点解决了居民关心的车位划分、电梯加装、治安维护、垃圾清理、文明养宠等公共问题。截至 2021 年 4 月，居民自治小区 48 个，旧楼加装电梯 112 部，协调处理邻里矛盾 1314 宗，协助破解治安案件 173 起，解决安全问题 341 个，建立善治小区示范点 48 个，解决小区卫生问题 1088 个，完成公共设施维护 1743 处，破解停车难问题 511 起，共涉及车辆 2667 辆，赢得了广大居民群众发自肺腑的肯定。

三、深化拓展矛盾纠纷化解服务形式

人民调解不仅是矛盾纠纷多元化解机制的重要组成部分，还是基层群众实现自治的有效途径。人民调解有别于诉讼，其追求合情合理合法，能最大限度地疏导人的情绪，还着眼于人与人之间的和谐关系，讲求互谅互让，各退一步，在取得共识的同时，为案结事了打下了坚实的基础。人民调解是党在司法领域，讲求司法为民的一项重要工作内容，强调人民调解的人民性，就是把屁股牢牢地坐在百姓的这一端，是在司法领域践行党的群众路线的重要体现。

---

① 李克强：《今年着力解决人民群众普遍关心的突出问题》，载新华网：http://www.xinhuanet.com/2017-03/05/c_1120570434.htm，访问时间：2021 年 11 月 16 日。

近年来，南海区委区政府高度重视矛盾纠纷化解工作，始终坚持党的领导，注重系统思维和顶层设计，着力建立健全有机衔接、协调联动、高效便捷的社会矛盾纠纷多元化解工作机制，创造了人民调解嵌入矛盾纠纷多元化解机制的“嵌入式”推动模式。一方面，针对不同社区的具体情况，南海区选取当地有能力有名望的个人作为调解员，充分发挥其人熟、地熟、情况熟的优势，建立个人调解工作室。比如，南海区西樵镇建立了区文基个人调解工作室，充分利用其本人业务能力强、调解经验丰富、群众威信高的优势，积极动员司法所退休人员参与调解工作，解决繁杂的基层矛盾纠纷。另一方面，为了回应人民群众在“广佛全域同城化”不断推进和经济不断发展过程中在化解矛盾纠纷方面的新期待，南海区涌现出一系列新型行业调解组织。比如，2020 年 11 月南海区挂牌成立“医疗纠纷一体化处理中心”，探索构建由人民法院、司法局、卫生健康局以及医患纠纷人民调解委员会协同共调的“四位一体”医调机制，促进了医疗纠纷治理的专业化、法治化和多元化基础上的一体化。

单一的调解主体调解效率低，割裂的矛盾纠纷解决程序缺少灵活性，单部门处理矛盾纠纷易面临案多人少的压力。南海区积极致力于构建以人民调解为基础，人民调解、行政调解、行业性专业性调解、司法调解优势互补、有机衔接、协调联动的多元调解主体联动机制；积极致力于构建调解与行政复议、行政仲裁、诉讼、公证、仲裁等衔接联动的程序联动机制；积极致力于构建“访调”“诉调”“警调”“检调”等多部门联动机制。南海区通过设计科学的人民调解联动机制，实现了主体联动，程序衔接，部门联动，使社会各种调解力量凝聚在一起，极大地缓解了单部门处理矛盾纠纷的压力，提高了矛盾纠纷解决程序的灵活性，从而有效地提高了处理矛盾纠纷的效率。

为充分发挥调解在矛盾纠纷化解中的重要作用，南海区充分发挥党员调解员先锋模范作用，在群众信访诉求综合服务中心设立党员调解室，通过吸纳具有党员身份的老干部、老律师、老教师等群体，壮大调解员队伍的“红色力量”。通过设立心悦工作室、调解工作室，完善“两代表一委员”、律师、社工、心理咨询师、人民调解员和志愿者等第三方社会力量，深度参与调解工作。同时借助专业律师、志愿者等调解力量，邀请本地区政治坚定、德高望重、经验丰富、办事公道、热心调解工作的社会人士和退休的法官、检察官、警官以及“大学生村官”充实到基层调解组织中，壮大基层调解力量。广泛吸纳各行各业具有专门知识或特定经验的专家人才，建立南海区调解专家库。调解专家库覆盖领域广泛，涉及法律、经济、医疗、婚姻、劳动、农村管理等领域，达到调解领域“全覆盖”，强化调解工作专业性程度，拒绝“和稀泥”。同时，对于调解专家库的构建，坚持择优原则、公示原则以及动态调整原则，由区司法局从符合条件的候选人中择优选录，确定南海区人民调解专家名录，并向社会公布调解专家名录，每两年更新一次。

第三节　推动预防性法律制度体系建设实行依法治理

只有积极践行基层群众自治制度，强化末梢端治理，才能更好地发挥预防性法律制度的作用。调解在中国有着十分深厚的法文化基础，集中展现了中华民族以人为本、崇尚和谐、睦邻友善、调处息争的优秀法文化，被誉为“东方经验”的人民调解，是以中国的“和合”理念为文化背景，吸收了中国传统诉讼中的“和息”和民间调解的精华。因而，我国的调解制度是具有中国特色的预防性法律制度。预防性法律制度，主要是为防范各类矛盾纠纷发生而制定的一系列法律规范和制度。新时代“枫桥经验”就是注重运用多种社会矛盾纠纷化解机制，将矛盾纠纷消弭在事前、化解在基层。①从制度建设层面看，调解制度既是一种群众自治的做法，也是一种公共法

---

①　潘剑锋：《促进社会和谐稳定 完善预防性法律制度》，载《人民日报》2021年01月19日，第9版。

律服务制度，相对于诉讼而言，具有快捷、便利、成本小、即时履行等优势，在预防矛盾纠纷升级方面具有重要作用。完善预防性法律制度体系，要将坚持和发展“枫桥经验”作为核心内容，进一步健全完善人民调解、行政调解、司法调解衔接联动工作机制，推动建立综合性、一站式调解工作平台，整合各类调解资源和力量，联动化解重大疑难复杂矛盾纠纷。① 南海区强化人民调解制度的实践做法，为推动预防性法律制度建设提供了有益经验，进一步明确了预防性法律制度建设的核心内容。

一、强化人民调解推动预防性法律制度建设

构建矛盾纠纷多元化解机制，推动基层自治，强化人民调解制度是实现善治的重要保障。在法治国家建设、法治政府建设和法治社会建设中，法治社会建设是基础性的任务，“三位一体”同时推动才能取得最好效果。但是，法治社会建设在我国是薄弱环节，因而推动社会法治建设是重中之重。人民调解制度的完善是夯实法治社会建设，提升法治中国建设的核心内容，是推动“三位一体”建设的突破口。而且，人民调解也是中华优秀传统文化——“和谐”文化的组成部分，是化解矛盾纠纷的“东方经验”，是国际社会公认的中国智慧。强化人民调解制度在矛盾纠纷化解中的积极作用，对弘扬中华传统优秀文化，体现法治建设的中国特色，建立法治中国的全球话语权，意义重大。

人民调解制度是党的群众路线工作方法在司法领域的应用和体现，是中国革命优良传统的组成部分。早在陕甘宁边区时期，我们党就于 1943 年制定了《陕甘宁边区民刑事件调解条例》，大力推行人民调解，成功化解了大量矛盾纠纷，为中国革命的胜利创造了良好的社会条件。新中国成立后，人民调解制度在不同时期发挥的作用也有所不同，《宪法》和《人民调解法》均予以充分肯定，长期以来得到了坚持，成为人民司法优良传统的

① 靳昊：《将“枫桥经验”作为预防性法律制度体系的核心——访西北政法大学枫桥经验与社会治理研究院执行院长褚宸舸》，载《光明日报》2020 年 12 月 14 日，第 05 版。

重要内容。人民调解制度是中国特色政治制度的重要组成部分。党的十九大坚持中国特色社会主义政治发展道路，坚持和完善人民代表大会制度、多党合作制度、民族区域自治制度、基层群众自治制度。人民调解是基层群众自治制度的重要内容，是基层群众自我教育、自我管理、自我监督、自我完善的体现，是基层民主的实现形式之一，作为矛盾纠纷多元化解机制的重要组成部分，突出特色是调解协议一旦达成，绝大部分能够即时履行，这也标志着纠纷的彻底解决。快速、便捷化解矛盾纠纷正是人民调解的优势，而且绝大多数人民调解协议都能够在现场即时加以履行，使其成为区别于其他纠纷解决方式的根本特征。人民调解的最大特点是化早、化小、化苗头、化关键点，从而使纠纷的解决难度大大降低，为人民调解协议的即时履行创造了条件。因而，人民调解具有预防纠纷的功能，有助于从源头解决纠纷，有助于减少纠纷，防患于未然。此外，人民调解还具有教育群众的功能、法治宣传的功能，是推动、完善和健全基层社会治理的应有之义。

作为经济发达地区，南海区外来人口集中，劳动纠纷在所有矛盾纠纷中的比例较高。南海区劳动纠纷的多元化解机制建设，重在强化日常监管，通过有效的预防策略和手段，实现对劳动者和企业的双重保护。建筑行业工人工资的发放方式改革，劳动监察部门严格有效的监督管理，劳动纠纷调解制度的积极推行，司法引领、推动、保障作用的发挥，是顶层设计的要求，也是实现劳动纠纷多元化解预防为主源头治理的体现。正是通过加强部门联动、相互协作，重视发挥人民调解的作用，南海区劳动纠纷化解工作取得了良好的成效。

案例 1：某玻化砖有限公司由于转型，于 2019 年 1 月 1 日与一百余名车间工人解除劳动关系，并结清工资。但由于没有对工人进行经济补偿，引发了工人向公司追讨经济补偿的纠纷。这类纠纷的处理，实际上就是督促企业依法履行相关义务的问题。调解员首先向双方解释相关的法律规定、权利义务关系和法律后果，要求双方依法化解矛盾纠纷，提供了达成共识的基础。调解员借助人社部门，督促公司方制订出切合实际的补偿方案，最终及时有效化解纠纷，实现了矛盾纠纷就地化解的要求。依法治理是解决劳动纠纷的基本方法，法律是促成双方达成协议的基础，只有在依法的条件下，才能有助于纠纷的化解。①

案例 2：55 岁的周某某是佛山市某陶瓷有限公司的员工。2020 年 9 月 27 日上午 10 时，员工黄某在烟气监控室发现周某某倒在椅子上，不省人事，公司立即通知医院前来抢救。经医护人员现场抢救近 1 小时，仍未挽救周某某的生命，医护人员初步判断周某某的死亡原因为急性心肌梗死。公安及相关技术人员现场勘察，发现死者周某某体表无明显外伤，初步排除他杀可能。家属认为死者生前是公司的员工，在单位的工作时间、工作场所内死亡，应按工伤死亡标准补偿，且死者还有母亲要赡养，因此主张公司需一次性赔偿 150 万元。公司代表则认为，死者是公司新招的员工，虽尚未为其购买社会保险，但仍愿意承担部分赔偿责任，自愿人道补偿 10 万元。

调解员以医院和公安机关的相关结论为依据，进行调解。认为根据《工伤保险条例》第十五条第一款第一项，职工有下列情形之一的，视同工伤：在工作时间和工作岗位，突发疾病死亡或者在 48 小时之内经抢救无效死亡的。希望公司方能在尊重法律的情况下，调整其赔偿金额。

公司方就此次意外事件表示哀悼，希望家属节哀顺变，也指出今年公司因疫情原因经营状况不佳，目前资金压力巨大，但依然愿意在尊重法律的前提下，参照工伤赔偿标准一次性赔偿 75.5 万元。此外，考虑到死者配偶梁某目前暂无工作，公司愿意在相同条件下优先录用，为梁某提供工作岗位。家属方表示，虽然赔偿款数额没达到家属的预期数额，但看得出公

① 佛山司法：《人民调解用心解决劳资纠纷，为工人讨回辛苦钱!》，https：//www.sohu.com/a/295014651_120060097，访问时间：2021 年 8 月 4 日。

司方是诚心诚意地想解决此次事件，家属愿意接受公司方赔偿金额为75.5万元的提议。最后双方在人民调解协议书上签名盖章，并及时履行完毕。

医院诊断结论和公安机关的现场勘查和死亡结论，为人民调解发挥作用奠定了坚实的基础。正是前期工作扎实有效，才为后续的调解工作创造了良好的条件。相关部门各尽其责，有效配合，形成纠纷化解的合力，体现了劳动纠纷多元化解的优势。

案例3：广东某某建筑工程有限公司承建佛山市南海区某某纺织厂纺织车间工程。2019年年初该工程将近完工，建筑公司的项目负责人赵某找到了包工头周某，要求周某带几名工人到工地拆模板和起钉子。为此，周某找来了农民工李某、张某、杨某、陈某四人负责该项工作。周某承诺给予李某等四人每人140元/天的工资，待工程完成后结清所有工资。但在工程接近尾声时，周某失联了，李某等四人一直未领到工资。2019年4月16日，李某等四人到佛山市南海区某某镇人民调解委员会申请调解，请求建筑公司支付相应的工资。经过前期接访了解到，李某等四人曾经与建筑工程负责人赵某协商支付工资的问题，但赵某以已经付清周某工程款和无法确定该四人为工地员工为由不予支付工资。①

对于工程负责人赵某提出的问题，调解员逐步进行剖析，用“事实证明法”进行调解。首先，赵某提出的李某等四人未能提供相关证据证明其曾在工地工作的问题。调解员当面询问李某平时如何进入工地，有没有相关的工作登记或者人证，以证明其为该工程劳动的事实。李某表示，周某开着面包车送他们进工地，没有登记也不认识其他工人。其后，调解员又询问了中午用餐、工资发放的情况。李某表示中午用餐都是周某提供的，没有和其他工人一起吃饭。工资方面，周某同意给每人140元/天的工资，工作了10天，周某就失联了，扣除饭钱，拖欠四人共计4400元工资。调

① 西樵镇民乐社区居委会：《劳务报酬起纠纷 人民调解来平息》，https://www.sohu.com/a/323625870_821631，访问时间：2021年8月4日。

解员拿来了纸笔，要求李某将工地和建筑内貌画出来，李某尽管画得并不完全，但工作过的地方还是画出来了。对此，调解员建议工程负责人赵某在工地进行调查，以证实李某所画的地方是否属于工地。最终赵某不得不承认李某等四人曾在工地工作。但是，对于李某等工作了 10 天和每人 140 元/天的工资依然不予确认。

为了破解僵局，调解员通过电话，联系到发包方佛山市南海区某某纺织厂，希望发包方协助处理纠纷。大家一致认为，纠纷如果不能及时有效化解，可能会影响工程竣工，不仅损害建设方利益，也可能导致承包方无法按时获得工程款，如果发生上访等事件还会造成公司被扣分而无法招投标，因小失大。最后，工程负责人赵某同意支付李某等四名农民工的工资共计 4400 元，双方签订了调解协议书，并当场支付工资。

调解员强调基本事实，在尊重事实的基础上，使双方重新回到协商的道路上来，从而为化解矛盾纠纷创造机会。强调法律的权威性，落实谁用工谁负责、谁受益谁负责的原则，敦促责任和义务的履行。巧妙引入工程建设方，找到解决问题的突破口，促成各方尊重事实，尊重法律，制订切实可行的解决方案，有效化解劳动纠纷。

总而言之，南海区以大力发展各种形式的调解制度为抓手创新矛盾纠纷多元化解机制，积极回应矛盾纠纷源头治理、系统治理、综合治理、依法治理的要求，除了开展传统的人民调解工作之外，率先在行业领域推进行业调解，建立了交通事故一体化处理中心、医疗纠纷调解委员会、诉前和解中心等行业性、专业化调解组织，形成了以南海区行业调解为代表的矛盾纠纷多元化解品牌，强化了人民调解制度在推动预防性法律制度建设中的重要地位。

二、增强矛盾纠纷多元化解机制的适应性

矛盾纠纷多元化解机制在创新基层社会治理中的适应性直接决定其能

否发挥预期的治理效果，当然，要增强矛盾纠纷多元化解机制的适应性，就必须妥善平衡矛盾纠纷多元化解机制与单一治理规范之间存在的张力。

2021 年 1 月 1 日起实施的《中华人民共和国民法典》(以下简称《民法典》)第一章第十条规定：处理民事纠纷，应当依照法律；法律没有规定的，可以依照习惯，但是不得违背公序良俗。习惯作为社会规范的一种，能够被国家法律明确予以承认，标志着中国法治取得了巨大的进步。习惯是千百年来社会自发形成的规范，法典是国家公共意志的体现，如何协调二者的关系，考验着立法者对社会的态度。《民法典》对习惯作为法源的肯定，不仅表明国家对社会的尊重，同时也表明国家治理进入一个新的阶段，但目前我国民事习惯的调查、甄别不足，仍然存在规范单一化的现象，二者存在严重的张力。从管理到治理的转变，是中国共产党执政理念的升华，治国方略的转型，也是善治境界的追求。与之相适应，法治观念的转变与进步，成为新时代国家治理现代化的客观要求。矛盾纠纷多元化解机制又称为多元纠纷解决机制，是指一个社会中由各种不同性质、功能和形式的纠纷解决方式，包括诉讼与非诉讼两大类型，相互协调补充，共同构成的纠纷解决和社会治理系统。[①] 矛盾纠纷多元化解机制建设，其实是法律多元主义视角下社会治理方式变革的突出体现。虽然《民法典》认可了习惯的效力，但多元治理规范供给不足，矛盾纠纷多元化解机制与单一的规范之间存在着严重的张力。

基于社会治理的视角，中国特色的基层群众自治制度成为观察矛盾纠纷多元化解机制的独特窗口。从社会自治的角度来看纠纷解决，不得不把权利的诉求和实现与诉讼切割开来，使得动用正式的法律手段的决定在社会关系中适当相对化，从而使得解决问题的方式方法更加多元。[②] 虽然 2015 年 10 月 31 日，中央全面深化改革领导小组第十七次会议通过了《关于完善矛盾纠纷多元化解机制的意见》，其后，中共中央办公厅、国务院

① 范愉、李浩：《纠纷解决——理论、制度与技能》，清华大学出版社 2010 年版，第 21 页。
② 季卫东：《法治社会的纠纷多元化解决》，载《人民法院报》2016 年 8 月 31 日，第 5 版。

办公厅出台了《关于完善矛盾纠纷多元化解机制的意见》，标志着矛盾纠纷多元化解机制建设受到党和国家的高度重视。但是，实践中矛盾纠纷多元化解机制的建设，遇到了多重困境，理想的矛盾纠纷多元化解机制应当呈现“金字塔”式结构，然而我国现有的矛盾纠纷多元化解机制恰恰相反。一方面，司法系统因巨大的案件量不堪重负；另一方面，行政调解、裁决和仲裁等民间纠纷解决模式分流渠道不畅。① 2019 年 8 月 2 日，最高人民法院发布《最高人民法院关于建设一站式多元解纷机制：一站式诉讼服务中心的意见》，指出到 2020 年年底全国法院要基本健全一站式解纷机制。围绕矛盾纠纷多元化解机制，浙江、广东等省率先进行了实践探索，取得了积极的成效。

但是，矛盾纠纷多元化解机制与单一治理规范之间存在的张力，影响着社会生活的方方面面。仅仅是制度供给，就需要构建中央立法、地方立法和社会规范三层治理制度体系，形成自上而下和自下而上相结合的社会制度供给状态。② 同时，作为治理机制，需要确立这一机制运行的原理，那就是以司法为中心的矛盾纠纷多元化解机制，实现系统治理、源头治理、综合治理和依法治理，建立科学、民主、有效的社会治理体系，形成有机衔接、协调联动、高效便捷的运作机制。所有这些，都需要基层的积极实践和探索，需要因地制宜，推进矛盾纠纷多元化解立法，多元化纠纷机制立法工作既要确保多元纠纷化解制度的科学性和实效性，确定各类解纷机制自身的特殊性和功能及相互间的关系，实现各个解纷机制之间内部的协调性和衔接性以及回应性，优化不同种类解纷机制之间的关系以促进多元化纠纷解决机制、制度的体系化和现代化，又要通过完善路径以最大限度地发挥制度的功能和价值目标，确保在制度规范与实践层面皆以公正

① 江苏省泰州市中级人民法院课题组：《矛盾纠纷多元化解机制的实践困境与路径探析》，载《中国应用法学》2017 年第 3 期。

② 汪世荣：《“枫桥经验”视野下的基层社会治理制度供给研究》，载《中国法学》2018 年第 6 期。

与效率为灵魂追求、以高效便捷解纷为核心目标，最终在具体制度层面与实践层面皆遵循纠纷化解的基本原理和基本规律。① 将矛盾纠纷多元化解机制建设置于国家治理现代化进程中予以考量，涉及治理思想、观念的转型，治理手段、方式的变革，治理目标、效果的定位。加强社会规范建设，推动预防性法律制度完善，是推动这一转变的基础性环节。新时代"枫桥经验"就是注重运用多种社会矛盾纠纷化解机制，将矛盾纠纷消弭在事前、化解在基层。②

因此，矛盾纠纷多元化解机制建设是形成共建共治共享社会治理格局，体现多元主体合作共赢目标，尊重多元价值和多元文化的需要，是国家治理顶层设计的一次变革，是制度观念、治理目标的重新定位，是基层群众自治制度这一中国特色社会主义政治制度实现路径的丰富和实践，是预防性法律制度建设的必然要求。矛盾纠纷多元化解机制建设将充分调动基层的积极性、创造性，将治理重心下移，加强基层基础建设；将极大提高基层社会的综合治理水平，最大限度发挥基层群众自治制度的优势。通过治理方式的优化，通过预测预防预警，实现源头治理、末梢端治理，解决矛盾纠纷多元化解机制与规范单一存在的张力，使制度优势名副其实，并将制度优势转变成为治理效能。

三、加大人民调解员专门人才培养力度

推动预防性法律制度体系建设必须充分发挥好矛盾纠纷化解专门人才的作用。《人民调解法》第 14 条规定：人民调解员应当由公道正派、热心人民调解工作，并具有一定文化水平、政策水平和法律知识的成年公民担任。县级人民政府司法行政部门应当定期对人民调解员进行业务培训。该条规定明确了调解员的任职条件，但门槛较低且相对笼统，加之当前尚无专门的人民调解职业培训院校和人才培养机构，高校中也无相应的调解专

① 龙飞：《多元化纠纷解决机制促进法研究》，中国人民法学出版社 2020 年版，第 265 页。
② 潘剑锋：《完善预防性法律制度》，《人民日报》2021 年 1 月 19 日，第 9 版。

业，这就导致调解员队伍处于人员更换频繁、专业素质和综合能力无法长久保障的状态。目前，国家针对法官、检察官、警官、律师等职业建立了定期、不定期的职业培训制度。人民调解员作为社会工作者，应当具备专门的职业道德、职业伦理，掌握专门的职业技能，但是，目前对人民调解员队伍建设的培养支持力度还很不足，人民调解员的专业化程度难以满足现实需要。现有高等教育专业学科的设置，无论社会学、法学还是心理学等，不能适应建设预防性法律制度体系对人民调解员培训和培养的要求，人民调解员队伍建设的专业性还很不够，现有的人民调解员队伍水平参差不齐，特别是在心理学、社会学、法学等综合的素质以及沟通、协调等技能方面普遍有待提高。为此，加强人民调解员队伍建设，必须对症下药。

第一，明确加强人民调解员专门人才的法律依据。目前，我国已经颁布了《公务员法》《人民警察法》《法官法》《检察官法》《监察官法》，而《人民调解员法》仍属于立法空白，对于调解员队伍的选拔、考核与奖惩等管理事项，亟须通过政策、法律法规予以强化，可以制定专职调解员的考核标准，尝试建立调解员资格评定和等级认证制度。在诸暨市探索出台的《专职人民调解员考核标准》中，政治纪律、工作任务、业务要求等细化为13 项具体内容，并关联有明确分值。另外，对于超额完成调解案件的，成功调解重特大纠纷的，调解案例被省、市等录用的，作为附加分加以专列。这套采取自评分与考核分相结合的标准在施行后，增强了调解员依法调解、依规施策的法治意识，极大地规范了调解员的言行和工作程序，并在潜移默化中提高了调解员的综合素质。这一制度性的创新无疑为各地及中央立法提供了经验。同时，调解员资格评定和等级认证制度的建立，至今尚在专家呼吁的阶段，各地在实践中虽然在配备场地、物资、服装等方面做出努力，但调解员队伍的职业化发展依然任重道远。通过资格评审和等级认证，将优秀人才、后备人才留在调解员队伍中，确保调解员队伍保持较高的稳定性和创造力，需要政策、法律进一步确认和规范。

第二，建设专门的人民调解员培训基地。通过培训基地系统性地培养训练，能够解决调解员所需的心理、知识、技能、经验等问题。大调解体系的迅速发展，使调解员队伍已不再局限于传统观念中的专职调解员，热心调解工作和公益事业的党员干部、执法人员、司法人员、新乡贤、志愿者、新闻媒体人、仲裁员等，都以专职或兼职调解员的身份越来越多地出现在不同领域和场合。如何实现调解员队伍从庞大走向专业，既保持多元的技能特点，又坚持统一的规章制度，必须从制度供给层面给出对策。实践中，可以组建特色鲜明的调解员培训基地和涵盖法学、心理学、社会学、经济学、政治学、管理学等学科背景相融的师资队伍(包括学历欠缺但拥有丰富经验和良好口碑的资深调解员)，同时建立培训标准和履职规范，通过专家授课、帮扶指导、现场观摩、心理辅导、案例教育等方式，采取集中授课、定期授课等手段，为调解员职业技能和调解水平的提升尤其是化解各类复杂疑难的矛盾纠纷提供智力支撑、平台支持、制度保障。

第三，加强行业调解队伍专业化建设。专业调解、行业调解既是人民调解的延伸，也是大调解中日渐丰富的新内容。实践中，一方面，要积极培育专业化行业调解人员。南海区整合司法机关、公安机关、人力资源和社会保障部门、妇联、工会等各方力量，指导本地区社会经济发展中的主要行业成立行业协会，如机械、门窗、汽配、旅游、不动产等行业协会，引导行业协会培育本行业调解员，走行业调解精准发展的道路。同时，围绕基层社会治理的基本理念，加快社区调解、民警中队调解室全覆盖，促进行业条件中自治、法治、德治的充分融合及其与其他社会综合治理手段的有效衔接。另一方面，要完善行业调解员选聘机制。南海区根据当前人民调解员队伍建设方案，围绕充实调解队伍，提升专业化调解水平的行业调解需求，打造由行业人员担任调解员和第三方机构聘任人民调解员共同组建的行业调解队伍。行业调解员由行业协会自主选派，人民调解员由政府通过第三方购买服务确定。当前，南海区主要由民政局通过公开招标的形式选定专业的劳动服务公司(社工中心)，聘任其提供的具有相关专业背景的调解人员为专职调解员，在矛盾多发的行业领域与行业调解员形成工作对接，共同参与行业矛盾纠纷化解，帮助行业调解员更好地与法院在诉调对接、诉前和解等工作上进行充分沟通。

第四节　强化科技支撑赋能矛盾纠纷智慧化解

从历史上看，任何一次科技革命在发展中必然会带来对原有的产业结构、利益结构和就业结构的冲击、挑战和影响。欧盟委员会(EaropeanU Commission)专门发布了《面向未来的100项重大创新突破》(100 Radical Innovation Breakthroughs for the Future)报告，为所有关心科学、技术和创新决策的人们提供了战略资源。该报告通过对最新科学技术文献的大规模文本挖掘，结合专家的咨询评论，筛选了100项可能对全球经济社会发展产生重大影响的颠覆性技术。人机交互和仿生、云计算、物联网等一系列前沿科技进入我们的日常生活，在促使社会结构发生前所未有的改变同时，也对社会治理产生了重要影响。对于矛盾纠纷化解而言，互联网、大数据和移动技术为提高矛盾纠纷化解智能化水平开辟了广阔空间。为深入贯彻习近平总书记考察浙江省安吉县社会矛盾纠纷调处化解中心的重要讲话精神，2020年5月，广东省信访工作联席会议将南海区确定为全省县(区)群众信访诉求综合服务中心试点地区。随后，南海区抓紧推进试点建设，积极探索建设群众信访诉求综合服务中心，于2021年3月30日揭牌运行，构建了一套组织共管、民情共解、队伍共建、资源共享、网格共治的矛盾纠纷化解工作体系，力争将矛盾解决在萌芽状态、化解在基层，为人民群众化解矛盾纠纷提供了极大的便利。用互联网、大数据和移动技术提高矛盾纠纷化解智能化水平，关键在于找准互联网、大数据和移动技术同矛盾纠纷多元化解机制创新的契合点，将互联网、大数据和移动技术同矛盾纠纷化解工作深度融合，通过创新矛盾纠纷化解思维和方式、优化矛盾纠纷化解环节和过程，提高矛盾纠纷多元化解水平和能力。

一、树立矛盾纠纷化解智能化理念

科技发展与创新对社会治理的影响必定是巨大的。以大数据为例，人类社会已经进入大数据时代，更好地分析和运用大数据，为科学研究和决策咨询提供服务，无疑是目前最有意义的工作之一。① 提高矛盾纠纷化解智能化水平，要求矛盾纠纷化解主体深刻把握大数据、移动互联、云计算和人工智能等现代科技发展大势，把大数据思维运用于矛盾纠纷化解实践。

首先，充分认识到矛盾纠纷化解智能化是顺应现代科技发展趋势的必然选择。大数据、移动互联、云计算和人工智能等现代科技与经济社会发展的深度融合，极大地改变甚至重塑了社会生产和社会组织的关联形态。大数据正在改变我们的生活以及理解世界的方式，成为新发明和新服务的源泉，既是人们获得新的认知、创造新的价值的源泉，又是改变市场、组织机构，以及政府与公民关系的方法。可以说，大数据已经撼动了世界的方方面面，从商业科技到医疗、政府、教育、经济、人文以及社会的其他各个领域，对大数据的掌握程度不仅可以转化为经济价值和社会治理效能的来源，联系到我国现代化所面临的各种问题以及教育、医疗、交通、金融、天文、公共卫生、社会治理等方面的挑战，还可以解决这种由大规模数据引发的问题，探索以大数据为基础的解决方案，是中国产业升级、社会治理效率提高的重要手段。② 这就要求我们必须与时俱进，树立社会治理智能化理念，提升矛盾纠纷化解水平。

其次，充分认识到矛盾纠纷化解智能化是破解基层社会治理难题的现实需要。在智能互联技术日益普及和我国经济社会加快转型的大背景下，

---

① 刘玉照、盛智明：《特大城市社会治理创新研究》，社会科学文献出版社 2020 年版，第 133 页。

② ［英］维克托·迈尔-舍恩伯格、肯尼思·库克耶：《大数据时代：生活、工作与思维的大变革》，盛杨燕、周涛译，浙江人民出版社 2013 年版。

我国基层社会治理面临跨区域、跨行业、跨群体的矛盾纠纷化解需求层出不穷，网络虚拟空间矛盾纠纷化解水平急需规范提升等新挑战。应对这些新挑战，破解基层社会治理难题，必须加快推进矛盾纠纷化解智能化。党的十九大报告在总结过去社会治理经验的基础上，提出要加快社会治理体制机制创新，完善党委领导、政府负责、社会协同、公众参与、法治保障的社会治理体制。随后，党的十九届四中全会为进一步提升社会治理社会化、法治化、智能化、专业化水平，打造共建共治共享的社会治理格局，又增加了民主协商和科技支撑两项内容，形成了党委领导、政府负责、民主协商、社会协同、公众参与、法治保障、科技支撑的社会治理体制。这为我们明确了基层社会治理的基本模式。加快构建智慧社会治理新模式，有助于促进智慧社会治理更加精准化、精细化、精致化，全面提高智慧社会治理效能。

最后，充分认识到矛盾纠纷化解智能化是新时代发展的内在要求。价值是治理的追求，能否满足基层需要，为群众创造价值，是基层治理的重要目的。科技创新可以为基层治理提供新的思维理念、方式方法，让群众充分享受科技进步带来的实惠。在社会日益技术化的当今时代，推动人工智能融入社会、共同走向善治的过程中，一定要正确处理好技术和人之间的关系，明确科技对于社会治理的辅助性作用，避免出现智能风险、智能偏见、智能失权。当前，人民群众对参与基层社会治理、实现个性化发展等的需要不断增长，提高矛盾纠纷化解智能化水平，毫无疑问可以为满足人们的新需要提供有力支撑。

二、建好矛盾纠纷化解智慧平台

新科技是矛盾纠纷智慧化解的重要支撑，科技赋能已然成为提升智慧社会治理效能的有效路径。一方面，智能技术为精准化解矛盾纠纷赋能。智能技术可以为矛盾纠纷化解插上“智慧翅膀”，实现对社会运行的实时监管、突发事件的预警处置和重要证据资料的固定，提升矛盾纠纷化解的精准度和精细化水平。比如，将人工智能技术深度嵌入社会治理各领域各环节，充分利用人工智能技术准确感知、预测等优势，强化对社会面的监控和服务，为矛盾纠纷化解提供支持。另一方面，智能技术为矛盾纠纷化解高效化精致化赋能。运用智能技术保障矛盾纠纷化解工作，将智能技术运用于矛盾纠纷多元化解过程之中，把窗口服务尽可能地移到网上、连到掌心、放在手中，提供渠道多样、简便易行的矛盾纠纷化解服务，在各种信息有效收集汇总、归纳分类、挖掘处理的基础上，及时回应人民群众关切，推动马上办、一次办、网上办，实现集中受理、分类派送和限期回馈的一体化智能化处置，让群众少跑腿、数据多跑路。

科技支撑不仅可以在社区网格化管理、“雪亮工程”“天网工程”建设过程中，将视频监控源与数据分析、人脸识别、车牌识别、智能预警等技术相结合，提升治安管控、交通拥堵缓解等方面的预防预控预警能力，实现社会治安防控全覆盖、无死角、无盲区，还可以优化城市“超级大脑”、提升矛盾纠纷化解能力和水平。比如北京市信访矛盾分析研究中心联合零点研究咨询集团，利用大数据，通过对社会矛盾主观水平和缓解机制的测量，可以计算出实时的相关社会矛盾指数，推动信访工作精细管理、精准施策、精确发力。

围绕提高矛盾纠纷化解效率的目标，提高矛盾纠纷多元化解智慧化水平，必须重视矛盾纠纷化解智慧基础设施和智慧平台建设。完善市、县（区）、镇（街道）、村（社区）四级“综治中心+网格化+信息化”矛盾纠纷化解体系，合理布建具有人像采集、高清监控、全景监控等不同功能的视频监控探头，构建视频监控“雪亮工程”网，汇聚全市可调度监控资源，密织社会治安防控网络，推动全市公共安全区域视频监控全覆盖，推行党建网格和平安网格双网融合，构建以“网格+”为基础的综治信息网，加快全市综治中心公共安全视频联网总平台和公安系统、综治中心公共安全视频分平台规范化建设，建设综治信息数据库，将与基层社会治理和矛盾纠纷化解工作密切相关的人、地、事、物、组织等数据整合融合，将公安、交通、教育等重点行业监控视频接入全市总平台，实现数据共享、信息互通，重点对人员密集区域、重点场所、要害部位的风险隐患自动感知、预警防范、目标追踪，为实战应用和共享打好基础。

三、推行矛盾纠纷化解智能办案

当前我国已经进入全面建成中国特色社会主义现代化的重要历史时期，处在社会转型期、矛盾凸显期，社会治理现代化是国家治理现代化的重要方面，社会的安全稳定也是基层社会治理的一项重要任务，而有效的基层社会治理也需要强大的现代科技作为支撑。与此同时，我们已经无可逃避地进入了一个数字化时代，数据成为一种新的生产要素，而且网络信息技术日益成为生产力中最活跃、最具革命性的因素，推动了生产力发生新的质的飞跃，我们已经全面进入到了网络时代。2021 年 8 月 27 日，中国互联网络信息中心（CNNIC）在北京发布第 48 次《中国互联网络发展状况统计报告》。报告指出，截至 2021 年 6 月，我国网民总体规模超过 10 亿，庞大的网民规模为推动我国经济高质量发展提供强大内生动力。其中 50 岁及以上网民占比为 28.0%，较 2020 年 6 月增长 5.2 个百分点。互联网惠民创新应用的场景极为广泛，涵盖餐饮、住宿、交通出行、金融、购物、教育、医疗健康、租赁、文化体育、旅游休闲、社会保障、政府服务、创业就业等各个方面。在这样的背景下，矛盾纠纷化解工作也应当及时跟上社会发展变化特点，利用互联网和大数据服务矛盾纠纷化解智能办案。

社区、城乡作为社会的基础单元，是社会矛盾的聚集点、社会建设的着力点，推行矛盾纠纷化解智能办案，关键在于加强“网格+网络”的矛盾纠纷化解信息化平台建设。例如，可以借鉴一些地方的实践做法，积极开发矛盾纠纷化解 App 系统，建立“手机派出所”，建立微信法治宣传教育和服务平台，推行矛盾纠纷网上调解平台，开设“微法院”，建立“云法庭”，在市、县（区）、镇（街道）、村（社区）四级层层建立矛盾纠纷在线化解专家库，畅通矛盾纠纷化解线上服务渠道，择优评选一批矛盾纠纷在线化解专家，实行定期线上值班，为有需求的群众在综治视联网和微信、QQ 等新媒体开展远程矛盾调解、线上心理咨询服务、法治宣传、惠民政策推送讲解等服务，将在线调解、仲裁、公证、司法确认、判决、信访多重功能整合兼容一体，为人民群众提供便民服务。

四、完善线上线下联动化解矛盾纠纷机制

科技创新对于提高矛盾纠纷化解水平具有重要意义，因此，如何充分发挥科技创新在矛盾纠纷化解中的应用，让矛盾纠纷化解工作切实利用好科技创新带来的红利，是未来一段时间的重点工作。这就要求我们在完善矛盾纠纷多元化解机制的过程中，一定要深入推进“互联网+矛盾纠纷化解”，加大对矛盾纠纷智慧化解的投入力度，有效拓展公共服务职能，提高公共服务效率，精准有效化解传统矛盾纠纷面临的难题，积极探索科技创新与矛盾纠纷化解工作的深度融合路径。

在矛盾纠纷多元化解工作中，必须将科技应用同矛盾纠纷多元化解平台的运行机制有机结合起来，最好根据问题归属和职责权限，设计工作流程和操作规范，明确问题发现、流转交办、协调处置、结果反馈、督查问效工作流程，构建矛盾纠纷化解网格化、指挥调度平台化、日常管理信息化、服务全程一体化、考评考核智能化的矛盾纠纷化解体系，破解矛盾纠纷在线化解中面临的难题。针对矛盾纠纷化解的一般流程，可以依托矛盾纠纷多元化解平台，科学合理地通过现代科技健全完善线上的首问负责、分流交办督办、研判会商、应急联动、考核评价等机制，积极拓展“民有所呼、我有所行”线上渠道。此外，还要充分发挥网格员在矛盾纠纷多元化解智慧化实践中的预防作用，通过线下网格员巡查走访和线上“雪亮工程”视频巡查、视联网指挥调度、统一地址库数据归集等科技支撑，及时发现上报网格内风险隐患、矛盾纠纷、信访案件等，将矛盾纠纷化解在萌芽状态。

结 语

“郡县治，天下安”。国家和社会治理工作最突出的矛盾和问题在基层，最坚实的力量支撑也在基层。历史经验和教训表明，只有通过基层的良性治理，国家才能长治久安。[①] 因而，必须将加强基层基础建设作为长远之计和固本之举。中央全面深化改革领导小组在《关于完善矛盾纠纷多元化解机制的意见》中指出，完善矛盾纠纷多元化解机制，对于保障群众合法权益、促进社会公平正义具有重要意义。矛盾纠纷多元化解重要的一环即为矛盾纠纷源头治理，源头治理是社会治理的重要方面，旨在从根源上防范风险、化解矛盾，通过凝聚和发挥基层智慧，第一时间、最小成本解决问题，构筑起预防化解矛盾纠纷、遏制重大刑事案件和社会问题发生的第一道防线。因此，推动矛盾纠纷源头治理不仅是建设更高水平的平安中国、法治中国的必然要求，更是实现良法善治、推进国家治理体系和治理能力现代化题中应有之义。

2021 年 2 月，中央全面深化改革委员会第十八次会议审议通过的《关于加强诉源治理推动矛盾纠纷源头化解的意见》强调：“法治建设既要抓末端、治已病，更要抓前端、治未病。要坚持和发展新时代‘枫桥经验’，把

① 李皋：《变迁与启示——改革开放四十年化解社会矛盾经验研究》，中国民主法制出版社 2018 年版，第 16 页。

非诉讼纠纷解决机制挺在前面，推动更多法治力量向引导和疏导端用力，加强矛盾纠纷源头预防、前端化解、关口把控，完善预防性法律制度，从源头上减少诉讼增量。”2021 年 7 月印发的《中共中央 国务院关于加强基层治理体系和治理能力现代化建设的意见》，再次强调坚持和发展新时代“枫桥经验”，增强基层平安建设能力。一系列治理实践和经验表明，矛盾纠纷源头治理既是一个不断实践、探索和创新的过程，又是融顶层设计、制度规范、文化传统、经济水平等因素和地方性实践之间不断调适和动态发展的系统工程。推动诉源治理作为建设预防性法律制度的重要措施，既是对新时代“枫桥经验”的深化与发展，也是推动更多法治力量向矛盾纠纷的引导和疏导端用力的重要抓手，对于增强群众获得感、幸福感、安全感，推进社会治理体系和治理能力现代化具有重要意义。中国特色社会主义进入新时代，如何立足矛盾纠纷实际、面向共同富裕的基层社会，在法治轨道破解基层社会治理困境，促进社会安定有序和治理水平持续提升，实现矛盾纠纷源头治理法治化转型，是坚持和发展新时代“枫桥经验”、实现基层社会治理现代化必须审慎对待的重要课题。

南海区强化党委、政府作用的“147”矛盾纠纷多元化解机制，通过充分发挥人民调解的作用，促进了行业治理改革，在矛盾纠纷多元化解机制中突出行业规范的作用，不仅在劳动纠纷化解，而且在金融纠纷、道路交通事故纠纷、医疗纠纷等多个领域，都进行了积极的实践和探索。通过加强行业治理，充分发挥行业协会的作用，通过预测预防预警等手段，减少矛盾纠纷的发生，及时有效化解矛盾纠纷，既是行业自身发展的需要，也是维护劳动者、受教育者、消费者等弱势群体权益、实现公平公正、维护社会正常秩序的要求。南海区“147”矛盾纠纷多元化解工作机制的核心是促进矛盾纠纷快速、及时、就地、有效化解，促进社会和谐稳定发展，是健全群众诉求服务体系，提升解决群众诉求服务能力，探索市域社会治理现代化工作做细做实的重要举措和生动实践。2018 年以来，南海区不断推动基层社会治理理念、手段、方法、机制创新，实行“以案定补”的财政扶持政策，鼓励社会力量参与，多渠道配备各类调解员，促进矛盾纠纷多元化解机制不断完善，有效提升了基层社会治理现代化水平，切实增强了城乡居民获得感、幸福感和安全感。

南海区“147”矛盾纠纷多元化解工作机制是对市域社会治理的一种有益探索和重要创新，也是经济发达地区化解矛盾纠纷的成功经验和制度创新。南海区“147”矛盾纠纷多元化解工作机制的核心理念是践行党的领导，群众路线，发挥中国特色社会主义制度的优势，把中国特色基层群众自治制度的优势转化为治理效能。其中，政府敢于担当、勇于创新的精神，也是创新社会治理并取得良好成效的关键。南海区是中国改革开放的前沿，是粤港澳大湾区的核心区域，在推动基层社会治理现代化的过程中立足现实、着眼治理、解决问题、面向未来，对标社会治理社会化、专业化、法治化、智能化的目标，以健全矛盾纠纷多元化解机制为抓手，坚持和发展新时代“枫桥经验”，积极推动综合治理加强基层基础建设，践行基层群众自治制度强化末梢端治理，推动预防性法律制度体系建设实行依法治理，强化科技支撑赋能矛盾纠纷智慧化解，既有效化解了大量矛盾纠纷，又稳固了党的执政基础。同时，发达的社会经济为“147”工作机制的有效运行奠定了物质基础，这种有效的矛盾纠纷化解模式为我国经济发达地区的社会治理提供了有益借鉴，对于实现共同富裕的基层社会治理同样具有重要的样本意义。

人民调解是一项独具中国特色的矛盾纠纷解决机制，有其独特的组织形式，方便灵活、形式多样的工作方法，能够有效发挥群众力量，动员群众自我管理、自我教育和自我服务。人民调解工作与千家万户的切身利益息息相关，直接影响着基层社会的安定团结。人民调解制度是地地道道的“中国创造”，它根植中国大地，具有深厚的文化传统、广泛的群众基础、强大的生命力和广阔的发展空间，是一项中国特色的法律制度，具有鲜明的中国特色。南海区在如何进一步发挥人民调解的有效性上大胆探索，积极探索人民调解工作新模式，有效化解社会矛盾纠纷，促进社会安定团结，使人民群众可以直接参加公益服务和社会公共事务，充分彰显了人民调解的人民性，助推基层社会有效治理，促进源头治理。

必须肯定的是，南海区坚持以习近平新时代中国特色社会主义思想为指导，认真落实党的十九届五中全会关于加强和创新社会治理的系列决策部署，坚持党的领导，深入贯彻以人民为中心的发展理念，以切实增强人民群众的获得感、幸福感、安全感为出发点，以依法及时就地解决群众合理诉求为核心，以建立健全有机衔接、协调联动、高效便捷的社会矛盾纠纷多元化解工作机制为思路，突出问题导向，主动作为，开拓创新，积极探索南海区基层社会治理之路，以“钉钉子”精神全力营造共建共治共享社会治理新格局，以社会治理现代化夯实“中国之治”的基石，为南海区决胜全面建成小康社会、加快社会主义现代化建设奠定坚实基础。

也要看到，矛盾纠纷多元化解机制建设需要多元治理规范与之相配合，需要通过预防性法律制度建设予以及时有效衔接。新时代矛盾纠纷多元化解机制建设为完善预防性法律制度提供了难得的历史机遇，但是如何对既有的预防性法律制度（比如《人民调解法》）加以完善，为矛盾纠纷多元化解提供制度保障；如何将基层群众自治制度具体化、程序化，为基层群众参与城乡社区治理创造条件；如何通过社区治理体系建设，推动社会治理重心进一步向社区下移；如何发挥社会组织作用，实现政府治理与社会调解、居民自治良性互动；如何促进以互联网、大数据技术为代表的现代科技同基层社会治理的深度融合，实现基层社会治理智能化和精细化，仍然需要进一步探索。

附 录

南海区“147”矛盾纠纷多元化解工作机制相关制度汇编

1. 关于构建共建共治共享的社会矛盾纠纷多元化解工作机制的意见

南发〔2018〕7号

为全面贯彻党的十九大会议精神和习近平总书记系列重要讲话精神，认真落实中央对社会治理改革的一系列决策部署，根据省委、市委关于进一步加强基层治理工作要求，创新群众工作方法，坚持党的群众路线，密切党和政府同人民群众的血肉联系，坚持和发展“枫桥经验”，构建共建共治共享的社会矛盾纠纷多元化解工作机制，现结合我区实际，提出以下意见：

一、背景意义

今年是毛泽东同志批示学习推广“枫桥经验”55周年暨习近平同志指示坚持发展“枫桥经验”15周年。近年来，中央对社会治理改革作出一系列决策部署，习近平总书记要求广东在营造共建共治共享社会治理格局上走在全国前列，并对如何营造共建共治共享社会治理格局提出了明确要求。总书记的重要指示不仅赋予了广东新时代社会建设的新使命，也为广东在新时代加强和创新社会治理指明了方向、提供了遵循。我区要认真学习贯彻习近平总书记的重要讲话精神，准确深入领会其丰富内涵及精神实质，在新起点上奋力开创广东共建共治共享的社会治理新格局。另一方面，随着我区社会经济高速发展，农村集体经济发达，矛盾纠纷更加复杂多元。非户籍人口急剧增加引发的矛盾纠纷、广佛同城带来的跨界矛盾纠纷、农村城市化进程中因利益调整引发的各种社会矛盾纠纷不断产生，一般民间纠纷也由过去的邻里、婚姻家庭、赔偿等常见性纠纷向专业性、行业性、复杂性和群体性多元社会矛盾纠纷转变。一些纠纷在萌芽时未能得到及时化解或处置不当演变为重大疑难案件或群体性事件。在新形势下，进一步完善我区矛盾纠纷化解工作体系建设，构建快速高效的矛盾纠纷多元化解机制显得尤为必要。

二、总体要求

（一）指导思想

坚持以党的十九大精神特别是习近平新时代中国特色社会主义思想为统领，认真落实中央关于加强和创新社会治理的系列决策部署，坚持党的领导，深入贯彻以人民为中心的发展思想，以切实增强人民群众的获得感、幸福感、安全感为出发点，以依法及时就地解决群众合理诉求为核心，以建立健全有机衔接、协调联动、高效便捷的社会矛盾纠纷多元化解工作机制为思路，突出问题导向，主动作为，开拓创新，以钉钉子精神全力营造共建共治共享社会治理新格局，为我区决胜全面建成小康社会、加快社会主义现代化建设奠定坚实基础。

（二）工作目标

紧紧围绕推进社会治理体系和治理能力现代化的目标，加强党建引领，主动适应新形势新变化，通过打造共建共治共享的社会矛盾纠纷多元化解工作机制，形成党委领导、政府负责、社会协同、公众参与、法治保障的社会治理体制，提高社会治理社会化、法治化、智能化、专业化水平。坚持源头防范、问题化解、机制建设并举，不断提升矛盾纠纷化解工作前瞻性、系统性、针对性。把矛盾纠纷化解工作纳入法治轨道，依靠法治解决矛盾纠纷，引导群众依法理性有序反映诉求，实现“小事不出村，大事不出镇，矛盾不上交”的工作目标，为全区经济社会发展营造和谐稳定的社会环境，力争在营造共建共治共享社会治理格局上走在全省前列。

(三)基本原则

1. 坚持党的领导。加强党组织建设，强化党组织统筹力度，充分发挥各级党组织在基层矛盾纠纷化解中的领导核心作用，引导社会各方面力量积极主动参与矛盾纠纷化解。

2. 坚持问题导向。认真对待群众反映的诉求问题，及时回应，妥善解决，并梳理出事关群众切身利益的普遍性问题，坚持围绕问题出政策、提对策、推措施，进一步优化制度设计，创新体制机制，推动各镇(街道)、各部门从制度上、政策上和根源上预防和解决矛盾纠纷。

3. 坚持源头防范。将预防矛盾纠纷贯穿于重大决策、行政执法、司法诉讼等全过程，从源头上减少矛盾纠纷的产生。运用大数据加强矛盾纠纷的排查梳理整治，提升矛盾纠纷排查调处的科学性、有效性。定期梳理发现各领域存在的普遍性问题以及规律性矛盾，有针对性地调整、优化政府管理、社会治理政策，增强工作前瞻性、主动性及针对性。

4. 坚持依法及时就地解决问题。注重运用法治思维和法治方式化解各类矛盾纠纷，依法及时解决好各自职权范围内的矛盾纠纷。注意分析和掌握群众的思想动向，认真做好说服教育和思想政治工作，严防矛盾激化。推动工作重心下移、关口前置，对排查发现的苗头隐患问题，各镇(街道)、各部门提前介入、及时化解，努力把问题防范在萌芽状态、解决在初始阶段、化解在事发当地。

5. 坚持属地管理、分级负责，谁主管、谁负责。建立激励约束机制，充分调动各方积极性，推动进一步做好属地工作，进一步注重从源头上预防问题发生，进一步推动解决矛盾存量，尽快形成全区上下各司其职、各尽其责的矛盾纠纷多元化解的工作局面。确保群众诉求合理的解决问题到位、诉求无理的思想教育到位、生活困难的帮扶救助到位、行为违法的依法处理到位。

6. 坚持以人为本。把就地化解、高效便民、群众满意作为出发点和落脚点，积极推进工作机制和方式创新，探索推进矛盾纠纷多元化解的经验做法，努力为群众提供多元、便捷的矛盾纠纷解决方式。

三、平台共建，打造党委领导、政府负责、社会协同、公众参与、法治保障“五位一体”的矛盾纠纷多元化解工作机制

（一）党委领导，加强党建引领

各级党委（组）对预防化解本地区本领域矛盾纠纷要切实负起领导责任，要把该项工作纳入年度核心工作进行谋划，统筹本地、本部门开展相关工作，各级党委（组）要定期研讨总结，完善矛盾纠纷多元化解工作机制。建立定期听取矛盾纠纷多元化解推进工作情况汇报机制，区委常委会定期听取全区工作推进情况，各镇街、区有关部门班子成员定期听取镇街、本单位矛盾纠纷多元化解工作推进情况，研究解决存在问题。要充分发挥直联和党员户联系制度的作用，打造驻点直联“党建+”新模式，建立健全直联与社会矛盾排查化解双联动机制，引领村（居）做好属地矛盾纠纷排查化解工作。要建立完善相关考核机制，突出强化村（居）党组织书记作为调解委员会主任职责。

（二）政府负责，加大行政投入

各部门、各镇（街道）在预防和处理本地区本领域矛盾纠纷问题中负有主体责任，要指定班子领导成员分管矛盾化解工作，充实精干人员专职化解矛盾纠纷。要切实梳理矛盾纠纷多发节点，全方位加大对节点的人力、物力、财力投入，全面提升矛盾纠纷化解效率。

（三）社会协同，培育社会力量

要加大对社会组织开拓矛盾纠纷化解业务的扶持力度，鼓励交通、医疗、食药品、劳动、物业、消费者维权等矛盾纠纷易发多发行业和领域建

立健全专业调解组织；鼓励更多规模性产业行业建立完善专门的行业性调解组织；鼓励条件成熟的第三方机构、社会热心专家建立民间调解组织；鼓励更多第三方调解组织打造成熟知名品牌，引导更多市场化、专业化和职业化的社会力量介入矛盾纠纷调处工作。

（四）公众参与，引入专业人才

建立区、镇（街道）、村（居）三级互通互用的矛盾纠纷多元化解资源库，为复杂疑难矛盾纠纷化解提供专业性、技术性支撑。镇（街道）发展调解志愿者队伍，积极邀请“两代表一委员”（党代表、人大代表、政协委员）、“五老人员”（老党员、老干部、老教师、老知识分子、老政法干警）、专家学者、专业技术人员、城乡社区工作者、大学生村官等参与矛盾纠纷化解。发挥村（居）参理事会作用，做实、做强、做亮志愿者服务等公益品牌，打造“熟人社区”促进社会和谐。鼓励律师所设立调解工作室，参与矛盾纠纷调解；建立律师事务所党支部与矛盾纠纷多发村（居）党组织结对挂钩制度，发挥党员律师在矛盾纠纷化解工作中的先锋模范作用。鼓励设立以调解员名字命名的个人调解工作室。加强调解品牌建设，提高调解能手在调解行业的地位和影响力。加强社会治理体系建设理论研究，建立与高等院校、专业研究机构课题合作关系，系统推进和完善提升矛盾纠纷多元化解工作机制。

（五）法治保障，依法分类处理

在区司法局设立区矛盾纠纷调解工作指导中心、在各司法所设立镇（街道）矛盾纠纷调解中心，依托信息技术逐步统一矛盾纠纷受理入口，实现司法调解、行政调解、人民调解、行业调解等功能整合，将各类不同的矛盾纠纷通过协调联动、有机衔接、依法专业、高效便捷的工作机制实现准确分流，依法处理。

四、信息共享，打造主动防御型源头预防体系

（一）构建大数据平台

积极挖掘和运用大数据，善于用数据说话、用数据决策、用数据服

务。一是在信息资源来源、采集、传输、渠道建立等方面形成规范，明确信息资源分类、管理、安全和开发利用等方面的具体程序要求，从而统筹整合各部门数据和案例资源，逐步建立起矛盾纠纷数据库、案例数据库等，实现各部门业务协同与资源共享。二是要善于从矛盾化解过程中发现前端治理以及现有政策制度中带有的普遍性、趋势性的问题，及时向党委政府及有关部门提出工作建议，有针对性地调整优化政府管理及社会治理的政策制度，推动从源头上堵住制度漏洞，从根本上解决好矛盾纠纷问题。

(二)推行突出矛盾提前排查化解机制

要创新工作方法、突出问题导向，建立与新时期矛盾纠纷相适应的源头预防工作机制。各单位要加强本地区本领域突出矛盾排查化解和社会风险防控预警，充分掌握社情民意的新情况新动向，认真研究矛盾纠纷的新特点新规律，进一步深入推进体制机制改革，进一步提高依法及时就地解决矛盾纠纷的能力水平。对排查发现的矛盾隐患，各单位务必要逐一落实化解措施，切实把问题解决在初始阶段、把矛盾化解在当地。提高干部队伍落实源头预防工作的积极性和创造性，着力引导社会矛盾纠纷化解工作从“问题解决”向“问题预防”转移，从事后被动应对向主动防御转变，进一步提升全区社会风险管理能力水平。推动各级各部门主动开展源头治理工作，下大力气解决积案难案，充分发扬“钉钉子”和“啃骨头”的精神，因案施策、创新思路，加大人力、物力、财力和时间精力投入，以有力有效的工作措施推动解决积案难案。

五、矛盾共治，打造便民法治、协调联动、程序衔接、多元高效的矛盾纠纷化解体系

(一)提供多元化解矛盾纠纷的公共法律服务，引导群众用法治方式解决矛盾纠纷

继续完善遍及城乡社区的公共法律服务体系，加大法治宣传工作力度，使人民群众广泛知晓化解矛盾纠纷的各种多元途径。进一步加大公

证、律师、法律援助、社矫安帮、人民调解、法治宣传等公共法律服务工作力度，丰富公共法律服务内涵，提升公共法律服务覆盖面，为人民群众提供便捷高效的均等化公共法律服务。结合群众的诉求、矛盾纠纷的类型等实际情况引导群众采用调解、诉讼、仲裁、行政复议等法定途径解决问题。

（二）夯实区、镇、村调解力量，加强各领域调解工作，多元共治，共同化解矛盾纠纷

1. 区矛盾纠纷调解工作指导中心、镇（街道）矛盾纠纷调解中心统筹协调各方力量共同做好矛盾纠纷多元化解工作。逐步建立全区矛盾纠纷调解统一受理平台，各镇（街道）、各有关单位调解力量资源要链接统一受理平台，为群众提供预约调解等便利。村（居）、经济社两级进一步完善调解组织，做实人民调解工作，为区镇（街道）提供支撑配合。

2. 完善区级矛盾纠纷多元化解机制，确保矛盾纠纷得到依法及时妥善处置。

（1）区委政法委具体负责统筹、协调、督办全区矛盾纠纷多元化解工作。加大司法救助力度，简化审批程序，加强对司法救助资金的监管，实行专款管理，专款专用。

（2）区法院依托诉讼服务中心和诉前调解工作室；完善诉前调解机制，做好纠纷诉前调解劝导工作，最大限度地将矛盾纠纷化解在诉前；联合市公安局南海分局交警大队共同推进道路交通事故纠纷网上数据一体化处理机制建设；聘请全区村（居）专职调解员为法院特聘调解员，实现调解员资源和相关数据信息的共享。

（3）区司法局加强人民调解业务指导和业务培训，牵头组建调解专家库，充分发挥调解专家和调解案例对调解工作的示范指导作用，统筹全区矛盾纠纷调解统一受理平台建设工作，统筹购买调解社会服务派驻区级各部门，对全区调解工作进行督查、督办、考核。

（4）区信访局要设立访前法律工作室，引导人民群众依法理性有序反映问题。

(5)市公安局南海分局指导全区社区民警中队治安纠纷调解室建设；区司法局会同市公安局南海分局交通警察大队向第三方购买专业调解服务，做好交通事故纠纷化解工作。

(6)区人力资源和社会保障局健全劳动人事争议调裁对接机制及集体劳动人事争议应急处置机制，由区司法局会同区人力资源和社会保障局通过购买服务方式安排专人负责协助调解仲裁工作，统筹指导化解全区劳动争议矛盾纠纷。

(7)区国土城建和水务局(国土、住建)、区城乡统筹办、区教育局、区民政局、区环境保护局、区公有资产管理办公室等矛盾纠纷多发领域的部门应建立调解工作室，由区司法局会同相关单位通过购买服务方式安排专人负责调解工作，化解涉土、涉房地产、涉农、涉军、涉环保邻避等矛盾纠纷。

(8)物业管理、医疗卫生、劳动争议等矛盾纠纷多发领域的行业主管部门要大力指导、扶持、推动行业性、专业性人民调解组织建设。

(9)工青妇群团组织要发挥自身独特优势，参与、推动矛盾纠纷多元化解工作。

(10)各行业主管部门鼓励、扶持社会力量建设新型矛盾纠纷化解组织，探索新型化解组织的运作机制，条件成熟的可以“调解+保险”等市场化运作模式开展矛盾纠纷化解工作，引导更多市场化、专业化、职业化的社会力量介入矛盾纠纷调处工作。

3. 镇(街道)党委政府(办事处)要加大涉征地拆迁、农村股权、劳资纠纷、住房建设、医疗教育等矛盾纠纷多发领域的矛盾纠纷多元化解工作统筹力度，集中力量化解重大矛盾纠纷。各镇(街道)组建专职调解员队伍，调解中心要配备 2 名以上专职调解员具体负责镇级调解工作，同时，为深化一村(居)一专职调解员工作，各镇(街道)配备 5—10 名专职调解员(狮山镇 15—25 名)分片负责村(居)调解工作。要加大镇(街道)矛盾纠纷调解中心和镇(街道)职能部门调解力量建设，在信访接待前台、社区民警中队、人力资源和社会保障分局等矛盾纠纷多发节点设立调解工作室，派驻调解人员或购买社会调解服务进驻，做实日常矛盾纠纷化解工作。要进一步提升镇(街道)在化解矛盾纠纷方面的综合调处能力，发挥好镇(街道)在化解矛盾纠纷方面的主力军作用。

4. 村(居)党组织要切实承担起化解辖区内各类矛盾纠纷的主体责任，村(居)党组织书记要履行好调委会主任职责，协调村(居)两委干部调处各分管领域的矛盾纠纷。完善管理制度，强化工作保障，充实村(居)人民调解员队伍，组织发动经济社委、楼长、网格员和乡贤等的积极性，帮助了解社情民意，排查发现矛盾纠纷线索隐患，共同做好基层的矛盾纠纷化解工作。

(三)建立完善协调联动机制，推动矛盾纠纷实现多元化解

1. 落实矛盾纠纷首调负责制。区各部门、各镇(街道)在收到人民群众反映的矛盾纠纷调解诉求时，应先进行依法引导或受理，不能简单把矛盾推给其他部门、推向上级、推向社会；对依法不属于本部门调处范围的矛盾纠纷，要报同级矛盾纠纷调解工作指导中心(矛盾纠纷调解中心)处置，由矛盾纠纷调解工作指导中心(矛盾纠纷调解中心)确定调处责任单位。对于相互推诿造成当事人越级上访或民转刑等重大不良影响的，实行责任倒查。区有关单位要按照工作职责的要求，依法、及时、就地化解矛盾纠纷，对群众提出的解决事项、调解申请属于本部门与调解对接工作范围的，要及时对接、联动处理，确保群众合理诉求得到妥善解决。

2. 落实矛盾纠纷调处联动机制。村(居)调解委员会对本社区出现的矛盾纠纷力求在本社区调解了结，对未能调解了结的矛盾纠纷应及时向镇(街道)矛盾纠纷调解中心报告。镇(街道)要建立访前法律工作室与镇(街道)调解中心对接机制，让调解资源能及时支援访前矛盾纠纷的化解工作。镇(街道)矛盾纠纷调解中心对村(居)要求支援化解的和复杂重大疑难的矛盾纠纷要协调法庭、派出所、镇(街道)调解委和相关部门进行联合调处。

对镇级调处不了的跨区域、跨行业、跨部门疑难复杂和重大矛盾纠纷，区矛盾纠纷调解工作指导中心要积极介入，召开联席会议专题研究，组织调解专家及相关职能部门及时调处，防止矛盾激化，形成上下联动的工作格局。

3. 健全完善矛盾纠纷多元化解告知制度。对不适宜调解、久调不结、调解不成的矛盾纠纷，调解组织应当为当事人提供咨询意见，在法律规定的时间和范围内引导其通过行政复议、仲裁、诉讼等其他适宜的途径化解纠纷。进一步健全调解与诉讼、仲裁、行政复议等其他法定途径的衔接机制，畅通矛盾纠纷多元化解渠道。

4. 健全完善依法治访机制。贯彻依法治访要求，加大对聚众滋事、缠访闹访、以访牟利等违法上访行为的打击力度，对于这类违法人员，采取制止、警告、训诫、强行驱散、强行带离现场或予以行政拘留等措施，对首要分子和骨干人员予以严厉打击，构成犯罪的，依法追究刑事责任。引导群众表达诉求应当遵循理性、合法的原则，依法、文明、有序地表达合理诉求。

六、保障机制

（一）加强组织领导

由区委、区政府成立区社会矛盾纠纷多元化解工作领导小组，区委副书记、政法委书记任组长，副组长由政法委专职副书记、司法局局长担任，成员由各镇街分管副书记、区相关单位分管领导组成，负责全区社会矛盾纠纷多元化解工作开展。领导小组下设办公室在司法局，主任由区司法局分管局长兼任，并由相关职能部门指定一名业务科室负责人为本单位矛盾纠纷多元化解工作联络人。各群众社团组织要依据各自的职责和工作范围，积极组织参与矛盾多元化解工作，齐抓共管，形成合力。各镇（街道）、各责任部门要把这项工作纳入重要议事日程，加强组织领导，强化工作措施，制定社会矛盾纠纷多元化解工作的工作方案，扎实有效地推动该项工作顺利开展，司法、财政、民政等相关部门要尽快出台相关实施办法。新闻媒体要加强舆论宣传，营造良好氛围。

（二）加强队伍建设

加强矛盾多元化解工作各平台组织的规范化建设，着力强化区级、镇（街道）、村（居）三级矛盾化解工作队伍建设，在用足用活专项编制的同时，通过购买第三方社会服务、安排志愿者等多种渠道，充实队伍，优化结构，努力建设一支政治过硬、专兼结合、业务精通、作风优良的矛盾化解工作队伍。充分优化调解工作队伍，发挥党员调解员先锋模范作用，注重选聘律师、公证员、仲裁员、基层法律服务工作者、医生、教师、专家学者等社会专业人士和退休法官、检察官、民警、司法行政干警以及相关行业主管部门退休人员担任人民调解员，不断提高人民调解员的专业化水平。强化对人民调解员、政法干部和行政执法人员的业务培训，将该项工作纳入教育培训规划，提高人员调解技能和工作水平。

（三）实行考核奖惩

把矛盾多元化解工作纳入社会治安综合治理目标管理，严格目标，兑现奖惩。要注重考核结果的运用。对矛盾多元化解工作中成绩突出的集体和个人进行表扬；对因组织不力、保障不到位、导致工作无法正常开展的，严肃通报批评、督促整改；对因排查调解不力又不上报预警而导致矛盾激化、发生严重影响社会稳定的重大群体性事件的单位和个人严格实行责任倒查，追究相关人员的责任。

（四）落实经费保障

区、镇（街道）要做好矛盾多元化解工作的资金安排。

1. 区财政负责区社会治理体系建设的课题研究经费和调解预约平台和调解数据库系统的开发费用，由区司法局编制预算。

2. 区财政负责区有关单位购买调解服务费用，其中区信访局、区法院、区国土城建和水务局（国土、住建）、区城乡统筹办、区教育局、区民政局、区环境保护局、区公有资产管理办公室、区人力资源和社会保障局、市公安局南海分局交通警察大队购买调解岗位费用由区司法局编制预算。

3. 区财政负责扶持区级第三方调解组织经费等资金安排。

4. 区级各部门要做好调解工作所需的办公经费、培训经费、宣传经费等资金安排。

5. 各镇(街道)根据本地实际情况和调解工作需要落实好经费。重点保障好派驻社区民警中队、人社分局等调解员经费。

6. 各镇(街道)调解中心专职调解员和片区专职调解员经费及重大矛盾纠纷个案补贴经费由区、镇(街道)两级财政各承担50%。

7. 行业性、专业性调解组织办公室经费和调解员的补贴经费由行业主管部门、行业协会和调解组织自行商定落实。

(五)加大政策扶持

培育壮大承接主体，是做好购买服务工作的重要前提。要积极出台有关优惠政策，鼓励更多市场组织、民间社会组织和社会企业组建矛盾化解工作团队，形成矛盾多元化服务供给主体。进一步加大对我区现有

品牌调解项目的培育和扶持，鼓励拓展融资渠道，促使调解项目逐步摆脱对政府的过分依赖，实现市场化运作，提升群众信任度。

(六)加大宣传引导

要把矛盾纠纷多元化解工作宣传融入社会主义核心价值观理念，倡导文明、和谐、公正、法治，倡导爱国、敬业、诚信、友善，积极培育和践行社会主义核心价值观。充分利用报刊、广播、电视、互联网等媒体，大张旗鼓地宣传矛盾纠纷多元化解工作，强化群众对矛盾纠纷多元化解工作的认知，引导群众自愿、主动选择法定途径，理性表达利益诉求、维护合法权益。积极培育、推广工作中的先进经验和创新做法，努力营造社会和谐人人有责、和谐社会人人共享的浓厚氛围，鼓励、引导社会各界通过社会捐赠、公益赞助、志愿参与等方式，支持我区矛盾纠纷多元化解事业发展。

附件

佛山市南海区矛盾纠纷多元化解工作责任清单

序号	工作任务	主责单位	配合单位	责任人及联系电话
一、区直部门				
1	负责统筹、协调全区矛盾纠纷多元化解工作。加大救助力度，简化审批程序。加强对涉法涉诉救助资金的监管，实行专项管理，专款专用。	区委政法委	区法院、区检察院、区公安分局、区司法局、区财政局	
2	成立矛盾纠纷调解工作指导中心，负责制订全区调解工作方案，拟订调解化解矛盾纠纷以案定补实施办法；会同民政局拟定扶持和培育社会第三方调解组织的办法，引入社会第三方机构建立调解组织；指导协调全区调解专家库建设；指导全区律师调解工作室建设；加强人民调解员业务培训；建立完善对社会第三方调解组织的考评机制，同高校建立课题研究关系。统筹全区矛盾纠纷调解统一受理平台建设工作，建立调解数据管理软件，为群众提供预约调解等便利，统筹预算购买调解社会服务派驻区级各部门。	区司法局	各镇（街道）、区委组织部（区编办）、区财政局、区民政局	

续表

序号	工作任务	主责单位	配合单位	责任人及联系电话
3	负责司法调解，诉调对接工作，对我区人民调解委员会调解民间纠纷进行业务指导。依托诉讼服务中心和诉前调解工作室，建立健全诉前调解工作运行机制，实现诉讼与非诉讼纠纷解决机制的有机衔接。推进道路交通事故纠纷网上数据一体化处理工作机制；聘请全区村(居)专职调解员为法院特聘调解员，实现调解员资源和相关数据信息的共享。链接全区矛盾纠纷调解统一受理平台，为群众提供预约调解等便利。	区法院	区司法局、市公安局南海分局交通警察大队	
4	设立道路交通事故纠纷调解工作室；指导社区民警中队设立治安纠纷调解工作室，链接全区矛盾纠纷调解统一受理平台，为群众提供预约调解等便利。	区公安分局	区法院、区司法局	
5	加大违法上访打击力度，倡导依法文明维权。		区检察院、区法院、区司法局、区信访局	
6	强化访前法律工作室建设，引导民间纠纷信访案件通过调解或其他合法途径解决。	区信访局	区司法局	
7	强化广东和谐医患纠纷人民调解委员会医疗责任险联保理赔模式，引导公立医疗机构加大购买医疗责任险联保理赔险的投入，稳步提升南海工作站的服务质量和效率，为医患双方提供咨询、调查、调解、理赔“一站式”服务。	区卫生和计划生育局	区法院、区司法局	

续表

序号	工作任务	主责单位	配合单位	责任人及联系电话
8	建立健全劳动人事争议调裁对接机制及集体劳动人事争议应急处置机制；充分发挥人民调解组织在调解劳动人事争议方面的作用；推进法律援助参与劳动人事争议调解仲裁工作；通过购买第三方服务的方式，充实区人力资源和社会保障局劳动人事争议调解力量。链接全区矛盾纠纷调解统一受理平台，为群众提供预约调解等便利。会同区司法局通过购买服务方式安排专人负责协助调解仲裁工作。	区人力资源和社会保障局	区司法局、区委组织部（区编办）	
9	扩大劳动关系信息员队伍，提高劳动关系信息员业务水平，充分发挥工会特约律师调解作用，加强全区劳动争议纠纷的排查和化解工作。建立劳动关系信息员考核激励机制。链接全区矛盾纠纷调解统一受理平台，为群众提供预约调解等便利。	区总工会	区法院、区人力资源和社会保障局、区司法局	
10	加强南海区妇女儿童权益纠纷人民调解委员会建设，激发妇女群体参与矛盾纠纷化解的正能量。链接全区矛盾纠纷调解统一受理平台，为群众提供预约调解等便利。	区妇联	区司法局	
11	建立涉土纠纷调解工作室。链接全区矛盾纠纷调解统一受理平台，为群众提供预约调解等便利。会同区司法局通过购买服务方式安排专人负责调解工作。	区国土城建和水务局(国土)	区司法局	

续表

序号	工作任务	主责单位	配合单位	责任人及联系电话
12	建立建设房产领域纠纷调解工作室。链接全区矛盾纠纷调解统一受理平台，为群众提供预约调解等便利。会同区司法局通过购买服务方式安排专人负责调解工作。	区国土城建和水务局(住建)	区司法局、区国土城建和水务局（国土、规划）、区市场监督管理局（工商）、区发展规划和统计局（发改）、区环境保护局	
13	建立教育领域调解工作室。链接全区矛盾纠纷调解统一受理平台，为群众提供预约调解等便利。会同区司法局通过购买服务方式安排专人负责调解工作。	区教育局	区司法局	
14	建立涉军领域调解工作室。链接全区矛盾纠纷调解统一受理平台，为群众提供预约调解等便利。会同区司法局制订扶持和培育社会第三方调解组织的办法。会同区司法局通过购买服务方式安排专人负责调解工作。	区民政局	区司法局	

续表

序号	工作任务	主责单位	配合单位	责任人及联系电话
15	建立公有资产领域调解工作室。链接全区矛盾纠纷调解统一受理平台，为群众提供预约调解等便利。会同区司法局通过购买服务方式安排专人负责调解工作。	区公有资产办公室	区司法局	
16	建立涉农纠纷调解工作室。链接全区矛盾纠纷调解统一受理平台，为群众提供预约调解等便利。会同区司法局通过购买服务方式安排专人负责调解工作。	区城乡统筹办	区司法局	
17	建立环保纠纷调解工作室。链接全区矛盾纠纷调解统一受理平台，为群众提供预约调解等便利。会同区司法局通过购买服务方式安排专人负责调解工作。	区环境保护局	区司法局	
18	保障区级各单位落实大调解工作人员配备与所承担的工作任务相适应	区委组织部(区编办)	区财政局及其他有关单位	
19	根据区政府批复落实区直部门开展调解工作的经费，并根据单位申请和财政资金相关管理办法及时拨付资金。会同区司法局制定调解化解矛盾纠纷以案定补实施办法。	区财政局	区有关单位	

续表

序号	工作任务	主责单位	配合单位	责任人及联系电话
	二、镇(街道)			
1	(1)在司法所成立矛盾纠纷调解中心，统筹协调本镇(街道)矛盾纠纷多元化解工作。(2)各镇(街道)调解中心配备2名以上专职调解员具体负责镇级调解工作，配备5—10名专职调解员(狮山镇配备15—25名)分片负责村(居)调解。(3)组建镇级调解专家库。(4)赋予镇(街道)直联团队更多资源开展矛盾纠纷化解工作，指导、协调、督促村(居)开展矛盾纠纷排查化解工作。(5)完善调解员“以案定补”机制。(6)建立社区民警中队治安纠纷调解工作室、协助建立交警中队道路交通事故调解工作室。(7)充实劳动人事争议调解力量。(8)链接全区矛盾纠纷调解统一受理平台，为群众提供预约调解等便利。	镇(街道)	区有关单位	
	三、村(居)			
1	村(居)党组织要切实承担起化解村(居)各类矛盾纠纷的主体责任，村(居)党组织书记要履行好调委会主任职责，协调村(居)两委干部调处各分管领域的矛盾纠纷。完善管理制度，强化工作保障，充实村(居)人民调解员队伍。要充分发挥直联团队、参理事会、乡贤、有威望公道正派人士等组织、个人的作用，共同做好最基层的矛盾纠纷化解工作。	各村(居)	司法所	

2. 南海区调解化解矛盾纠纷“以案定补”实施办法

第一条 为进一步完善我区矛盾纠纷调解化解工作保障机制，提高工作积极性和责任感，充分发挥矛盾纠纷多元化解机制对维护社会稳定作用，结合我区实际，制定本办法。

第二条 本办法所称矛盾纠纷调解化解，是指调解组织、调解团队在纠纷当事人自愿、平等且不违背法律、法规和政策基础上，对矛盾纠纷当事人进行说服教育、规劝疏导，促使纠纷当事人相互谅解，达成协议，从而消除纷争的活动。

第三条 “以案定补”是指对依法设立的调解组织、政府承认的调解团队及其成员开展矛盾纠纷化解工作以补贴的形式给予补贴。依据纠纷性质、难易程度、社会影响、工作质量，逐案确定奖补等级和标准。国家机关在职工作人员及属于政府购买服务项目的调解团队或者调解员，不得再给予“以案定补”。

第四条 设立全区调解化解矛盾纠纷“以案定补”专项资金，列入区、镇两级财政预算，由区、镇财政全额保障，并随经济社会发展逐年增加。

第五条 调解化解矛盾纠纷“以案定补”分为一般个案补贴、重大个案补贴、表彰补贴 3 种形式。

（一）一般个案补贴：按人民调解以案定补办法进行，所需经费由镇（街道）财政承担。

（二）重大个案补贴：对调解化解的重大矛盾纠纷，根据案件的性质、难易程度、影响大小、工作质量，按不同标准给予补贴。

（三）表彰补贴：对年终考核评比中，被评为先进人民调解委员会、人民调解员、调解能手以及被评选为优秀人民调解案例给予的补贴。所需经费由区财政承担。

第六条 一般个案补贴由镇（街道）司法所负责经费申请和审核发放；

重大个案补贴由镇(街道)司法所和区司法局负责经费申请和审核发放；由区级调解组织及第三方调解组织化解的案件，也可由矛盾纠纷领域主管部门批准后报区司法局审核发放；表彰补贴由区司法局负责经费申请和审核发放。

第七条 补贴标准

(一)一般个案补贴标准：分为简易纠纷、一般纠纷、较复杂纠纷3个补贴等级。

1. 简易纠纷：每件补贴不少于100元。要求填写《人民调解受理登记表》《人民调解口头协议登记表》，且各项要素齐全。认定标准：无需调查取证，经当场调解即可化解的简单纠纷。

2. 一般纠纷：每件补贴不少于200元。要求双方订立书面调解或和解协议，使用规范文书格式，制作人民调解案卷要素齐全。

3. 较复杂纠纷：每件补贴不少于800元。要求双方订立书面调解或和解协议，使用规范文书格式，制作人民调解案卷要素齐全。且认定标准需具备以下条件之一：(1)纠纷人数5人以上(含5人)，且涉及金额10万元以上(含10万元)，100万元以下；(2)纠纷人数在30人以上(含30人)，在矛盾纠纷发生地有较大影响的群体纠纷；(3)省级(含省级)以上督办案件；(4)有“民转刑”暴力倾向的纠纷案件；(5)涉及两个以上镇(街道)、村(居)的矛盾纠纷。

上述一般个案补贴的具体标准由各镇(街道)按本办法对人民调解“以案定补”实施办法进行修订时予以明确。

(二)重大个案补贴标准。

1. 久调不结的积案，或者当事人权利义务关系复杂，对社会和谐稳定有重大影响的案件，每宗补贴5000元。

2. 涉案人数50人以上(含50人)100人以下的案件，每宗补贴5000元。

3. 涉案人数100人以上(含100人)200人以下的案件，每宗补贴10000元。

4. 涉案人数200人以上(含200人)的案件，每宗补贴20000元。

5. 涉案标的金额 100 万元以上(含 100 万元)500 万元以下的案件，每宗补贴 10000 元。

6. 涉案标的金额 500 万元以上(含 500 万元)的案件，每宗补贴 20000 元。

若同时符合两种或两种以上以案定补补贴标准的，可按较高的标准申请补贴。具体标准由镇(街道)司法所和区司法局审定。

(三)表彰补贴标准：区级评选的优秀人民调解委员会、优秀人民调解员(调解能手)和优秀人民调解案例，每年度分别评出前 10 名，按优秀人民调解委员会 3000 元、优秀人民调解员(调解能手)2000 元、优秀人民调解案例 1000 元进行补贴。

第八条 调解化解矛盾纠纷“以案定补”补贴申报和发放程序。

(一)一般个案补贴司法所负责对辖区内人民调解委员会呈报的“以案定补”资料进行审核发放，并在每年初把上年度发放补贴的汇总表及相关工作情况报区司法局备案。

(二)重大个案补贴的申报资料，须附调解化解团队的成员名单，“重大个案补贴”由区镇两级按照 5∶5 比例共同负担，由镇(街道)先行垫支，每年 3 月底前，由各镇(街道)将上一年度重大个案补贴情况报区司法局。区司法局每年将区级负担的重大个案补贴资金纳入年度财政预算申报。

(三)全区调解组织、调解员、调解案例表彰补贴由区司法局评审，名单在政府网站进行公示，公示期满无异议后发放。

第九条 以下重大矛盾纠纷调解化解补贴的申报，经区司法局审查确认，按一定比例核减奖金(申报领取重大个案补贴最低标准的案件除外)：

(一)调解协议未履行到位的案件，降低一个补贴标准发放奖金；

(二)虽调处成功但制作调解案卷不够规范的案件，降低一个补贴标准发放奖金。

第十条 调解化解矛盾纠纷“以案定补”专项资金实行专款专用，专账管理。对弄虚作假空报伪造矛盾纠纷调解案件骗领奖金或挪用、侵吞、私扣奖金的，视情节由相关部门依法依规给予党纪、政纪处分；涉嫌犯罪的，依法追究刑事责任。

第十一条 本办法由南海区司法局负责解释。

第十二条 本办法自发布之日起实施，有效期5年。期限届满或政策法规变化的，根据实际评估修订。

3. 南海区扶持社会第三方调解组织发展实施办法

第一章 总 则

第一条 为促进我区社会第三方调解组织发展，激发社会力量参与矛盾纠纷调解的积极性，打造共建共治共享的社会治理格局，根据《关于构建共建共治共享的社会矛盾纠纷多元化解工作机制的意见》的要求，特设立南海区社会第三方调解组织发展扶持资金，以下简称"扶持资金"，制定本实施办法。

第二条 本办法所需扶持资金由区司法局根据本区社会第三方调解组织发展情况编制年度财政预算。

第三条 扶持资金的使用与管理应遵守国家有关法律、法规和财务规章制度，遵守诚实申请、严格审批、科学管理、专款专用、注重绩效、择优支持的原则。

第二章 扶持对象

第四条 申请扶持资金的社会第三方调解组织应具备以下条件：

(一)经民政部门依法注册登记的社会组织，或尚不具备登记条件但在区司法局依《人民调解法》备案的，专门从事纠纷调解业务的组织；

(二)具有固定的办公场所；

(三)具有3名以上(含3名)的专职调解员；

(四)上一年未受到政府部门行政处罚。

第三章 培育扶持

第五条 初创期经费补贴。

（一）对 2018 年 1 月 1 日后在区民政局登记成立的单一性社会第三方调解组织（没有下设多个调解委）给予一次性开办费补贴 2 万元；

（二）对已在区民政局登记的行业协会、专业协会在 2018 年 1 月 1 日后依法成立的行业性、专业性调解委员会给予一次性开办费补贴 1 万元；

（三）对 2018 年 1 月 1 日后在区民政局登记成立的同时进驻 2 个以上（含 2 个）调解委的综合性社会第三方调解组织给予一次性运营补贴 3 万元；

（四）申请初创期经费补贴，须在社会第三方调解组织自创办之日起正常营运期满一年。

第六条 房租经费补贴。

对符合下列情况的社会第三方调解组织给予房租补贴：

在区民政局登记的符合第五条一、三项的调解组织，在区内租赁自用办公用房的，三年内按租赁协议租金金额（发票价）给予房屋租赁费补贴，其中第一年补贴 50%；第二年补贴 30%；第三年补贴 10%；每年补贴总额不超过 5 万元。

第七条 专职调解员经费补贴。

在本区登记的符合第五条一、三项的调解组织聘用以下人员为专职调解员的，可申请人员经费补贴。

（一）聘用专业人才，包括获得助理社会工作师资格证、心理咨询师资格证、律师资格证、执业医师资格证或者其他与所在社会第三方调解组织主营业务相关的国家统一颁发的各类专业资格证书的，不含财务人员。

（二）聘用全日制大学本科以上毕业生就业的。

调解组织聘用以上专职调解员，应签订劳动合同并依法参加社会保险在申请前已满一年。三年内可给予每人 1 万元的人员经费补贴，每个调解组织每年补贴不超过 3 万元。

第四章 能力建设和发展激励

第八条 在本区民政局登记的社会第三方调解组织开展村（居）调解员

专业知识培训，每场培训人次超过30人以上的给予培训专项补贴，每场补贴500元。一个调解组织一年补贴最多不超过5000元。

第九条 本区登记的社会第三方调解组织获得市级、省级、国家级各类荣誉的，经认定，分别给予1万元、2万元、3万元的补助。

第十条 本区登记的社会第三方调解组织进行调解业务研究，研究成果获得省级、国家级奖项的，经认定，分别给予1万元、3万元的补助。

第五章 资金申请及审批

第十一条 申报受理。

社会第三方调解组织申请扶持资金的应于每年8月底前向区司法局提出申请并提交相关书面材料。

(一)社会第三方调解组织申请各类补贴均须提交《南海区社会第三方调解组织发展扶持资金申请审批表》、法人登记证书(同意成立批复文件)副本原件及复印件、上一年度财务报表原件，新成立的第三方调解组织除外。

(二)申请房屋租赁补贴的，还须提交房屋租赁合同原件及复印件，房地产证复印件和房屋租金发票原件及复印件。

(三)申请人员经费补贴的，还须提交劳动合同原件及复印件、资格证书或学历证书原件及复印件、社保缴费记录。

(四)申请社会第三方调解组织专业能力培训经费补贴的，还须提交培训工作方案、参加人员签到表原件及复印件、培训现场图片。

(五)申请激励补贴的，还须提交表彰补助证书或文件原件及复印件。

(六)区司法局认为需要的其他相关材料。

社会第三方调解组织应对所提交材料及内容的真实有效性负责。

区司法局受理人员应检查申报材料是否齐全无误，申报材料齐全无误的应于收到申报材料当日受理相关复印件由双方确认与原件无误后应即时退回原件，申报材料不齐全或有错误的，应一次性告知应提交材料名单及要求。

第十二条 审批公示。

区司法局在9月底前完成审批，确定给予补助的社会第三方调解组织名单，在相关网站公示审批结果和相关情况。公示时间不少于5个工作日。

第十三条 资金拨付。

区司法局根据审批和公示结果，在10月底前将资金拨付给受资助社会第三方调解组织账号。

第六章 监督管理

第十四条 区司法局要按照规定对社会第三方调解组织发展扶持资金进行严格、规范的管理，专款专用，及时拨付和使用，不得截留、侵占、挪用。

第十五条 建立资金使用信息公开制度。社会组织应当向社会公开专项资金使用管理情况，提高透明度，接受财政、登记机关、纪检监察、审计等部门及社会监督。

第十六条 专项资金补助项目在执行过程中因特殊原因需要调整、撤销的，应当申报办理；对已拨付的专项资金两年内未使用的，按规定收回缴入财政。

第十七条 受助第三方调解组织有下列情形之一的，由区司法局会同相关业务主管单位采取责令改正、停止资助、追回已拨的资金、取消其3年内的申请资格等措施；构成违法或犯罪的，依法追究法律责任：

(一)截留、挪用资金的；

(二)提交虚假申请资料或采取其他非法手段获取专项资金的；

(三)资助项目管理不规范或实施过程中违反有关规定，产生不良影响的；

(四)违反本办法或其他违反法律法规的。

第十八条 本办法由南海区司法局会同区民政局负责解释。

第十九条 本办法自发布之日起实施，有效期5年。期限届满或政策法规变化的，根据实际评估修订。

4. 南海区个人调解工作室管理实施办法

为支持、鼓励法律服务工作者、优秀人民调解能手等，建立以个人名字命名的人民调解室，形成品牌效应，推动人民调解工作深入发展，根据《中华人民共和国人民调解法》的规定，结合我区实际，制定本办法。

第一条 个人调解工作室是指经区司法局审核同意，由热心人民调解事业的社会各界人士提出成立申请报所属人民调解委员会同意设立的，或人民调解委员会根据工作需要设立的以个人名义开展调解工作的机构。

第二条 个人调解工作室名称由"所属人民调解委员会名称""个人姓名或字号"和"调解工作室"三部分内容依次组成。

第三条 个人调解工作室由命名的区司法局授牌。标牌为镀铜，规格60cm×40cm，黑体字，贴于调解室或办公室房门正中靠上位置。标牌应当有命名单位的落款，不落注日期。

第四条 个人调解工作室按规范化调委会建设标准设置。调解室或办公室应悬挂《人民调解委员会工作原则》《民间纠纷当事人权利和义务》《人民调解工作流程图》、组成人员公示牌(内容包括姓名、职务、二寸红底彩色照片)，规格为60cm×90cm，牌子以警蓝色、白色、橙色三色相间，并标有司法行政徽、中国司法字样。组成人员仅有一人的，可不悬挂公示牌。正面墙体居中悬挂人民调解徽章，左右两侧分别张贴"公正 公平 公开""合法 合理 合情"字样，字色为红色、字体为黑体。

依托规范化调委会设立的，可不重复布置。

第五条 设立个人调解工作室应当具备下列条件：

(一)被授予命名的人民调解员应当政治品质好、作风正派、为人公道、群众公认，热心人民调解工作，工作勤恳敬业；

(二)愿意接受司法行政机关管理和指导，组织纪律性好；

(三)具有丰富的调解经验，从事人民调解工作5年以上，年均矛盾纠纷调解数量不低于60件，有较高的调解成功率的人民调解员；或在当地具有较高社会影响和知名度的社会热心人士；或有多年纠纷调处、信访工作、法律工作经验的退休公务员，如退休法官、检察官、警官等。

（四）年龄一般在70周岁以下，身体健康；

（五）有固定的办公场所和能够满足调解工作需要的办公设施，如固定电话、电脑和互联网接口；

（六）个人调解工作室开展专业调解的，人民调解员应当具备相应的专业法律知识和工作经验。

第六条 个人调解工作室按照个人申报或组织推荐、审查命名的程序进行。申报设立个人调解工作室应提供以下资料：

（一）设立个人调解工作室申请书；

（二）《南海区个人调解工作室审批表》（含简历和调解工作主要业绩）一式三份；

（三）办公场所及办公设施情况说明；

（四）调解工作经费来源说明；

（五）其他相关材料。

第七条 个人调解工作室接受所属人民调解委员会的监督管理，在所属人民调解委员会辖区内开展业务工作；制作的调解文书加盖所属人民调解委员会印章，工作室应当保存复印件。

个人调解工作室可以接受其他人民调解委员会的邀请参加调解工作，可以接受当地党委、政府的指派，相关部门和社会团体的委托，代表所属人民调解委员会开展专项人民调解工作。

第八条 个人调解工作室必须依法调解纠纷，遵守调解工作纪律，不得收取任何费用。

第九条 个人调解工作室具有下列情况之一的，应当由命名单位撤销命名：

（一）弄虚作假，虚报资料获得个人调解工作室命名的；

（二）连续3个月以上未开展人民调解工作业务的；

（三）人民调解员已经不在所属人民调解委员会辖区内生活、工作，或不再从事人民调解工作的；

（四）丧失本办法第五条条件之一的；

（五）因调解工作出现明显重大过错，导致矛盾纠纷激化转化为刑事案件、群体性事件，并造成严重社会影响的；

（六）个人调解工作室有违法违纪行为的或者收取费用的；

（七）其他给人民调解工作带来不良影响的情形。

第十条　个人调解工作室应当每月向所属人民调解委员会报送矛盾纠纷化解数据，每半年报告工作情况。

第十一条　区司法局向个人调解工作室每月给予交通、通信补助3000元。个人调解工作室的人民调解员与村居人民调解员同样享受所在镇（街道）人民调解“以案定补”待遇，国家机关在职工作人员及属于政府购买服务调解团队及其成员除外。

第十二条　南海区司法局、镇（街）司法所对辖区内个人调解工作室依法进行指导。

第十三条　本办法由南海区司法局负责解释。

第十四条　本办法自发布之日起实施，有效期5年。期限届满或政策法规变化的，根据实际评估修订。

5. 南海区调解员和调解专家管理办法

第一章　总　则

第一条　为了进一步推进社会管理创新，适应新形势下化解社会矛盾纠纷的需要，规范调解员队伍的建设和管理，造就一支政治坚定、业务精通、作风过硬、素质优良的调解员队伍，激发广大调解人员调处和化解各类社会矛盾的积极性和创造性，不断提高社会矛盾纠纷调处工作水平，促进调解员队伍专业化、职业化建设，参照《中华人民共和国人民调解法》和《广东省实施〈中华人民共和国人民调解法〉办法》等精神，结合我区工作实际，制定本办法。

第二条 本办法所称调解员是指经群众或者各单位推选或接受聘任，从事调解工作的人员。包括专职调解员和兼职调解员。

第三条 本办法适用于全区调解员及调解专家库。

第二章 准 入

第四条 担任调解员应具备以下基本条件：

（一）遵守宪法和法律；

（二）公道正派、热心人民调解工作；

（三）具有初中以上文化和一定的法律、政策水平，其中镇（街道）和行业性、专业性人民调解委员会的委员应当分别具备高中、大专以上学历，行业性、专业性人民调解委员会的调解员一般应具有相关行业、专业知识和工作经验；

（四）具有完全民事行为能力，健康状况良好；

（五）个人征信记录良好。

第三章 工作职责、执业规范和纪律

第五条 调解员上岗时履行以下工作职责：

（一）宣传法律、法规和政策，教育公民遵纪守法，弘扬社会公德，预防矛盾纠纷发生；

（二）开展矛盾纠纷定期排查、集中排查和专项治理排查活动，及时、有效开展调处工作，妥善化解民间纠纷；

（三）向所属单位或者调解组织反映矛盾纠纷排查和调解工作情况；

（四）及时报告重大矛盾纠纷情况，协助有关部门做好防控调处工作，防止矛盾纠纷激化；

（五）认真做好纠纷登记、调解统计和调解文书档案管理工作。

第六条 调解员调解矛盾纠纷，应遵循以下原则：

(一)在当事人自愿、平等的基础上进行调解；

(二)不违背法律、法规和国家政策；

(三)尊重当事人权利，不得因调解而阻止当事人依法通过仲裁、行政、司法等途径维护自己的权利。

(四)调解员与纠纷当事人有亲属或利益关系，应纠纷当事人的要求必须回避。

第七条 调解员调解民间纠纷，应遵守以下纪律：

(一)坚持原则，主持公道，不徇私舞弊、偏袒一方当事人；

(二)不得对当事人压制、打击、报复；

(三)不得侮辱、处罚当事人；

(四)不得泄露当事人的个人隐私、商业秘密；

(五)不得索取、收受当事人财物或者牟取其他不正当利益；

(六)不得收费或变相收费。

第四章 调解专家库

第八条 广泛吸纳各行各业具有专门知识或特定经验的专家人才，建立南海区调解专家库。调解专家库由法律、经济、医疗、婚姻、劳动、农村管理等方面专家(以下简称调解专家)名录组成。

第九条 调解专家应具备以下条件：

(一)具有较高的政治思想素质和良好的职业道德；

(二)从事过相关领域的调解工作，具有相应的理论知识和实践经验；

(三)热爱社会公益事业，热心矛盾纠纷化解工作，熟悉矛盾纠纷多发领域相关法律法规和政策，胜任调解工作；

(四)年龄在 70 岁以下，身体健康，能够参加调解工作。

(五)个人征信记录良好。

第十条 调解专家候选人由通过区司法局公开征选、所在单位或本行业其他专家推荐以及自我推荐的方式产生。推荐专家候选人需提交以下材料：

（一）《南海区调解专家库专家推荐表》；

（二）个人身份证明；

（三）有关职称证明或者反映其学术、专业成就、经验的证明材料。

第十一条 区司法局从符合条件的候选人中择优选录确定南海区人民调解专家名录。

调解专家名录应当向社会公布，每两年更新一次。

第十二条 调解组织根据调解工作需要可以聘任调解专家库的调解专家，作为兼职调解员，协助开展疑难纠纷案件调处。调解专家参与疑难纠纷案件调处，可以到场参与，也可以提供经本人签字的书面调解意见或建议。受邀调解专家的意见或者建议供调解员及双方当事人参考，不具有约束力。

第十三条 调解专家参与调解为公益无偿性质。调解组织不得以邀请调解专家参与调解为名向当事人收取任何费用。

第十四条 在参与调解活动中，调解专家享有下列权利：

（一）自主决定是否接受邀请参与调解；

（二）独立地提供咨询意见和建议；

（三）对专家库管理和调解工作提出意见和建议。

第五章 调解员的日常管理

第十五条 司法行政部门对调解员的日常管理主要包括以下内容：

（一）对调解员的推选、聘任工作进行指导；

（二）定期对本行政区域调解组织的设立、人员组成及调解工作情况进行统计，按时报送上级司法行政部门；

（三）逐步建立调解员动态电子台账和信息数据库，与上级司法行政部门实现信息互通；

（四）调解员或调解专家违反国家法律，法规和国家政策进行调解或个人诚信列入失信黑名单，一经发现取消其相应资格。

第六章 调解员的培训

第十六条 调解员培训可采取以会代训、集中授课、观看视频、经验交流、现场观摩、法庭旁听和知识测试等多种形式。培训应注重针对性和实用性，内容应当包括理论政策、法律知识、调解技巧、案例分析等，注重培训效果。

第七章 调解员补贴

第十七条 调解员从事调解工作，司法行政部门应当协调相关部门和单位按照有关规定给予适当的补贴经费；调解员因从事调解工作致伤致残、生活困难的，司法行政部门应当报请当地人民政府予以必要的医疗、生活救助；在调解工作岗位上牺牲的调解员，其配偶、子女按国家规定享受抚恤和优待。

第十八条 专家库中的公职人员，暂不列入“以案定补”范围，但第三方调解机构使用专家库的专家，具体交通费、误餐费补贴标准，可由双方商定。

第十九条 镇(街道)、村(居)调解员调解案件的补贴标准，由镇(街道)参照上级文件，结合实际制定。

第二十条 调解员的补贴，已纳入“以案定补”范围的，由财政资金解决；未纳入“以案定补”范围的，由各类调解组织负责。

第八章 调解员的考核奖惩

第二十一条 区司法局及基层司法所应指导调解组织加强对调解员的工作考核。年度考核的主要内容：

(一)提供矛盾纠纷排查信息的数量和质量；

(二)调解纠纷的数量和调解成功率；

(三)预防、制止民间纠纷激化升级情况；

(四)开展法制宣传和公民道德教育情况；

(五)参加学习培训情况；

(六)调解文书案卷制作、管理情况；

（七）其他需要考核的情况。

第二十二条 对成绩显著、贡献突出的调解员，由区司法局按照有关规定给予表彰补助。

第二十三条 调解员在调解工作中有下列行为之一的，由其所在的单位或者调解组织给予批评教育、责令改正，情节严重的，由推选或者聘任单位予以罢免或者解聘：

（一）偏袒一方当事人的；

（二）侮辱当事人的；

（三）索取、收受当事人财物或者牟取其他不正当利益的；

（四）泄露当事人的个人隐私、商业秘密的；

（五）违反国家法律，法规和国家政策进行调解或个人诚信列入失信黑名单。

第九章 附 则

第二十四条 本办法由区司法局负责解释。

第二十五条 本办法自发布之日起实施，有效期 5 年。期限届满或政策法规变化的根据实际评估修订。

参考文献

一、著作类

[1]《习近平谈治国理政(第三卷)》，外文出版社 2020 年版。

[2]刘建明、史献芝：《当代中国社会矛盾化解机制研究》，人民出版社 2014 年版。

[3]李栗燕：《化解基层社会矛盾纠纷的法律机制研究》，科学出版社 2013 年版。

[4]中国法学会“枫桥经验”理论总结和经验提升课题组：《“枫桥经验”的理论构建》，法律出版社 2018 年版。

[5]夏周青：《治道变革与基层社会矛盾化解》，国家行政学院出版社 2014 年版。

[6]郑振远：《社会矛盾化解法治化研究》，中国法制出版社 2017 年版。

[7]李皋：《变迁与启示——改革开放四十年化解社会矛盾经验研究》，中国民主法制出版社 2018 年版。

[8]汪世荣：《人民调解的“福田模式”研究》，北京大学出版社 2017 年版。

[9]刘怀川：《社会矛盾纠纷化解艺术》，西南师范大学出版社 2018 年 8 月版。

[10] 赵方杜、石阳阳、鲍丙习：《城市基层矛盾纠纷化解的社会机制研究——基于人民调解组织的考察》，华东理工大学出版社 2020 年版。
[11] 于丽娜、聂成涛：《社区矛盾纠纷化解机制》，中国社会出版社 2010 年版。
[12] 汪世荣、朱继萍：《人民调解的“枫桥经验”》，法律出版社 2018 年版。
[13] 孙立平：《博弈：断裂社会的利益冲突与和谐》，社会科学文献出版社 2006 年版。
[14] 尹华广：《“枫桥经验”与基层社会治理法治化》，中国人民公安大学出版社 2020 年版。
[15] 汪世荣、褚宸舸：《“枫桥经验”：基层社会治理体系和能力现代化实证研究》，法律出版社 2018 年版。
[16] 汪世荣：《“枫桥经验”：基层社会治理的实践》，法律出版社 2018 年版。
[17] 伊强：《社会矛盾化解机制研究》，知识产权出版社 2014 年版。
[18] 周爱民：《社会认同视域下征地拆迁矛盾化解机制研究》，中国社会科学出版社 2016 年版。
[19] 罗骥：《郡县治 天下安：县级政府化解社会矛盾应对策略探析》，人民日报出版社 2017 年版。
[20] 汪世荣：《企业“枫桥经验”研究——国家电网诸暨市供电公司的实践》，陕西人民出版社 2021 年 7 月版。
[21]《马克思恩格斯选集(第三卷)》，人民出版社 1995 年版。
[22]《中国大百科全书 · 社会学卷》，中国大百科全书出版社 1992 年版。
[23] 靳江好、王郅强：《和谐社会建设与社会矛盾调节机制研究》，人民出版社 2008 年版。
[24] 俞可平：《走向善治：国家治理现代化的中国方案》，中国文史出版社 2016 年版。
[25] 俞可平：《治理与善治》，社会科学文献出版社 2000 年版。

[26]刘玉东:《体系、结构与功能:新中国城市社区治理转型研究》,人民出版社 2016 年版。
[27]袁方成:《国家治理与社会成长——中国城市社区治理 40 年》,上海交通大学出版社 2018 年版。
[28]刘春荣:《社区治理与中国政治的边际革新》,上海人民出版社 2018 年版。
[29]孙莉莉:《特大城际社会治理:立足基层社区的考察》,上海交通大学出版社 2018 年版。
[30]贺雪峰:《乡村治理的社会基础》,生活书店出版有限公司 2020 年版。
[31]丁元竹:《社会治理现代化的探索》,国家行政学院出版社 2016 年版。
[32]何绍辉:《陌生人社区:整合与治理》,社会科学文献出版社 2017 年版。
[33]向德平等:《社区善治——桂城街道创建"熟人社区"的实践》,华中科技大学出版社 2020 年版。
[34]中国社会科学院国家法治指数研究中心、中国社会科学院法学研究所法治指数创新工程项目组:《社会治理:新时代"枫桥经验"的线上实践》,中国社会科学出版社 2019 年版。
[35]李枭:《多元主体参与下的我国城市社区协同治理研究》,经济科学出版社 2018 年版。
[36]张永理:《社区治理》,北京大学出版社 2014 年版。
[37]颜晓峰、栾淳钰、吴晓宇等:《推进总布局 化解新矛盾》,中共中央党校出版社 2021 年版。
[38]燕继荣等:《中国现代国家治理体系的构建》,社会科学文献出版社 2018 年版。
[39]赵旭东:《通过合意的纠纷解决——合意性纠纷解决机制研究》,法律出版社 2017 年版。
[40]滕五晓:《社区安全治理:理论与实务》,上海三联书店 2021 年版。

[41]范愉、李浩：《纠纷解决——理论、制度与技能》，清华大学出版社2010年版。
[42][日]千叶正士：《法律多元：从日本法律文化迈向一般理论》，强世功等译，中国政法大学出版社1997年版。
[43]龙飞：《多元化纠纷解决机制促进法研究》，中国人民法学出版社2020年版。
[44]刘玉照、盛智明：《特大城市社会治理创新研究》，社会科学文献出版社2020年版。
[45][英]维克托·迈尔-舍恩伯格、肯尼思·库克耶：《大数据时代：生活、工作与思维的大变革》，盛杨燕、周涛译，浙江人民出版社2013年版。
[46]张锋：《大城治理：基于精细化目标的特大城市智慧治理研究》，上海人民出版社2020年版。
[47]仁寿县档案馆：《仁寿县社会矛盾纠纷化解案例汇编》，西南财经大学出版社2020年版。

二、期刊类

[1]习近平：《坚定不移走中国特色社会主义法治道路 为全面建设社会主义现代化国家提供有力法治保障》，载《求是》2021年第5期。
[2]赵俊鹏：《佛山南海：矛盾纠纷多元化解的创新实践》，载《人民法治》2019年第2期。
[3]朱继萍、梁凯凡：《"诉调对接"的"枫桥经验"及其在新时代的创新发展》，载《人民法治》2019年 第4期。
[4]薛永毅：《道交纠纷"一体化处理"机制的南海样本》，载《人民法治》2019年第8期。
[5]朱继萍：《社会矛盾多元化解新体系构建的南海实践》，载《人民法治》2019年第8期。

[6]褚宸舸：《佛山南海：矛盾纠纷多元化解工作的三大“亮点”》，载《人民法治》2019年第8期。
[7]董青梅：《“枫桥经验”的南海践行》，载《人民法治》2019年第8期。
[8]冯卫国：《“大调解”工作的南海探索》，载《人民法治》2019年第8期。
[9]董青梅、卢桐：《医疗纠纷调解的南海实践》，载《人民调解》2021年第10期。
[10]褚宸舸、杨依璇：《“警调对接”的南海实践》，载《人民调解》2021年第11期。
[11]赵俊鹏：《基层社会治理制度的完善路径——基于制度要素的分析框架》，载《学术交流》2021年第5期。
[12]褚宸舸、李明升：《传统文化如何融入乡村治理？——儒溪村实践对“费孝通之问”的回应》，载《党风》2021年第10期。
[13]左文君、张竞匀：《构建矛盾纠纷多元化解机制——新时代“枫桥经验”解析》，载《长江论坛》2019年第5期。
[14]陈辽敏：《创新型多元化纠纷解决机制的构建与发展——以浙江省杭州市西湖区人民法院为例》，载《中国应用法学》2017年第3期。
[15]汪世荣：《“枫桥经验”视野下的基层社会治理制度供给研究》，载《中国法学》2018年第6期。
[16]秦国荣：《人民调解制度的现代意义分析》，载《新疆大学学报(社会科学版)》2002年第2期。
[17]冯卫国：《“大调解”体系建设的“枫桥经验”——完善多元化纠纷解决机制的新探索》，载《山东科技大学学报(社会科学版)》2018年第6期。
[18]龙飞：《“把非诉讼纠纷解决机制挺在前面”的实证研究——以重庆法院实践为样本》，载《法律适用》2019年第23期。
[19]张平、刘伟民：《城市社区矛盾纠纷：类型阐释、生成机理与纾解之道》，载《四川行政学院学报》2021年第5期。

[20]张春照：《新时代城乡社区治理法治化》，载《重庆社会科学》2018 年第 6 期。
[21]褚宸舸：《防控基层社会风险应当坚持和发展“枫桥经验”》，载《人民法治》2019 年第 4 期。
[22]王者洁、刘心蕊：《“枫桥经验”的法治实践与基层矛盾化解机制》，载《天津法学》2019 年第 2 期。
[23]曾文忠 ：《社会转型时期农村矛盾纠纷化解机制多元建构》，载《云南行政学院学报》2013 年第 6 期。
[24]胡仕浩：《多元化纠纷解决机制的“中国方案”》，载《中国应用法学》2017 年第 3 期。
[25]蔡伯元：《贵和思想的现代价值》，载《社会科学》1994 年第 7 期。
[26]皮伟兵：《先秦儒家“和为贵”的政治伦理追求》，载《伦理学研究》2007 年第 2 期。
[27]包仕国：《和谐社会构建与西方社会冲突理论》，载《学术论坛》2006 年第 4 期。
[28]张化：《关于毛泽东正确处理人民内部矛盾思想的再认识》，载《中共党史研究》2007 年第 4 期。
[29]王伟光：《构建社会主义和谐社会的理论指南——重读〈关于正确处理人民内部矛盾的问题〉》，载《中共中央党校学报》2007 年第 1 期。
[30]陈挥、宋霁：《党的群众路线的历史轨迹与贡献》，载《上海党史与党建》2011 年第 5 期。
[31]周忠高：《实现中国梦与深入贯彻党的群众路线》，载《山东社会科学》2013 年第 6 期。
[32]王利明：《法治：良法与善治》，载《中国人民大学学报》2015 年第 2 期。
[33]张锋：《以智能化助推城市社区治理精细化研究——基于上海杨浦区控江路街道的实证分析》，载《城市发展研究》2019 年第 3 期。

[34]杨宗科、张永林：《社会治理及其专门人才培养》，载《法学教育研究》2020 年第 4 期。
[35]杨新红、姚桓：《党领导基层社会治理：理论溯源与创新路径》，载《新疆社会科学》2021 年第 4 期。
[36]张文显：《法治化是国家治理现代化的必由之路》，载《法制与社会发展》2014 年第 5 期。
[37]颜慧娟、陈荣卓：《国家治理现代化进程中的社会矛盾解决机制建构》，载《江汉论坛》2017 年第 1 期。
[38]李学举：《我国基层群众自治制度地位的重大提升》，载《求是杂志》2008 年第 3 期。
[39]龙钰、冯颜利：《我国基层群众自治制度的历史进程、现实状况与未来走向》，载《求实》2014 年第 7 期。
[40]张清：《基层自治制度的理论阐述与路径选择》，载《法律科学》2020 年第 2 期。
[41]侯佳儒：《民法基本原则解释：意思自治原理及其展开》，载《环球法律评论》2013 年第 4 期。
[42]徐伟功：《法律选择中的意思自治原则在我国的运用》，载《法学》2013 年第 9 期。
[43]夏玉珍：《社会规范是维持社会秩序的基本手段》，载《理论月刊》2002 年第 2 期。
[44]刘作翔：《当代中国的规范体系：理论与制度结构》，载《中国社会科学》2019 年第 7 期。
[45]江苏省泰州市中级人民法院课题组：《矛盾纠纷多元化解机制的实践困境与路径探析》，载《中国应用法学》2017 年第 3 期。

三、报纸类

[1]习近平：《坚定不移走中国特色社会主义法治道路 为全面建设社会主

义现代化国家提供有力法治保障》，载《人民日报》2020 年 11 月 18 日，第 1 版。
[2]《中共中央关于全面推进依法治国若干重大问题的决定》，载《人民日报》2014 年 10 月 29 日，第 1 版。
[3]西北政法大学调研组：《广东佛山南海区“147”矛盾纠纷多元化解工作机制调研报告》，载《法治周末》2020 年 10 月 29 日，第 11 版。
[4]西北政法大学课题组：《丹灶镇矛盾纠纷多元化解调研报告》，载《法治周末》2020 年 10 月 29 日，第 11 版。
[5]西北政法大学课题组：《里水镇矛盾纠纷多元化解机制调研报告》，载《法治周末》2020 年 10 月 29 日，第 11 版。
[6]汪世荣：《后疫情时期劳资纠纷的化解策略》，载《法治周末》2020 年 10 月 29 日，第 11 版。
[7]汪世荣：《“一站式多元纠纷解决”机制的启示》，载《法治周末》2020 年 10 月 29 日，第 11 版。
[8]王阳：《行业调解的“南海经验”》，载《法治周末》2020 年 10 月 29 日，第 11 版。
[9]西北政法大学课题组：《九江模式：党建引领基层社会治理创新》，载《法治周末》2020 年 11 月 5 日，第 11 版。
[10]侯学军：《深耕社区网格 凸显智慧治理》，载《法治周末》2020 年 11 月 5 日，第 11 版。
[11]侯学华：《推动社会组织参与 共建社区治理平台》，载《法治周末》2020 年 11 月 5 日，第 11 版。
[12]汪世荣：《“四定”“四化” 社区工作方法及其成效》，载《法治周末》2020 年 11 月 5 日，第 11 版。
[13]何静、李文莉：《弘扬“家和”文化　促进乡风文明》，载《法治周末》2020 年 11 月 5 日，第 11 版。
[14]魏毅娜：《多措并举 全面提升人居环境》，载《法治周末》2020 年 11 月

5 日，第 11 版。

[15] 课题调研组：《县级矛盾纠纷多元预防调处中心建设的“南海实践”》，载《法治日报》2021 年 11 月 3 日，第 11 版。

[16] 侯学华、乔心一：《深刻体现人民性的南海区人民调解》，载《法治周末》2021 年 11 月 4 日，第 10 版。

[17] 朱继萍、朱锦继：《劳动人事争议调裁审一体化机制建设的南海经验》，载《法治周末》2021 年 11 月 4 日，第 10 版。

[18] 朱继萍、殷晨：《加强行业性、专业性人民调解建设的南海实践》，载《法治周末》2021 年 11 月 4 日，第 10 版。

[19] 杜瑾、王圣凯：《桂城街道矛盾纠纷多元化解调研报告》，载《法治周末》2021 年 11 月 4 日，第 10 版。

[20] 吕虹、范淑娟：《狮山镇矛盾纠纷多元化解调研报告》，载《法治周末》2021 年 11 月 4 日，第 10 版。

[21] 王斌通、蔡丽洁：《大沥镇矛盾纠纷多元化解调研报告》，载《法治周末》2021 年 11 月 4 日，第 10 版。

[22] 刘宇飞：正确处理基层社会治理四大关系，载《中国组织人事报》2018 年 11 月 12 日，第 6 版。

[23] 沈彬：《社会治理如何社会化》，载《人民日报》2017 年 12 月 15 日，第 05 版。

[24]《看清形势适应趋势发挥优势 善于运用辩证思维谋划发展》，载《人民日报》2015 年 6 月 19 日，第 1 版。

[25] 崔文佳：《强有力的领导核心是中国之治的灵魂》，载《北京日报》2017 年 10 月 18 日，第 7 版。

[26]《推动基层治理共同体建设》，载《学习时报》2021 年 10 月 20 日，第 7 版。

[27] 詹成付：《健全充满活力的基层群众自治制度》，《经济日报》2019 年 12 月 6 日，第 11 版。

[28]潘剑锋：《促进社会和谐稳定 完善预防性法律制度》，载《人民日报》2021年01月19日，第9版。
[29]靳昊：《将“枫桥经验”作为预防性法律制度体系的核心——访西北政法大学枫桥经验与社会治理研究院执行院长褚宸舸》，载《光明日报》2020年12月14日，第5版。
[30]季卫东：《法治社会的纠纷多元化解决》，载《人民法院报》2016年8月31日，第5版。
[31]潘剑锋：《完善预防性法律制度》，《人民日报》2021年1月19日，第9版。

四、其他

[1]左鹏：《逐步实现全体人民共同富裕》，载央视网：http：//news. cctv. com/2017/10/22/ARTIG2Hhfgx59SfgHH86400B171022. shtml。
[2]《坚持严格执法公正司法深化改革 促进社会公平正义保障人民安居乐业——习近平出席中央政法工作会议并发表重要讲话》，载中国共产党新闻网：http：//cpc. people. com. cn/n/2014/0109/c64094-24065903. html。
[3]《中国特色社会主义协商民主的生动实践》，载新华网：http：//www. xinhuanet. com/politics/2020-05/21/c_1126013571. htm。
[4]习近平：《完善中国特色社会主义社会治理体系 努力建设更高水平的平安中国》，载新华网，http：//www. xinhuanet. com//politics/2016-10/12/c_1119704461. htm。
[5]陈一新：《聚焦“八个字”攻坚“新难点” 提升基层社会治理新水平》，https：//baijiahao. baidu. com/s?id = 1711657456571383803&wfr = spider&for=pc。
[6]李克强：《今年着力解决人民群众普遍关心的突出问题》，载新华网：http：//www. xinhuanet. com/2017-03/05/c_1120570434. htm。
[7]佛山司法：《人民调解用心解决劳资纠纷，为工人讨回辛苦钱!》，

https：//www. sohu. com/a/295014651_120060097。
[8]西樵镇民乐社区居委会：《劳务报酬起纠纷 人民调解来平息》，https：//www. sohu. com/a/323625870_821631。

后 记

广东省佛山市南海区地处改革开放前沿，经济发达，为更好地因地制宜坚持和发展好“枫桥经验”，提升基层社会治理能力和水平，南海区委、区政府高度重视理论创新和实践创新的良性互动，不仅注重在实践过程中积极探索基层社会治理创新的新路径新模式，而且格外注重与高校专家学者进行合作探索基层社会治理创新的新理论新方法。而西北政法大学汪世荣教授领衔的专家团队多年致力于“枫桥经验”的总结和推广研究。基于此，南海区司法局在深入考察研究的基础上，于 2018 年 9 月 4 日同西北政法大学汪世荣教授团队签署了关于南海区基层社会治理的实践和经验科研项目《合作协议》，双方协商确定由汪世荣教授团队从理论高度对南海区多元化纠纷解决、行政执法规范化、普法宣传等基层社会治理工作进行总结和指导，设计论证操作性强的指引规范，提出系统的实施方案，提炼、总结出南海区矛盾纠纷化解的研究项目成果。

2019—2021 年，本课题依托汪世荣教授领衔的陕西省“三秦学者”创新团队——西北政法大学基层社会法律治理研究创新团队，西北政法大学中华法系与法治文明研究院、枫桥经验与社会治理研究院、马锡五审判方式研究院的专业研究团队，坚持服务社会、学术研究、人才培养相结合，在汪世荣教授带领下，项目组师生多次奔赴广东省佛山市南海区深入各镇街、各部门进行实地考察、座谈、走访和调研，搜集了大量的写作素材，撰写了数十篇论文和调研报告，在《法治日报》《学术交流》《人民法治》《法治周末》《党风》《人民调解》等国内公开刊物和媒体上发表了一批阶段性成果。

为了对三年来的跟踪研究进行系统性梳理和总结，更好服务基层社会治理实践需要，2021 年 10 月开始，由汪世荣、张永林结合前期研究成果，将南海区矛盾纠纷多元化解实践对于基层社会治理现代化的样本意义作为总结重心，确定了本书的框架结构，并针对各个部分内容进行了体系化的补充和完善，最后由汪世荣教授审定。其间，侯学华教授、冯卫国教授、朱继萍教授、褚宸舸教授、杨静博士、魏毅娜博士对本书的修改完善提出了宝贵的意见建议。

本书各章节主要撰写或整理人员如下：

第一、二章：张永林；第三章：汪世荣、张永林、魏毅娜；第四章：侯学华；第五章第一、二节：张永林、韦赛虎；第五章第三节：褚宸舸、李明升；第六章第一节：褚宸舸、张永林；第六章第二节：褚宸舸、杨依璇；第六章第三、四节：张永林；第七章第一节：杨静、张永林、吕虹、王斌通；第七章第二节：张永林、董青梅；第七章第三节、第五节：张永林；第七章第四节：朱继萍、朱锦继；第八章第一节、第三节、第四节：张永林；第八章第二节：杨静、张永林；第九章：张永林；第十章、结语：汪世荣、张永林，附录由张永林整理。

需要说明的是，朱继萍教授、褚宸舸教授、杨静博士承担了大量的材料整理工作，他们分别于 2019—2021 年组织社会治理法学方向硕士研究生编写了西北政法大学与南海区横向合作项目调研报告：《富而教之——枫桥经验在南海的再实践》《基层社会治理现代化视阈下的南海“147”纠纷化解机制研究》《用新时代“东方经验”打造美丽南海——坚持党建引领，坚守司法为民，打造南海特色调解经验》，以及南海区的刘世文、周铭谦、苏志敏、卢倩仪、侯艳钊等同志在写作和出版过程中及时搜集提供最新材料，为本书最终成稿做出了重要贡献。

本书的编写和出版工作，得到了各方的帮助和支持，尤其是得到了西北政法大学、南海区司法局、南海区政法委、南海区信访局、南海区人民政府、陕西人民出版社等方面领导和同仁的关心和支持，在此一并表示衷心和诚挚的感谢！由于我们将研究对象限定在近三年南海区矛盾纠纷多元化解实践创新基础上，而基层社会治理实践日新月异，因此跟踪研究时间还不够，加之水平有限，书中难免存在疏漏之处，敬请各位读者批评指正。广大读者若有意见和建议，可以发送至电子邮箱 zyl@ 126. com(张永林)，我们将在后续的研究中予以消化和吸收。

本书编者

2023 年 4 月